3D Deep Learning with Python

Design and develop your computer vision model with
3D data using PyTorch3D and more

3D딥러닝 with python

PyTorch3D 등을 사용하여
3D 데이터로 컴퓨터 비전 모델 설계/개발

3D Deep Learning with Python

by Xudong Ma, Vishakh Hegde, Lilit Yolyan

서정용

- (주)한국에너지데이터 대표이사
- 빅데이터, 클라우드, 데이터 분석, 머신러닝/딥러닝, 생성형 AI 등 분야에서 연구 및 개발 수행

송재숙

- 한남대학교 강의전담교수 및 우송대학교 강사
- 빅데이터, 인공지능, 시스템SW, 프로그래밍 언어(C, Java, Python) 강의

PyTorch3D 등을 사용하여
3D 데이터로 컴퓨터 비전 모델 설계/개발

3D 딥러닝 with python

인　쇄 : 2024년 4월 11일 초판 1쇄
발　행 : 2024년 4월 18일 초판 1쇄

역　자 : 서정용 · 송재숙
발행인 : 송 준
발행처 : 도서출판 홍릉
주　소 : 01093 서울시 강북구 인수봉로 50길 10
등　록 : 1976년 10월 21일 제5-66호

전　화 : 02-999-2274~5, 903-7037
팩　스 : 02-905-6729
e-mail : hongpub@hongpub.co.kr
http://www.hongpub.co.kr
ISBN : 979-11-5600-184-3(93000)

정　가 : 29,000원

낙장 및 파본은 구입처나 본사에서 교환하여 드립니다.

3D Deep Learning with Python

Design and develop your computer vision model with 3D data using PyTorch3D and more

3D딥러닝 with python

PyTorch3D 등을 사용하여
3D 데이터로 컴퓨터 비전 모델 설계/개발

Xudong Ma · Vishakh Hegde · Lilit Yolyan 지음
서정용 · 송재숙 공역

<packt>

도서출판 홍릉

"모든 단계에서 지지와 격려를 아끼지 않은 아내와 가족에게" - Vishakh Hegde

"사랑과 응원이 가장 큰 원동력이 되어준 가족과 친구들에게". - Lilit Yolyan

공헌자들

저자 소개

Xudong Ma는 캘리포니아 버클리에 있는 Grabango의 머신러닝 엔지니어입니다. 그는 Facebook (Meta) Oculus의 선임 머신러닝 엔지니어였으며 3D PyTorch 팀과 긴밀히 협력하여 3D 얼굴 추적 프로젝트를 진행했습니다. 컴퓨터 비전, 머신러닝, 딥러닝 분야에서 다년간의 경력을 쌓았으며 전기 및 컴퓨터 공학 박사 학위를 보유하고 있습니다.

Vishakh Hegde는 머신러닝 및 컴퓨터 비전 연구원입니다. 이 분야에서 7년 이상의 경력을 쌓았으며, 그 동안 여러 차례 인용된 연구 논문을 저술하고 특허를 발표했습니다. 스탠퍼드 대학교에서 응용수학 및 머신러닝을 전공하여 석사 학위를, IIT 마드라스에서 물리학 학사 및 석사 학위를 취득했습니다. 이전에는 Schlumberger와 Matroid에서 근무했습니다. 그는 Ambient.ai의 선임 응용 과학자로서 여러 글로벌 포춘 500대 기업에 배포된 무기 탐지 시스템을 구축하는 데 기여했습니다. 현재는 비즈니스 과제 해결에 대한 전문성과 열정을 바탕으로 실리콘밸리에서 기술 스타트업을 설립하고 있습니다. 그의 웹사이트에서 그에 대한 자세한 정보를 확인할 수 있습니다.

획기적인 연구에 대해 글을 쓸 수 있게 해준 컴퓨터 비전 연구원들에게 감사의 말씀을 전합니다. 피드백을 주신 리뷰어분들과 창의력을 발휘할 수 있는 기회를 주신 packt 출판사의 훌륭한 팀원들에게도 감사드립니다. 마지막으로, 제가 가장 필요로 할 때 항상 지지와 격려를 아끼지 않은 아내와 가족에게 감사의 말을 전하고 싶습니다.

Lilit Yolyan은 YSU에서 박사 과정을 밟고 있는 머신러닝 연구원입니다. 그녀의 연구는 원격 감지 데이터를 사용하여 스마트 시티를 위한 컴퓨터 비전 솔루션을 구축하는 데 중점을 두고 있습니다. 컴퓨터 비전 분야에서 5년의 경력을 쌓았으며, 여러 유명 자동차 제조 회사에서 배포할 복잡한 운전자 안전 솔루션을 개발했습니다.

검토자 정보

Eya Abid는 딥러닝과 컴퓨터 비전을 전공하는 공학 석사 과정 학생입니다. 현재 NVIDIA에서 AI 강사로 활동 중이며 CERN에서 양자 머신러닝을 가르치고 있습니다.

공헌자들

이 작품을 가족, 친구, 그리고 이 과정을 도와준 모든 분들께 먼저 바치고 싶습니다. 그리고 영원히 감사할 Aymen에게 특별히 헌정합니다.

Ramesh Sekhar는 창고에서 가장 힘든 작업을 수행하는 저렴하고 쉽게 배치할 수 있는 로봇을 개발하는 회사인 Dapster.ai의 CEO이자 공동 설립자입니다. Symbol, Motorola, Zebra 등의 회사에서 근무했으며 컴퓨터 비전, AI, 로봇공학의 교차점에서 제품을 개발하는 일을 전문으로 합니다. 전기공학 학사 및 컴퓨터공학 석사 학위를 취득했습니다. Ramesh는 2020년에 Dapster.ai를 설립했습니다. Dapster의 사명은 위험하고 건강에 해로운 작업을 수행하여 인간에게 긍정적인 영향을 미치는 로봇을 만드는 것입니다. 더 나은 일자리를 창출하고, 공급망을 강화하며, 기후 변화로 인해 발생하는 문제를 더 잘 협상하는 것이 비전입니다.

Utkarsh Srivastava는 AI/ML 전문가, 트레이너, 유튜버, 블로거입니다. 그는 복잡한 문제를 해결하기 위해 머신러닝, 자연어 처리, 컴퓨터 비전 알고리즘을 연구하고 개발하는 것을 좋아합니다. 그는 블로그(datamahadev.com)와 YouTube 채널(datamahadev)에서 블로거로 데이터 과학 경력을 시작한 후 구자라트의 한 교육 기관에서 선임 데이터 과학 강사로 일하고 있습니다. 또한 1,000명 이상의 현업 전문가와 학생에게 AI/ML 관련 교육과 상담을 제공했습니다. Utkarsh는 데이터 과학 및 분석, AI/ML, Python 개발, SQL 분야에서 40개 이상의 프리랜서 교육 및 개발 작업/프로젝트를 완료했습니다. Lucknow 출신인 그는 현재 인도 Bangalore에 정착해 Deloitte USI 컨설팅의 애널리스트로 일하고 있습니다.

제가 힘들고 고군분투하는 동안 지속적인 지도와 지원을 해주신 어머니 Rupam Srivastava 여사님께 감사드립니다. Para-Brahman께도 감사드립니다.

Mason McGough는 Lowe's Innovation Labs의 선임 R&D 엔지니어이자 컴퓨터 비전 전문가입니다. 그는 이미징에 대한 열정을 가지고 있으며 지질학, 생물 정보학, 게임 개발, 소매업 등 광범위한 산업 및 학술 분야에서 10년 넘게 컴퓨터 비전 문제를 해결해 왔습니다. 최근에는 소매점에서 디지털 트윈과 3D 스캐닝을 활용하는 방법을 연구하고 있습니다.

Andy Lykos, Joseph Canzano, Alexander Arango, Oleg Alexander, Erin Clark 그리고 제 가족에게 감사의 인사를 전하고 싶습니다.

저자서문

3D 컴퓨터 비전으로 작업하는 개발자는 3D 딥러닝에 대한 이 실용적인 가이드를 통해 지식을 실무에 적용할 수 있습니다. 이 책은 구현 및 관련 방법론에 대한 실무적인 접근 방식을 제공하여 즉시 실행하고 생산성을 높일 수 있도록 도와줍니다.

필수 개념에 대한 단계별 설명, 실용적인 예제, 자가 진단 질문으로 구성된 이 강좌를 통해 최첨단 3D 딥러닝을 살펴볼 수 있습니다.

이 과정에서는 PyTorch3D를 사용한 기본적인 3D 메시 및 포인트 클라우드 데이터 처리(예: PLY 및 OBJ 파일 적재 및 저장, 투시 카메라 모델 또는 직교 카메라 모델을 사용하여 카메라 좌표에 3D 포인트 투영, 이미지에 포인트 클라우드 및 메시 렌더링 등)에 대해 학습합니다. 또한 PyTorch3D 라이브러리를 사용하면 이러한 딥러닝 모델의 코딩이 더 쉬워지므로 미분 가능한 렌더링, NeRF, SynSin, Mesh R-CNN과 같은 특정 최신 3D 딥러닝 알고리즘을 구현하는 방법도 배우게 됩니다.

이 책을 다 읽고 나면 자신만의 3D 딥러닝 모델을 구현할 수 있을 것입니다.

이 책의 대상

이 책은 3D 데이터를 사용하는 컴퓨터 비전 기술에 능숙해지고자 하는 초급 및 중급 수준의 머신러닝 실무자, 데이터 과학자, 머신러닝 엔지니어, 딥러닝 엔지니어를 위한 책입니다.

어떤 내용을 다루는가

1장, '3D 데이터 처리 소개'에서는 3D 데이터가 저장되는 방식과 메시와 포인트 클라우드, 세계 좌표, 카메라 좌표의 기본 개념 등 3D 데이터의 기본을 다룹니다. 또한 자주 사용되는 좌표인 NDC가 무엇인지, 서로 다른 좌표, 투시 카메라, 직교 카메라 간에 변환하는 방법과 어떤 카메라 모델을 사용해야 하는지 설명합니다.

2장, '3D 컴퓨터 비전 및 지오메트리 소개'에서는 렌더링과 셰이딩과 같은 컴퓨터 그래픽의 기본 개념을 살펴봅니다. 3D 지오메트리 변환, PyTorch 텐서, 최적화 등 이 책의 후반부에 나오는 몇 가지 기본 개념에 대해 배웁니다.

3장, '원시 포인트 클라우드에 변형 가능한 메시 모델 피팅'에서는 이전 장에서 배운 모든 지식을 사용하여 변형 가능한 3D 모델을 사용하여 노이즈가 있는 3D 관측에 맞추는 실습 프로젝트를 소개합니다. 자주 사용되는 비용 함수를 살펴보고, 이러한 비용 함수가 왜 중요한지 알아봅니다.

그리고 이러한 비용 함수가 일반적으로 언제 사용되는지 살펴봅니다. 마지막으로 어떤 작업에 어떤 비용 함수가 선택되었는지, 그리고 원하는 결과를 얻기 위해 최적화 루프를 설정하는 방법을 구체적인 예를 들어 살펴보겠습니다.

4장, '미분 가능한 렌더링을 사용한 객체 포즈 감지 및 추적 학습'에서는 미분 가능한 렌더링의 기본 개념에 대해 설명합니다. 기본 개념을 이해하고 이러한 기술을 적용하여 자신의 문제를 해결할 수 있는 시기를 파악하는 데 도움이 될 것입니다.

5장, '미분 가능한 볼류메트릭 렌더링 이해'에서는 미분 가능한 렌더링을 사용하여 단일 이미지와 알려진 3D 메시 모델에서 카메라 위치를 추정하는 실습 프로젝트를 소개합니다. PyTorch3D를 사용하여 카메라, 렌더러 및 셰이더를 설정하는 방법을 실제로 배웁니다. 또한 최적화 결과를 얻기 위해 다양한 비용 함수를 사용하는 실습도 진행합니다.

6장, '신경 방사 필드(NeRF) 탐색'에서는 여러 이미지와 텍스처 모델에서 3D 메시 모델을 추정하기 위해 미분 가능한 렌더링을 사용하는 실습 프로젝트를 제공합니다.

7장, '제어 가능한 신경 특징 필드 탐색'에서는 뷰 합성을 위한 매우 중요한 알고리즘인 NeRF를 다룹니다. 이 알고리즘이 무엇인지, 어떻게 사용하는지, 어디에 유용하게 쓰이는지 알아봅니다.

8장, '3D로 인체 모델링'에서는 SMPL 알고리즘을 사용한 3D 인체 피팅에 대해 알아봅니다.

9장, 'SynSin으로 엔드 투 엔드 뷰 합성 수행'에서는 최첨단 딥러닝 이미지 합성 모델인 SynSin을 다룹니다.

10장, '메시 R-CNN'에서는 단일 입력 이미지에서 3D 복셀 모델을 예측하는 또 다른 최신 방법인 메시 R-CNN에 대해 소개합니다.

이 책을 최대한 활용하려면

책에서 다루는 소프트웨어/하드웨어	운영 체제 필요 조건
Python 3.6+	Windows, macOS, Linux

이 책의 디지털 버전을 사용하는 경우 코드를 직접 입력하거나 책의 GitHub 저장소에서 코드에 액세스하는 것이 좋습니다(링크는 다음 절에서 확인할 수 있습니다). 이렇게 하면 코드 복사 및 붙여넣기와 관련된 잠재적인 오류를 방지하는 데 도움이 됩니다.

이 논문들을 참고해 주세요:

6장: https://arxiv.org/abs/2003.08934, https://github.com/yenchenlin/ nerf-pytorch

7장: https://m-niemeyer.github.io/project-pages/giraffe/index.html, https://arxiv.org/abs/2011.12100

8장: https://smpl.is.tue.mpg.de/, https://smplify.is.tue.mpg.de/, https://smpl-x.is.tue.mpg.de/

9장: https://arxiv.org/pdf/1912.08804.pdf

10장: https://arxiv.org/abs/1703.06870, https://arxiv.org/abs/1906.02739

예제 코드 다운로드

이 책의 예제 코드 파일은 GitHub에서 다운로드할 수 있습니다. 코드에 대한 업데이트가 있을 경우 GitHub 저장소에 업데이트됩니다.

GitHub(https://github.com/PacktPublishing/3D-Deep-Learning-with-Python)

또한 다양한 책과 동영상 카탈로그의 다른 코드 번들도 https://github.com/PacktPublishing/에서 확인할 수 있습니다. 모두 확인해 보세요!

컬러 이미지 다운로드

또한 이 책에 사용된 스크린샷과 다이어그램의 컬러 이미지가 포함된 PDF 파일도 제공합니다. 여기에서 다운로드할 수 있습니다: https://packt.link/WJr0Q.

책에서 사용된 규칙

이 책에는 여러 가지 텍스트 규칙이 사용됩니다.

텍스트 내 코드: 텍스트, 데이터베이스 테이블 이름, 폴더 이름, 파일 이름, 파일 확장자, 경로 이름, 더미 URL, 사용자 입력 및 트위터 핸들의 코드 단어를 표시합니다. 다음은 예시입니다: "다음에 ./options/option.py 파일을 업데이트해야 합니다."

코드 블록은 다음과 같이 설정됩니다:

```
elif opt.dataset == 'kitti':
    opt.min_z = 1.0
    opt.max_z = 50.0
    opt.train_data_path = (
        './DATA/dataset_kitti/'
    )
    from data.kitti import KITTIDataLoader
    return KITTIDataLoader
```

코드 블록의 특정 부분에 주의를 환기시키고자 하는 경우 관련 줄이나 항목은 굵은 글씨로 표시됩니다:

```
wget https://dl.fbaipublicfiles.com/synsin/checkpoints/
realestate/synsin.pth
```

모든 명령줄 입력 또는 출력은 다음과 같이 작성됩니다:

```
bash ./download_models.sh
```

볼드체: 새로운 용어, 중요한 단어 또는 화면에 표시되는 단어를 나타냅니다. 예를 들어 메뉴나 대화 상자의 단어는 **볼드체**로 표시됩니다. 다음은 예시입니다: "정제 **모듈**(g)은 신경 포인트 클라우드 렌더러에서 입력을 받은 다음 최종적으로 재구성된 이미지를 출력합니다."

> **팁 또는 중요 참고사항**
>
> 이렇게 나타냅니다.

연락하기

독자들의 피드백은 언제나 환영합니다.

일반적인 피드백: 이 책의 내용에 대해 궁금한 점이 있으면 customercare@packtpub.com으로 이메일을 보내시고 메시지 제목에 책 제목을 기재해 주세요.

정오표: 콘텐츠의 정확성을 보장하기 위해 모든 주의를 기울였음에도 불구하고 실수가 발생할 수 있습니다. 이 책에서 실수를 발견하신 경우 이를 알려주시면 감사하겠습니다. www.packtpub.com/support/errata 을 방문하여 양식을 작성해 주세요.

불법 복제: 인터넷에서 어떤 형태로든 당사 저작물의 불법 복제물을 발견한 경우 해당 위치 주소나 웹사이트 이름을 알려 주시면 감사하겠습니다. 해당 자료의 링크와 함께 copyright@packt.com으로 문의해 주세요.

저자가 되고 싶다면: 전문 지식이 있는 주제가 있고 책을 쓰거나 기고하는 데 관심이 있다면 authors.packtpub.com을 방문하세요.

생각 공유

Python으로 배우는 3D 딥러닝을 읽고 여러분의 의견을 듣고 싶습니다! 아래 QR 코드를 스캔하여 이 책의 Amazon 리뷰 페이지로 바로 이동하여 피드백을 공유하세요.

https://packt.link/r/1-803-24782-7

여러분의 리뷰는 저희와 기술 커뮤니티에 매우 중요하며, 우수한 품질의 콘텐츠를 제공하는 데 도움이 됩니다.

이 책의 무료 PDF 사본 다운로드

이 책을 구입해 주셔서 감사합니다!

이동 중에도 책을 읽고 싶지만 인쇄된 책을 가지고 다니기 불편하신가요? 구매한 전자책이 원하는 기기와 호환되지 않나요?

걱정하지 마세요. 이제 어떤 Packt 도서를 구입하시든 해당 도서의 DRM이 없는 PDF 버전을 무료로 받으실 수 있습니다.

언제 어디서나 어떤 기기에서든 읽을 수 있습니다. 좋아하는 기술 서적의 코드를 찾아 복사해서 여러분의 어플리케이션에 바로 붙여 넣을 수 있습니다.

혜택은 여기서 그치지 않고 여러분의 받은 편지함에 할인, 뉴스레터 및 훌륭한 무료 콘텐츠를 전달받을 수 있습니다.

다음의 간단한 단계를 따라 혜택을 받으세요:

1. QR 코드를 스캔하거나 아래 링크를 방문하세요.

   https://packt.link/free-ebook/9781803247823

2. 구매 증빙 자료를 제출합니다.

3. 끝! 여러분의 이메일 주소로 무료 PDF 및 기타 혜택을 바로 보내드립니다.

차례

PART 1 3D 데이터 처리 기본사항

제1장 3D 데이터 처리 소개

제2장 3D 컴퓨터 비전 및 지오메트리 소개

차례

PART 2 PyTorch3D를 사용한 3D 딥러닝

제3장 변형 가능한 메시 모델을 원시 포인트 클라우드에 피팅

제4장 미분 가능한 렌더링을 사용한 객체 포즈 감지 및 추적 학습

제5장 미분 가능한 볼류메트릭 렌더링 이해

차례

제6장 신경 방사 필드(NeRF) 탐색

PART 3 PyTorch3D를 사용한 최첨단 3D 딥러닝

제7장 제어 가능한 신경 특징 필드 탐색

제8장 3D로 인체 모델링

차례

3D 데이터 처리 기본 사항

PART 1

이 책의 첫 번째 파트에서는 데이터 및 이미지 처리에 대한 가장 기본적인 개념을 정의합니다. 이러한 개념은 이후 논의에 필수적이기 때문입니다. 이 파트는 PyTorch3D에 대한 학습을 시작하기 위해 다른 책을 읽을 필요가 없도록 독립적으로 구성했습니다.

이 파트에는 다음 장이 포함되어 있습니다:

- 1장, 3D 데이터 처리 소개
- 2장, 3D 컴퓨터 비전 및 지오메트리 소개

제1장

3D 데이터 처리 소개

이 장에서는 3D 딥러닝의 기본이 되며 이후 장에서 자주 사용되는 몇 가지 기본 개념에 대해 설명하겠습니다. 가장 자주 사용되는 3D 데이터 형식과 이를 조작하고 다른 형식으로 변환하는 여러 가지 방법에 대해 알아보는 것부터 시작하겠습니다. 개발 환경을 설정하고 Anaconda, Python, PyTorch, PyTorch3D 등 필요한 모든 소프트웨어 패키지를 설치하는 것부터 시작하겠습니다. 그런 다음 포인트 클라우드, 메시, 복셀 등 3D 데이터를 표현하는 데 가장 자주 사용되는 방법에 대해 설명합니다. 그런 다음 3D 데이터 파일 형식인 PLY 및 OBJ 파일로 넘어간 후 3D 좌표계에 대해 설명합니다. 마지막으로 3D 데이터를 2D 이미지에 매핑하는 방법과 주로 관련된 카메라 모델에 대해 설명합니다.

이 장을 읽고 나면 출력 데이터 파일을 검사하여 3D 딥러닝 알고리즘을 쉽게 디버깅할 수 있습니다. 좌표계와 카메라 모델에 대한 확실한 이해와 이러한 지식을 바탕으로 고급 3D 딥러닝 주제에 대해 학습할 준비가 된 것입니다.

이 장에서는 다음과 같은 주요 주제를 다룹니다:

- 개발 환경 설정 및 Anaconda, PyTorch, PyTorch3D 설치
- 3D 데이터 표현
- 3D 데이터 형식 - PLY 및 OBJ 파일
- 3D 좌표계 및 좌표계 간 변환
- 카메라 모델 - 원근 및 직교 카메라

기술 요구 사항

이 책의 예제 코드 스니펫을 실행하려면 GPU가 탑재된 컴퓨터가 가장 이상적입니다. 하지만 CPU만으로 코드 스니펫을 실행할 수도 있습니다.

권장되는 컴퓨터 구성에는 다음이 포함됩니다:

- 메모리가 8GB 이상인 GTX 시리즈 또는 RTX 시리즈와 같은 GPU
- Python 3
- PyTorch 라이브러리 및 PyTorch3D 라이브러리

이 챕터의 코드 스니펫은 https://github.com/PacktPublishing/3D-Deep-Learning-with-Python에서 확인할 수 있습니다.

개발 환경 설정

먼저 이 책의 모든 코딩 연습을 위한 개발 환경을 설정해 보겠습니다. 이 책의 모든 Python 코드 예제에서는 Linux 머신을 사용하는 것이 좋습니다:

1. 먼저 Anaconda를 설정하겠습니다. Anaconda는 강력한 CPython 구현과 함께 번들로 제공되는 널리 사용되는 Python 배포판입니다. Anaconda의 장점 중 하나는 패키지 관리 시스템으로 사용자가 가상 환경을 쉽게 만들 수 있다는 것입니다. 개인 실무자, 학생, 연구자를 위한 Anaconda의 개별 버전은 무료입니다. Anaconda를 설치하려면 웹사이트(anaconda.com)를 방문하여 자세한 지침을 참조하세요. Anaconda를 설치하는 가장 쉬운 방법은 일반적으로 웹사이트에서 다운로드한 스크립트를 실행하는 것입니다. Anaconda를 설정한 후 다음 명령을 실행하여 Python 3.7의 가상 환경을 생성합니다:

```
$ conda create -n python3d python=3.7
```

   이 명령은 Python 3.7 버전으로 가상 환경을 생성합니다. 이 가상 환경을 사용하려면 먼저 명령을 실행하여 가상 환경을 활성화해야 합니다:

2. 다음 명령으로 새로 생성된 가상 환경을 활성화합니다:

```
$ source activate python3d
```

3. PyTorch를 설치합니다. PyTorch 설치에 대한 자세한 지침은 해당 웹 페이지(www.pytorch.org/get-started/locally/)에서 확인할 수 있습니다. 예를 들어, CUDA 11.1이 설치된 Ubuntu 데스크톱에 다음과 같이 PyTorch 1.9.1을 설치합니다:

```
$ conda install pytorch torchvision torchaudio cudatoolkit-11.1 -c pytorch -c nvidia
```

4. PyTorch3D를 설치합니다. PyTorch3D는 Facebook AI Research에서 최근 출시한 3D 컴퓨터 비전을 위한 오픈 소스 Python 라이브러리입니다. PyTorch3D는 3D 데이터를 쉽게 조작할 수 있는 다양한 유틸리티 함수를 제공합니다. 딥러닝을 염두에 두고 설계되어 카메라, 포인트 클라우드, 메시와 같은 거의 모든 3D 데이터를 미니 배치로 처리할 수 있습니다. PyTorch3D의 또 다른 핵심 기능은 미분 가능한 렌더링이라는 매우 중요한 3D 딥러닝 기술을 구현한 것입니다. 하지만 3D 딥러닝 라이브러리로써 PyTorch3D의 가장 큰 장점은 PyTorch와 밀접하게 연관되어 있다는 점입니다.

   PyTorch3D에는 몇 가지 종속성이 필요할 수 있으며, 이러한 종속성을 설치하는 방법에 대한 자세한 지침은 PyTorch3D GitHub 홈페이지(github.com/facebookresearch/pytorch3d)에서 확인할 수 있습니다. 웹사이트의 지침에 따라 모든 종속 요소를 설치한 후 다음 명령을 실행하면 PyTorch3D를 쉽게 설치할 수 있습니다:

```
$ conda install pytorch3d -c pytorch3d
```

이제 개발 환경을 설정했으니 데이터 표현을 학습해 보겠습니다.

3D 데이터 표현

이 절에서는 3D 데이터에서 가장 자주 사용되는 데이터 표현에 대해 알아보겠습니다. 데이터 표현을 선택하는 것은 많은 3D 딥러닝 시스템에서 특히 중요한 설계 결정입니다. 예를 들어, 포인트 클라우드는 그리드와 같은 구조가 아니므로 일반적으로 컨볼루션을 직접 사용할 수 없습니다. 복셀 표현은 그리드와 같은 구조를 갖지만 컴퓨터 메모리를 많이 소모하는 경향이 있습니다. 이 절에서는 이러한 3D 표현의 장단점에 대해 자세히 설명합니다. 일반적으로 널리 사용되는 3D 데이터 표현에는 포인트 클라우드, 메시, 복셀이 포함됩니다.

포인트 클라우드 표현 이해

3D 포인트 클라우드는 3D 객체를 매우 간단하게 표현한 것으로, 각 포인트 클라우드는 3D 포인트의 집합일 뿐이며 각 3D 포인트는 하나의 3차원 튜플(x, y 또는 z)로 표현됩니다. 많은 깊이 카메라의 원시 측정값은 일반적으로 3D 포인트 클라우드입니다.

딥러닝의 관점에서 볼 때 3D 포인트 클라우드는 정렬되지 않고 불규칙한 데이터 유형 중 하나입니다. 개별 픽셀마다 인접 픽셀을 정의할 수 있는 일반 이미지와 달리 포인트 클라우드의 각 포인트에 대해 인접 포인트에 대한 명확하고 규칙적인 정의가 없기 때문에 일반적으로 컨볼루션을 포인트 클라우드에 적용할 수 없습니다. 따라서 포인트 클라우드 처리를 위해서는 포인트넷(https://arxiv.org/abs/1612.00593)과 같은 특수한 유형의 딥러닝 모델을 사용해야 합니다.

3D 딥러닝의 학습 데이터로써 포인트 클라우드의 또 다른 문제는 이질적인 데이터 문제입니다. 즉, 하나의 학습 데이터셋에 대해 서로 다른 포인트 클라우드가 서로 다른 수의 3D 포인트를 포함할 수 있다는 것입니다. 이러한 이질적인 데이터 문제를 피하기 위한 한 가지 방법은 모든 포인트 클라우드의 포인트 수를 동일하게 만드는 것입니다. 그러나 이것이 항상 가능한 것은 아닙니다. 예를 들어, 깊이 카메라가 반환하는 포인트의 수는 프레임마다 다를 수 있습니다.

이질적인 데이터로 인해 딥러닝 모델을 훈련할 때 미니 배치 경사 하강에 약간의 어려움이 발생할 수 있습니다. 대부분의 딥러닝 프레임워크는 각 미니 배치에 동일한 크기와 차원의 학습 예시가 포함되어 있다고 가정합니다. 이러한 동질적인 데이터는 GPU와 같은 최신 병렬 처리 하드웨어에서 가장 효율적으로 처리할 수 있기 때문에 선호됩니다. 이질적인 미니 배치를 효율적으로 처리하려면 약간의 추가 작업이 필요합니다. 다행히도 PyTorch3D는 3D 딥러닝에 중요한 이기종 미니 배치를 효율적으로 처리하는 다양한 방법을 제공합니다.

메시 표현 이해

메시는 널리 사용되는 또 다른 3D 데이터 표현입니다. 포인트 클라우드의 점과 마찬가지로 각 메시에는 정점이라고 하는 3D 점 집합이 포함되어 있습니다. 또한 각 메시에는 정점에 정의된 면이라고 하는 다각형 집합도 포함되어 있습니다.

대부분의 데이터 기반 애플리케이션에서 메시는 깊이 카메라의 원시 측정값을 후처리한 결과물입니다. 3D 자산 설계 과정에서 수동으로 생성되는 경우도 많습니다. 포인트 클라우드에 비해 메시는 추가적인 기하학적 정보를 포함하고, 토폴로지를 인코딩하며, 표면 법선 정보를 가지고 있습니다. 이러한 추가 정보는 학습 모델을 학습할 때 특히 유용합니다. 예를 들어, 그래프 컨볼루션 신경망은 일반적으로 메시를 그래프로 취급하고 정점 이웃 정보를 사용하여 컨볼루션 연산을 정의합니다.

포인트 클라우드와 마찬가지로 메시에도 유사한 이질적인 데이터 문제가 있습니다. 다시 말하지만, PyTorch3D는 메시 데이터에 대한 이기종 미니 배치를 효율적으로 처리하는 방법을 제공하여 3D 딥러닝을 효율적으로 만듭니다.

복셀 표현 이해

또 다른 중요한 3D 데이터 표현은 복셀 표현입니다. 복셀은 3D 컴퓨터 비전에서 픽셀에 대응하는 개념입니다. 픽셀은 2D에서 직사각형을 더 작은 직사각형으로 나누면 정의되며, 각각의 작은 직사각형은 하나의 픽셀입니다. 마찬가지로 복셀은 3D 큐브를 더 작은 크기의 큐브로 나누면 정의되며 각 큐브를 하나의 복셀이라고 합니다. 이 과정은 다음 그림에 나와 있습니다:

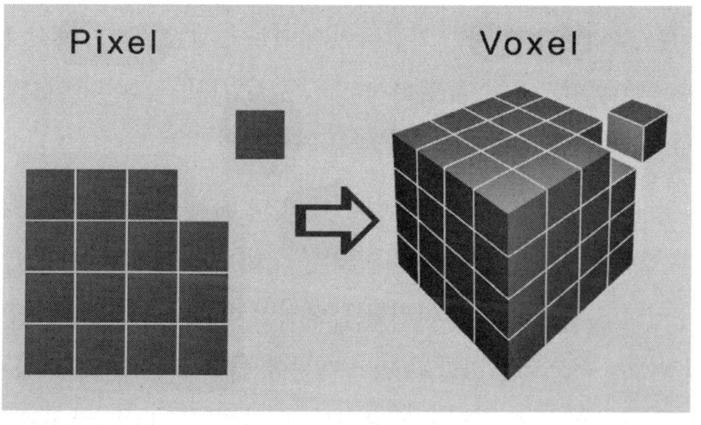

그림 1.1 복셀 표현은 2D 픽셀 표현에 대응하는 3D 표현으로, 큐브 공간을 작은 볼륨 요소로 나눕니다.

복셀 표현은 일반적으로 3D 표면을 표현하기 위해 **잘린 부호화된 거리 함수**(TSDF, Truncated Signed Distance Function)를 사용합니다. **부호화된 거리 함수**(SDF, Signed Distance Function)는 각 복셀에서 복셀의 중심과 표면의 가장 가까운 점 사이의 (부호화된) 거리로 정의할 수 있습니다. SDF에서 양수 부호는 복셀 중심이 객체 외부에 있음을 나타냅니다. TSDF와 SDF의 유일한 차이점은 TSDF의 값이 잘려서 항상 -1에서 +1 사이의 범위가 된다는 것입니다.

포인트 클라우드나 메시와 달리 복셀 표현은 정렬되어 있고 규칙적입니다. 이 속성은 이미지의 픽셀과 같으며 딥러닝 모델에서 컨볼루션 필터를 사용할 수 있게 해줍니다. 복셀 표현의 한 가지 잠재적인 단점은 일반적으로 더 많은 컴퓨터 메모리가 필요하다는 것이지만, 해싱과 같은 기술을 사용하면 이를 줄일 수 있습니다. 그럼에도 불구하고 복셀 표현은 중요한 3D 데이터 표현입니다.

여기에 언급된 것 외에도 3D 데이터 표현이 있습니다. 예를 들어, 멀티뷰 표현은 서로 다른 시점에서 촬영한 여러 이미지를 사용하여 3D 장면을 표현합니다. RGB-D 표현은 3D 장면을 표현하기 위해 추가 깊이 채널을 사용합니다. 하지만 이 책에서는 이러한 3D 표현에 대해 너무 깊이 파고들지 않겠습니다. 이제 3D 데이터 표현의 기본을 배웠으므로 포인트 클라우드와 메시에 일반적으로 사용되는 몇 가지 파일 형식을 살펴보겠습니다.

3D 데이터 파일 형식 – Ply 파일

PLY 파일 형식은 1990년대 중반 스탠포드 대학교의 연구진에 의해 개발되었습니다. 이후 가장 널리 사용되는 3D 데이터 파일 형식 중 하나로 발전했습니다. 파일 형식에는 아스키(ASCII) 버전과 바이너리(Binary) 버전이 모두 있습니다. 바이너리 버전은 파일 크기와 처리 효율성이 필요한 경우에 선호됩니다. 아스키 버전은 디버깅이 매우 쉽습니다. 여기서는 PLY 파일의 기본 형식과 Open3D 및 PyTorch3D를 사용하여 PLY 파일에서 3D 데이터를 적재하고 시각화하는 방법에 대해 설명합니다.

이 절에서는 포인트 클라우드와 메시를 표현하는 데 가장 자주 사용되는 두 가지 데이터 파일 형식인 PLY 파일 형식과 OBJ 파일 형식에 대해 설명하겠습니다. 각 파일 형식에 대해 설명하고 PyTorch3D를 사용하여 이러한 파일 형식을 적재하고 저장하는 방법에 대해 설명하겠습니다. PyTorch3D는 뛰어난 유틸리티 기능을 제공하므로 이러한 유틸리티 기능을 사용하면 이러한 파일 형식에서 적재하고 저장하는 것이 효율적이고 쉽습니다.

다음 코드 스니펫에 예제인 cube.ply 파일이 나와 있습니다:

```
ply
format ascii 1.0
comment created for the book 3D Deep Learning with Python
element vertex 8
property float32 x
property float32 y
property float32 z
element face 12
property list uint8 int32 vertex_indices
end_header
```

```
-1 -1 -1
1 -1 -1
1 1 -1
-1 1 -1
-1 -1 1
1 -1 1
1 1 1
-1 1 1
3 0 1 2
3 5 4 7
3 6 2 1
3 3 7 4
3 7 3 2
3 5 1 0
3 0 2 3
3 5 7 6
3 6 1 5
3 3 4 0
3 7 2 6
3 5 0 4
```

여기에서 볼 수 있듯이 각 PLY 파일은 헤더 부분과 데이터 부분을 포함합니다. 모든 아스키 PLY 파일의 첫 번째 줄은 항상 ply이며, 이는 이 파일이 PLY 파일임을 나타냅니다. 두 번째 줄인 format ascii 1.0은 파일이 버전 번호가 있는 아스키 유형임을 나타냅니다. comment로 시작하는 모든 줄은 주석 줄로 간주되므로 컴퓨터에서 PLY 파일을 적재할 때 주석 뒤에 오는 모든 내용은 무시됩니다. element vertex 8 줄은 PLY 파일의 첫 번째 데이터 유형이 vertex이고 정점이 8개라는 것을 의미합니다. property float32 x는 각 정점에 float32 유형의 x라는 속성이 있다는 것을 의미합니다. 마찬가지로 각 정점에는 y 및 z 속성도 있습니다. 여기서 각 정점은 하나의 3D 점입니다. element face 12 줄은 이 PLY 파일의 두 번째 데이터 유형이 면 유형이며 12개의 면이 있음을 의미합니다. property list unit8 int32 vertex_indices는 각 면이 정점 인덱스의 목록임을 나타냅니다. ply 파일의 헤더 부분은 항상 end_header 줄로 끝납니다.

PLY 파일의 데이터 부분의 첫 번째 부분은 8줄로 구성되며, 각 줄은 하나의 정점에 대한 레코드입니다. 각 줄에 있는 세 개의 숫자는 정점의 세 가지 x, y, z 속성을 나타냅니다. 예를 들어, 숫자 -1, -1, -1은 정점의 x 좌표가 -1, y 좌표가 -1, z 좌표가 -1임을 나타냅니다.

PLY 파일의 데이터 부분의 두 번째 부분은 12줄로 구성되며, 각 줄은 하나의 면에 대한 레코드입니다. 숫자 시퀀스의 첫 번째 숫자는 면이 가지고 있는 정점의 수를 나타내며, 그 다음 숫자는 정점 인덱스입니다. 정점 인덱스는 PLY 파일에서 정점이 선언된 순서에 따라 결정됩니다.

앞의 파일을 열기 위해 Open3D와 PyTorch3D를 모두 사용할 수 있습니다. Open3D는 3D 데이터를 시각화하는 데 매우 편리한 Python 패키지이며, PyTorch3D는 이 데이터를 딥러닝 모델에 사용하는 데 유용합니다. 다음은 cube.ply 파일의 메시를 시각화하고 정점과 메시를 PyTorch 텐서로 적재하기 위한 ply_example1.py 코드 스니펫입니다:

```
import open3d
from pytorch3d.io import load_ply

mesh_file = "cube.ply"
print('visualizing the mesh using open3D')
mesh = open3d.io.read_triangle_mesh(mesh_file)
open3d.visualization.draw_geometries([mesh],
        mesh_show_wireframe = True,
        mesh_show_back_face = True)

print("Loading the same file with PyTorch3D")
vertices, faces = load_ply(mesh_file)
print('Type of vertices = ', type(vertices))
print("type of faces = ", type(faces))
print('vertices = ', vertices)
print('faces = ', faces)
```

앞의 Python 코드 스니펫에서는 먼저 read_triangle_mesh 함수를 사용하여 open3d 패키지로 cube.ply 메시 파일을 열고 모든 3D 데이터를 메시 변수로 읽습니다. 그런 다음 Open3D 라이브러리 draw_geometries 함수를 사용하여 메시를 시각화할 수 있습니다. 이 함수를 실행하면 Open3D 라이브러리에 메시를 대화형으로 시각화할 수 있는 창이 나타나며, 마우스를 사용하여 메시를 대화형으로 회전, 확대, 축소할 수 있습니다. 짐작할 수 있듯이 cube.ply 파일은 8개의 꼭지점과 6개의 변으로 이루어진 정육면체의 메시를 정의하며, 각 변은 두 개의 면으로 덮여 있습니다.

PyTorch3D 라이브러리를 사용하여 동일한 메시를 적재할 수도 있습니다. 하지만 이번에는 정점에 대한 텐서 1개와 면에 대한 텐서 1개 등 여러 개의 PyTorch 텐서를 가져올 것입니다. 이러한 텐서는 모든 PyTorch 딥러닝 모델에 직접 입력할 수 있습니다. 이 예제에서 load_ply 함수는 정점과 면의 튜플을 반환하며, 이 두 가지 모두 일반적으로 PyTorch 텐서 형식입니다. 이 ply_example1.py 코드 스니펫을 실행하면 반환되는 정점은 [8, 3] 모양, 즉 8개의 정점이 있고 각 정점에 3개의 좌표가 있는 PyTorch 텐서여야 합니다. 마찬가지로 반환되는 면은 [12, 3] 모양의

PyTorch 텐서, 즉 면이 12개이고 각 면에 3개의 정점 인덱스가 있는 텐서여야 합니다.

다음 코드 스니펫에서는 parallel_plane_mono.ply 파일의 또 다른 예를 보여주며, 이 파일은 GitHub 저장소에서도 다운로드할 수 있습니다. 이 예제의 메시와 cube.ply 파일의 메시의 유일한 차이점은 면의 수입니다. 큐브의 6면 대신 여기에는 두 개의 평행면을 이루는 4개의 면만 있습니다:

```
ply
format ascii 1.0
comment created for the book 3D Deep Learning with Python
element vertex 8
property float32 x
property float32 y
property float32 z
element face 4
property list uint8 int32 vertex_indices
end_header
-1 -1 -1
1 -1 -1
1 1 -1
-1 1 -1
-1 -1 1
1 -1 1
1 1 1
-1 1 1
3 0 1 2
3 0 2 3
3 5 4 7
3 5 7 6
```

메시를 대화형으로 시각화하려면 다음 ply_example2.py를 사용하면 됩니다:

1. 먼저 필요한 모든 Python 라이브러리를 임포트합니다:

```
import open3d
from pytorch3d.io import load_ply
```

2. open3d를 사용하여 메시를 적재합니다:

```
mesh_file = "parallel_plane_mono.ply"
print('visualizing the mesh using open3D')
mesh = open3d.io.read_triangle_mesh(mesh_file)
```

3. draw_geometries를 사용하여 메시를 대화형으로 시각화할 수 있는 창을 엽니다:

```
open3d.visualization.draw_geometries([mesh],
                    mesh_show_wireframe = True,
                    mesh_show_back_face = True)
```

4. 동일한 메시를 열기 위해 pytorch3d를 사용합니다:

```
print("Loading the same file with PyTorch3D")
vertices, faces = load_ply(mesh_file)
```

5. 적재된 정점과 면에 대한 정보를 인쇄할 수 있습니다. 사실 이 텐서들은 일반적인 PyTorc h3D 텐서일 뿐입니다:

```
print('Type of vertices = ', type(vertices), ", type of faces = ", type(faces))
print('vertices = ', vertices)
print('faces = ', faces)
```

각 정점에 대해 *x*, *y*, *z* 좌표 이외의 속성을 정의할 수도 있습니다. 예를 들어 각 정점에 대한 색상을 정의할 수도 있습니다. parallel_plane_color.ply의 예가 여기에 나와 있습니다:

```
ply
format ascii 1.0
comment created for the book 3D Deep Learning with Python
element vertex 8
property float32 x
property float32 y
property float32 z
property uchar red
property uchar green
property uchar blue
element face 4
property list uint8 int32 vertex_indices
end_header
```

```
-1 -1 -1 255 0 0
1 -1 -1 255 0 0
1 1 -1 255 0 0
-1 1 -1 255 0 0
-1 -1 1 0 0 255
1 -1 1 0 0 255
1 1 1 0 0 255
-1 1 1 0 0 255
3 0 1 2
3 0 2 3
3 5 4 7
3 5 7 6
```

앞의 예제에서는 *x*, *y*, *z* 와 함께 각 정점에 대한 몇 가지 추가 속성, 즉 red, green, blue 속성도 모두 uchar 데이터 유형으로 정의했습니다. 이제 하나의 정점에 대한 각 레코드는 6개의 숫자로 이루어진 한 줄입니다. 처음 세 개는 *x*, *y*, *z* 좌표입니다. 다음 세 개 숫자는 RGB 값입니다.

메시를 시각화하려면 다음과 같이 ply_example3.py를 사용하면 됩니다:

```
import open3d
from pytorch3d.io import load_ply

mesh_file = "parallel_plane_color.ply"
print('visualizing the mesh using open3D')
mesh = open3d.io.read_triangle_mesh(mesh_file)
open3d.visualization.draw_geometries([mesh],
                                     mesh_show_wireframe = True,
                                     mesh_show_back_face = True)

print("Loading the same file with PyTorch3D")
vertices, faces = load_ply(mesh_file)
print('Type of vertices = ', type(vertices), ", type of faces = ", type(faces))
print('vertices = ', vertices)
print('faces = ', faces)
```

또한 3D 메시의 실제 예제인 cow.ply도 제공합니다. 독자는 ply_example4.py를 사용하여 메시를 시각화할 수 있습니다.

지금까지 정점과 면과 같은 PLY 파일 형식의 기본 요소에 대해 이야기했습니다. 다음에는 OBJ 3D 데이터 형식에 대해 알아보겠습니다.

3D 데이터 파일 형식 – OBJ 파일

이 절에서는 널리 사용되는 또 다른 3D 데이터 파일 형식인 OBJ 파일 형식에 대해 설명합니다. OBJ 파일 형식은 Wavefront Technologies Inc.에 의해 처음 개발되었습니다. PLY 파일 형식과 마찬가지로 OBJ 형식도 아스키 버전과 바이너리 버전이 있습니다. 바이너리 버전은 독점적으로 문서화되지 않았습니다. 따라서 이 절에서는 아스키 버전에 대해 설명하겠습니다.

이전 절과 마찬가지로 여기서는 예제를 살펴보면서 파일 형식을 배우겠습니다. 첫 번째 예제인 cube.obj는 다음과 같습니다. 짐작할 수 있듯이 OBJ 파일은 큐브의 메시를 정의합니다.

첫 번째 줄인 mtlib ./cube.mtl은 컴패니언 **머티리얼 템플릿 라이브러리(Material Template Library, MTL)** 파일을 선언합니다. MTL 파일은 표면 셰이딩 속성을 설명하며, 다음 코드 스니펫에서 설명합니다.

o cube 줄의 경우 시작 문자 o는 해당 줄이 객체를 정의하고 객체 이름이 큐브임을 나타냅니다. #로 시작하는 모든 줄은 주석 줄로, 컴퓨터에서 나머지 줄은 무시됩니다. 각 줄은 v로 시작하는데, 이는 각 줄이 정점을 정의한다는 것을 나타냅니다. 예를 들어 v -0.5 -0.5 0.5는 x 좌표가 0.5, y 좌표가 0.5, z 좌표가 0.5인 정점을 정의합니다. f로 시작하는 각 줄에 대해 f는 각 선에 하나의 면에 대한 정의가 포함되어 있음을 나타냅니다. 예를 들어, f 1 2 3 줄은 세 개의 꼭지점이 인덱스 1, 2, 3을 가진 꼭지점인 면을 정의합니다.

usemtl Door 줄은 이 줄 뒤에 선언된 표면이 MTL 파일에 정의된 Door라는 재료 속성을 사용하여 셰이딩되어야 함을 선언합니다:

```
mtllib ./cube.mtl
o cube
# Vertex list
v -0.5 -0.5 0.5
v -0.5 -0.5 -0.5
v -0.5 0.5 -0.5
v -0.5 0.5 0.5
v 0.5 -0.5 0.5
v 0.5 -0.5 -0.5
v 0.5 0.5 -0.5
v 0.5 0.5 0.5

# Point/Line/Face list
usemtl Door
```

```
f 1 2 3
f 6 5 8
f 7 3 2
f 4 8 5
f 8 4 3
f 6 2 1
f 1 3 4
f 6 8 7
f 7 2 6
f 4 5 1
f 8 3 7
f 6 1 5
```

cube.mtl 컴패니언 MTL 파일은 다음과 같습니다. 이 파일은 Door라는 재료 속성을 정의합니다:

```
newmtl Door
Ka     0.8 0.6 0.4
Kd     0.8 0.6 0.4
Ks     0.9 0.9 0.9
d      1.0
Ns     0.0
illum  2
```

map_Kd를 제외하고는 이러한 재료 속성에 대해 자세히 설명하지 않겠습니다. 궁금한 점이 있으면 *컴퓨터 그래픽: 원리와 실습*과 같은 표준 컴퓨터 그래픽 교과서를 참조할 수 있습니다. 완성도를 높이기 위해 이러한 속성에 대한 대략적인 설명을 다음과 같이 나열하겠습니다:

- Ka: 주변 색상을 지정합니다.
- Kd: 확산 색상을 지정합니다.
- Ks: 반사광 색상을 지정합니다.
- Ns: 반사 하이라이트의 초점을 정의합니다.
- Ni: 광학 밀도(굴절률이라고도 함)를 정의합니다.
- d: 디졸브 계수를 지정합니다.
- illum: 조명 모델을 지정합니다.
- map_Kd: 재료의 확산 반사율에 적용할 컬러 텍스처 파일을 지정합니다.

cube.obj 파일은 Open3D와 PyTorch3D에서 모두 열 수 있습니다. 다음은 코드 스니펫입니다, object_example1.py는 GitHub 저장소에서 다운로드할 수 있습니다:

```
import open3d
from pytorch3d.io import load_obj

mesh_file = "cube.obj"
print('visualizing the mesh using open3D')
mesh = open3d.io.read_triangle_mesh(mesh_file)
open3d.visualization.draw_geometries([mesh],
               mesh_show_wireframe = True,
               mesh_show_back_face = True)

print("Loading the same file with PyTorch3D")
vertices, faces, aux = load_obj(mesh_file)
print('Type of vertices = ', type(vertices))
print("Type of faces = ", type(faces))
print("Type of aux = ", type(aux))
print('vertices = ', vertices)
print('faces = ', faces)
print('aux = ', aux)
```

앞의 코드 스니펫에서 정의된 큐브의 메시는 Open3D draw_geometries 함수를 사용하여 대화형으로 시각화할 수 있습니다. 메시가 창에 표시되며 마우스를 사용하여 메시를 회전, 확대 및 축소할 수 있습니다. PyTorch3D load_obj 함수를 사용하여 메시를 적재할 수도 있습니다. load_obj 함수는 정점, 면, 보조 변수를 PyTorch 텐서 또는 PyTorch 텐서의 튜플 형식으로 반환합니다.

Obj_example1.py 코드 스니펫의 출력 예시는 다음과 같습니다:

```
visualizing the mesh using open3D
Loading the same file with PyTorch3D
Type of vertices = <class 'torch.Tensor'>
Type of faces = <class 'pytorch3d.io.obj_io.Faces'>
Type of aux = <class 'pytorch3d.io.obj_io.Properties'>
vertices = tensor([[-0.5000, -0.5000, 0.5000],
        [-0.5000, -0.5000, -0.5000],
        [-0.5000, 0.5000, -0.5000],
        [-0.5000, 0.5000, 0.5000],
        [ 0.5000, -0.5000, 0.5000],
        [ 0.5000, -0.5000, -0.5000],
```

```
        [ 0.5000, 0.5000, -0.5000],
        [ 0.5000, 0.5000, 0.5000]])
faces = Faces(verts_idx=tensor([[0, 1, 2],
        [5, 4, 7],
        [6, 2, 1],
        ...
        [3, 4, 0],
        [7, 2, 6],
        [5, 0, 4]]), normals_idx=tensor([[-1, -1, -1],
        [-1, -1, -1],
        [-1, -1, -1],
        [-1, -1, -1],
        ...
        [-1, -1, -1],
        [-1, -1, -1]]), textures_idx=tensor([[-1, -1, -1],
        [-1, -1, -1],
        [-1, -1, -1],
        ...
        [-1, -1, -1],
        [-1, -1, -1]]), materials_idx=tensor([0, 0, 0, 0, 0, 0, 0, 0, 0, 0, 0, 0]))
aux = Properties(normals=None, verts_uvs=None, material_
colors={'Door': {'ambient_color': tensor([0.8000, 0.6000,
0.4000]), 'diffuse_color': tensor([0.8000, 0.6000, 0.4000]),
'specular_color': tensor([0.9000, 0.9000, 0.9000]),
'shininess': tensor([0.])}}, texture_images={}, texture_atlas=None)
```

여기 코드 스니펫 출력에서 반환된 정점 변수는 8 x 3 모양의 PyTorch 텐서이며, 각 행은 *x*, *y*, *z* 좌표가 있는 정점이라는 것을 알 수 있습니다. 반환되는 변수 faces는 세 개의 PyTorch 텐서인 verts_idx, normals_idx, textures_idx의 명명된 튜플입니다. 앞의 예제에서는 cube.obj에 노멀 및 텍스처에 대한 정의가 포함되어 있지 않기 때문에 모든 normals_idx 및 textures_idx 텐서가 유효하지 않습니다. 다음 예제에서 노멀과 텍스처를 OBJ 파일 형식으로 정의하는 방법을 살펴보겠습니다. verts_idx는 각 면의 정점 인덱스입니다. 여기서 정점 인덱스는 0부터 인덱스되지만, OBJ 파일의 정점 인덱스는 1부터 인덱스됩니다. PyTorch3D는 이미 두 가지 정점 인덱스 방식 간의 변환을 수행했습니다.

반환 변수인 aux에는 몇 가지 추가 메시 정보가 포함되어 있습니다. aux 변수의 texture_image 필드가 비어 있다는 점에 유의하세요. 텍스처 이미지는 MTL 파일에서 정점과 면의 색상을 정의하는 데 사용됩니다. 다음 예제에서 이 기능을 사용하는 방법을 다시 한 번 살펴보겠습니다.

두 번째 예제에서는 더 많은 OBJ 파일 기능을 강조하기 위해 예제 cube_texture.obj 파일을 사용하겠습니다. 파일은 다음과 같이 표시됩니다.

cube_texture.obj 파일은 다음과 같은 차이점을 제외하면 cube.obj 파일과 유사합니다:

- vt로 시작하는 추가 줄이 몇 개 있습니다. 이러한 각 줄은 *x* 및 *y* 좌표가 있는 텍스처 정점을 선언합니다. 각 텍스처 정점은 색을 정의합니다. 색상은 소위 텍스처 이미지의 픽셀 색상이며, 여기서 픽셀 위치는 텍스처 정점 x 너비의 *x* 좌표와 텍스처 정점 x 높이의 *y* 좌표입니다. 텍스처 이미지는 cube_texture.mtl 컴패니언에 정의됩니다.
- vn으로 시작하는 줄이 추가로 있습니다. 이러한 각 선은 노멀 벡터를 선언합니다(예: vn 0.000000 -1.000000 0.000000 줄은 음의 z축을 가리키는 노멀 벡터를 선언합니다).
- 각각의 면 정의 줄에 각 정점에 대한 자세한 정보가 포함됩니다. 예를 들어, f 2/1/1 3/2/1 4/3/1 줄에는 세 개의 정점에 대한 정의가 포함되어 있습니다. 첫 번째 삼중선인 2/1/1은 첫 번째 정점을 정의하고, 두 번째 삼중선인 3/2/1은 두 번째 정점을 정의하며, 세 번째 삼중선인 4/3/1은 세 번째 정점을 정의합니다. 이러한 각 삼중항은 정점 인덱스, 텍스처 정점 인덱스, 노멀 벡터 인덱스입니다. 예를 들어 2/1/1은 정점을 정의하는데, 여기서 정점의 기하학적 위치는 v로 시작하는 두 번째 줄에 정의되고, 색상은 vt로 시작하는 첫 번째 줄에 정의되며, 노멀 벡터는 vn으로 시작하는 첫 번째 줄에 정의됩니다:

```
mtllib cube_texture.mtl
v 1.000000  -1.000000  -1.000000
v 1.000000  -1.000000  1.000000
v -1.000000  -1.000000  1.000000
v -1.000000  -1.000000  -1.000000
v 1.000000  1.000000  -0.999999
v 0.999999  1.000000  1.000001
v -1.000000  1.000000  1.000000
v -1.000000  1.000000  -1.000000

vt 1.000000  0.333333
vt 1.000000  0.666667
vt 0.666667  0.666667
vt 0.666667  0.333333
vt 0.666667  0.000000
vt 0.000000  0.333333
vt 0.000000  0.000000
vt 0.333333  0.000000
```

```
vt 0.333333  1.000000
vt 0.000000  1.000000
vt 0.000000  0.666667
vt 0.333333  0.333333
vt 0.333333  0.666667
vt 1.000000  0.000000

vn 0.000000  -1.000000  0.000000
vn 0.000000  1.000000  0.000000
vn 1.000000  0.000000  0.000000
vn -0.000000  0.000000  1.000000
vn -1.000000 -0.000000  -0.000000
vn 0.000000  0.000000  -1.000000

g main
usemtl Skin

s 1
f 2/1/1  3/2/1  4/3/1
f 8/1/2  7/4/2  6/5/2
f 5/6/3  6/7/3  2/8/3
f 6/8/4  7/5/4  3/4/4
f 3/9/5  7/10/5  8/11/5
f 1/12/6  4/13/6  8/11/6
f 1/4/1  2/1/1  4/3/1
f 5/14/2  8/1/2  6/5/2
f 1/12/3  5/6/3  2/8/3
f 2/12/4  6/8/4  3/4/4
f 4/13/5  3/9/5  8/11/5
f 5/6/6  1/12/6  8/11/6
```

cube_texture.mtl 컴패니언은 다음과 같으며, 여기서 map_Kd로 시작하는 줄은 텍스처 이미지를 선언합니다. 여기서 wal67ar_small.jpg는 MTL 파일과 같은 폴더에 있는 250 x 250 RGB 이미지 파일입니다:

```
newmtl Skin
Ka 0.200000  0.200000  0.200000
Kd 0.827451  0.792157  0.772549
Ks 0.000000  0.000000  0.000000
Ns 0.000000
map_Kd ./wal67ar_small.jpg
```

다시 말하지만, 예를 들어 다음 obj_example2.py 파일을 사용하여 Open3D 및 PyTorch3D를 통해 cube_texture.obj 파일에 메시를 적재할 수 있습니다:

```
import open3d
from pytorch3d.io import load_obj
import torch

mesh_file = "cube_texture.obj“

print('visualizing the mesh using open3D')
mesh = open3d.io.read_triangle_mesh(mesh_file)
open3d.visualization.draw_geometries([mesh],
                  mesh_show_wireframe = True,
                  mesh_show_back_face = True)

print("Loading the same file with PyTorch3D")
vertices, faces, aux = load_obj(mesh_file)
print('Type of vertices = ', type(vertices))
print("Type of faces = ", type(faces))
print("Type of aux = ", type(aux))
print('vertices = ', vertices)
print('faces = ', faces)
print('aux = ', aux)

texture_images = getattr(aux, 'texture_images')
print('texture_images type = ', type(texture_images))
print(texture_images['Skin'].shape)
```

obj_example2.py 코드 스니펫의 출력은 다음과 같아야 합니다:

```
visualizing the mesh using open3D
Loading the same file with PyTorch3D
Type of vertices = <class 'torch.Tensor'>
Type of faces = <class 'pytorch3d.io.obj_io.Faces'>
Type of aux = <class 'pytorch3d.io.obj_io.Properties'>
vertices = tensor([[ 1.0000, -1.0000, -1.0000],
        [ 1.0000, -1.0000, 1.0000],
        [-1.0000, -1.0000, 1.0000],
        [-1.0000, -1.0000, -1.0000],
        [ 1.0000, 1.0000, -1.0000],
        [ 1.0000, 1.0000, 1.0000],
        [-1.0000, 1.0000, 1.0000],
        [-1.0000, 1.0000, -1.0000]])
```

```
faces = Faces(verts_idx=tensor([[1, 2, 3],
        [7, 6, 5],
        [4, 5, 1],
        [5, 6, 2],
        [2, 6, 7],
        [0, 3, 7],
        [0, 1, 3],
        ...
        [3, 3, 3],
        [4, 4, 4],
        [5, 5, 5]]), textures_idx=tensor([[ 0, 1, 2],
        [ 0, 3, 4],
        [ 5, 6, 7],
        [ 7, 4, 3],
        [ 8, 9, 10],
        [11, 12, 10],
        ...
        [12, 8, 10],
        [ 5, 11, 10]]), materials_idx=tensor([0, 0, 0, 0, 0, 0, 0, 0, 0, 0, 0, 0]))
aux = Properties(normals=tensor([[ 0., -1., 0.],
        [ 0., 1., 0.],
        [ 1., 0., 0.],
        [-0., 0., 1.],
        [-1., -0., -0.],
        [ 0., 0., -1.]]), verts_uvs=tensor([[1.0000, 0.3333],
        ...
        [0.3333, 0.6667],
        [1.0000, 0.0000]]), material_colors={'Skin': {'ambient_
color': tensor([0.2000, 0.2000, 0.2000]), 'diffuse_color':
tensor([0.8275, 0.7922, 0.7725]), 'specular_color': tensor([0.,
0., 0.]), 'shininess': tensor([0.])}}, texture_images={'Skin':
tensor([[[0.2078, 0.1765, 0.1020],
        [0.2039, 0.1725, 0.0980],
        [0.1961, 0.1647, 0.0902],
        ...,
        [0.2235, 0.1882, 0.1294]]]])}, texture_atlas=None)
texture_images type = <class 'dict'> Skin
torch.Size([250, 250, 3])
```

참고

이것은 완전한 출력이 아니므로 코드를 실행하면서 확인하시기 바랍니다.

obj_example1.py 코드 스니펫의 출력과 비교했을 때 앞의 출력은 다음과 같은 차이점이 있습니다.

- faces 변수의 normals_idx 및 textures_idx 필드는 이제 -1 값을 사용하는 대신 모두 유효한 인덱스를 포함합니다.
- 이제 aux 변수의 normal 필드는 None이 아닌 PyTorch 텐서입니다.
- aux 변수의 verts_uvs 필드는 이제 None이 아닌 PyTorch 텐서입니다.
- aux 변수의 texture_images 필드는 더 이상 빈 딕셔너리가 아닙니다. texture_images 딕셔너리에는 키인 Skin과 (250, 250, 3)의 모양을 가진 PyTorch 텐서가 있는 항목 하나가 포함되어 있습니다. 이 텐서는 mtl_texture.mtl 파일에 정의된 대로 wal67ar_small.jpg 파일에 포함된 이미지와 정확히 동일합니다.

지금까지 기본적인 3D 데이터 파일 형식과 PLY 및 OBJ 파일을 사용하는 방법을 배웠습니다. 다음 절에서는 3D 좌표계의 기본 개념에 대해 알아보겠습니다.

3D 좌표계 이해

이 절에서는 PyTorch3D에서 자주 사용되는 좌표계에 대해 알아보겠습니다. 이 절은 카메라 좌표계에 대한 PyTorch의 문서(https://pytorch3d.org/docs/cameras)에서 발췌한 것입니다. PyTorch3D 렌더링 시스템을 이해하고 사용하려면 일반적으로 이러한 좌표계와 사용 방법을 알아야 합니다. 이전 절에서 설명한 것처럼 3D 데이터는 점, 면, 복셀로 표현할 수 있습니다. 각 점의 위치는 특정 좌표계에 대한 x, y, z 좌표 집합으로 나타낼 수 있습니다. 일반적으로 어느 좌표계가 가장 편리한지에 따라 여러 좌표계를 정의하고 사용해야 합니다.

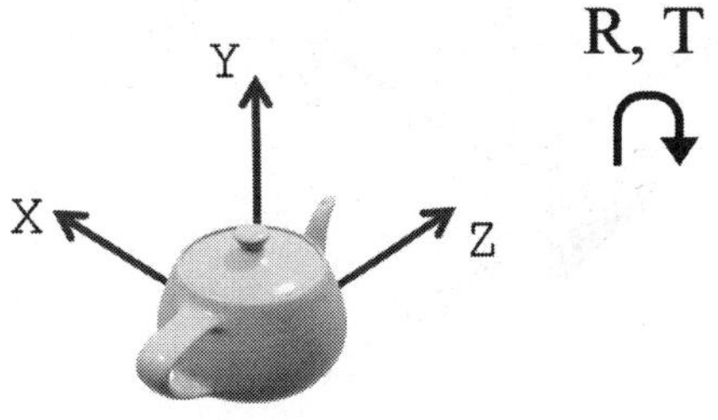

그림 1.2 원점과 축이 카메라 위치와 독립적으로 정의되는 세계 좌표계

우리가 자주 사용하는 첫 번째 좌표계는 **세계 좌표계라고 합니다.** 이 좌표계는 모든 3D 객체에 대해 선택된 3D 좌표계로, 3D 객체의 위치를 쉽게 결정할 수 있도록 합니다. 일반적으로 세계

좌표계의 축은 객체 방향이나 카메라 방향과 일치하지 않습니다. 따라서 세계 좌표계의 원점과 객체 및 카메라 방향 사이에 0이 아닌 회전과 변위가 존재합니다. 세계 좌표계를 보여주는 그림이 여기에 나와 있습니다:

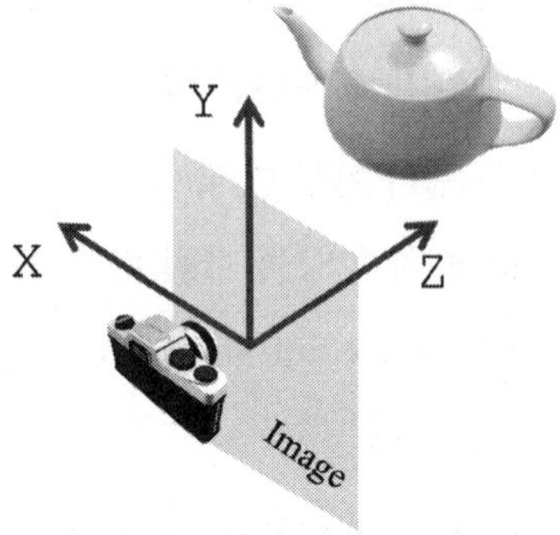

그림 1.3 카메라 뷰 좌표계. 원점이 카메라 투영 중심에 있고 세 축이 이미징 평면에 따라 정의되어 있습니다.

세계 좌표계의 축은 일반적으로 카메라 방향과 일치하지 않기 때문에 많은 상황에서 카메라 뷰 좌표계를 정의하고 사용하는 것이 더 편리합니다. PyTorch3D에서 카메라 뷰 좌표계는 원점이 카메라의 투영점에 있고, *x*축은 왼쪽, *y*축은 위쪽, *z*축은 앞쪽을 가리키도록 정의됩니다.

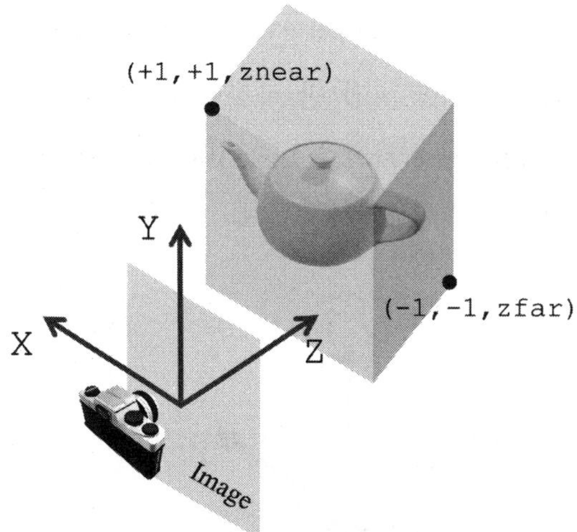

그림 1.4 볼륨이 카메라가 렌더링할 수 있는 범위로 제한되는 NDC 좌표계

정규화된 장치 좌표(Normalized Device Coordinate, NDC)는 카메라가 렌더링할 수 있는 볼륨을 제한합니다. NDC 공간의 *x* 좌표 값은 *y* 좌표 값과 마찬가지로 -1에서 +1 사이의 범위입니다. *z* 좌표 값의 범위는 znear에서 zfar까지이며, 여기서 znear는 가장 가까운 깊이, zfar는 가장 먼 깊이

입니다. 이 znear~zfar 범위를 벗어난 객체는 카메라에 의해 렌더링되지 않습니다.

마지막으로 화면 좌표계는 렌더링된 이미지가 화면에 표시되는 방식과 관련하여 정의됩니다. 좌표계에는 픽셀의 열을 나타내는 x 좌표, 픽셀의 행을 나타내는 y 좌표, 객체의 깊이에 해당하는 z 좌표가 포함됩니다.

2D 화면에서 3D 객체를 올바르게 렌더링하려면 이러한 좌표계들 간 변환을 수행해야 합니다. 다행히도 이러한 좌표계 변환은 PyTorch3D 카메라 모델을 사용하여 쉽게 수행할 수 있습니다. 좌표 변환에 대해서는 카메라 모델에 대해 설명한 후에 더 자세히 설명하겠습니다.

카메라 모델 이해

이 절에서는 카메라 모델에 대해 알아보겠습니다. 3D 딥러닝에서는 일반적으로 3D 감지를 위해 2D 이미지를 사용해야 합니다. 2D 이미지에서만 3D 정보를 감지하거나 2D 이미지에 깊이를 융합하여 높은 정확도를 얻을 수 있습니다. 그럼에도 불구하고 2D 공간과 3D 세계 사이의 대응 관계를 구축하기 위해서는 카메라 모델이 필수적입니다.

PyTorch3D에는 두 가지 주요 카메라 모델, 즉 OrthographicCameras 클래스로 정의된 직교 카메라와 PerspectiveCameras 클래스로 정의된 원근 카메라 모델이 있습니다. 다음 그림은 두 카메라 모델 간의 차이점을 보여줍니다.

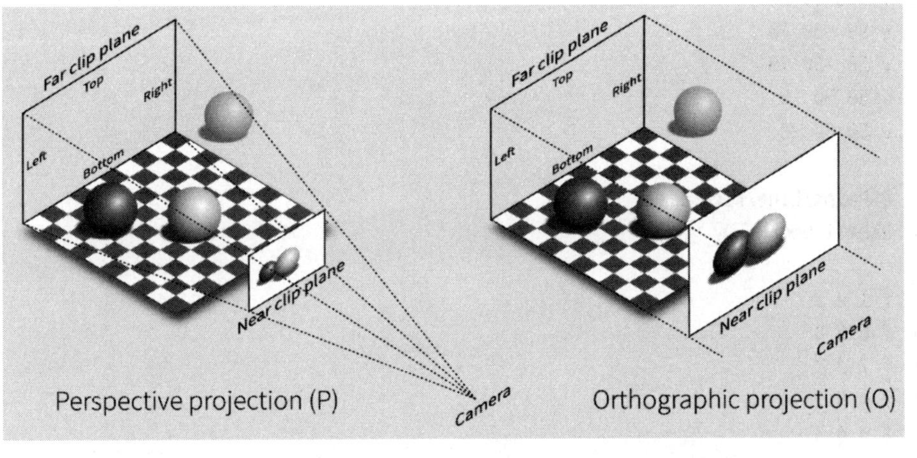

그림 1.5 PyTorch3D에서 구현된 두 가지 주요 카메라 모델, 원근법과 직교법

직교 카메라는 직교 투영을 사용하여 3D 세계의 객체를 2D 이미지에 매핑하고, 원근 카메라는 원근 투영을 사용하여 3D 세계의 객체를 2D 이미지에 매핑합니다. 직교 투영은 객체 깊이를

무시하고 객체를 2D 이미지에 매핑합니다. 예를 들어, 그림과 같이 깊이가 다른 기하학적 크기가 같은 두 개의 물체는 같은 크기의 2D 이미지로 매핑됩니다. 반면에 원근 투영에서는 물체가 카메라에서 멀리 떨어져 있으면 2D 이미지에서 더 작은 크기로 매핑됩니다.

이제 카메라 모델의 기본 개념에 대해 알아봤으니 몇 가지 코딩 예제를 통해 이러한 카메라 모델을 만들고 사용하는 방법을 살펴봅시다.

카메라 모델 및 좌표계에 대한 코딩

이 절에서는 지금까지 배운 모든 내용을 활용하여 Python과 PyTorch3D로 작성된 구체적인 코드 스니펫 예제를 사용하여 구체적인 카메라 모델을 구축하고 서로 다른 좌표계 간에 변환해 보겠습니다:

1. 먼저 cube.obj 파일로 정의된 다음 메시를 사용하겠습니다. 기본적으로 메시는 정육면체입니다:

```
mtllib ./cube.mtl
o cube
# Vertex list
v -50 -50 20
v -50 -50 10
v -50 50 10
v -50 50 20
v 50 -50 20
v 50 -50 10
v 50 50 10
v 50 50 20

# Point/Line/Face list
usemtl Door

f 1 2 3
f 6 5 8
f 7 3 2
f 4 8 5
f 8 4 3
f 6 2 1
f 1 3 4
f 6 8 7
f 7 2 6
f 4 5 1
```

```
f 8 3 7
f 6 1 5
# End of file
```

예제 코드 스니펫은 이 책의 GitHub 저장소에서 다운로드할 수 있는 camera.py입니다.

2. 필요한 모든 모듈을 임포트합니다:

```
import open3d
import torch
import pytorch3d
from pytorch3d.io import load_obj
from scipy.spatial.transform import Rotation as Rotation

from pytorch3d.renderer.cameras import PerspectiveCameras
```

3. Open3D의 draw_geometrics 함수를 사용하여 메시를 적재하고 시각화할 수 있습니다:

```
#Load meshes and visualize it with Open3D
mesh_file = "cube.obj"
print('visualizing the mesh using open3D')
mesh = open3d.io.read_triangle_mesh(mesh_file)
open3d.visualization.draw_geometries([mesh],
                   mesh_show_wireframe = True,
                   mesh_show_back_face = True)
```

4. 카메라 변수를 PyTorch3D PerspectiveCamera 객체로 정의합니다. 여기서 카메라는 실제로 미니 배치입니다. 예를 들어 회전 행렬 R은 [8, 3, 3] 모양의 PyTorch 텐서이며, 실제로는 각각 8개의 회전 행렬 중 하나를 가진 8개의 카메라를 정의합니다. 이미지 크기, 초점 거리, 주요 지점 등 다른 모든 카메라 파라미터도 마찬가지입니다:

```
#Define a mini-batch of 8 cameras
image_size = torch.ones(8, 2)
image_size[:,0] = image_size[:,0] * 1024
image_size[:,1] = image_size[:,1] * 512
image_size = image_size.cuda()

focal_length = torch.ones(8, 2)
focal_length[:,0] = focal_length[:,0] * 1200
focal_length[:,1] = focal_length[:,1] * 300
focal_length = focal_length.cuda()
```

```
principal_point = torch.ones(8, 2)
principal_point[:,0] = principal_point[:,0] * 512
principal_point[:,1] = principal_point[:,1] * 256
principal_point = principal_point.cuda()

R = Rotation.from_euler('zyx', [
    [n*5, n, n] for n in range(-4, 4, 1)],
degrees=True).as_matrix()
R = torch.from_numpy(R).cuda()
T = [ [n, 0, 0] for n in range(-4, 4, 1)]
T = torch.FloatTensor(T).cuda()

camera = PerspectiveCameras(focal_length = focal_length,
                            principal_point = principal_point,
                            in_ndc = False,
                            image_size = image_size,
                            R = R,
                            T = T,
                            device = 'cuda')
```

5. 카메라 변수를 정의한 후에는 get_world_to_view_transform 클래스 멤버 메서드를 호출하여 Transform3d 객체 world_to_view_transform을 가져올 수 있습니다. 그런 다음 transform_points 멤버 메서드를 사용하여 세계 좌표에서 카메라 뷰 좌표로 변환할 수 있습니다. 마찬가지로, get_full_projection_transform 멤버 메서드를 사용하여 세계 좌표에서 화면 좌표로 변환하기 위한 Transform3d 객체를 얻을 수도 있습니다:

```
world_to_view_transform = camera.get_world_to_view_transform()
world_to_screen_transform = camera.get_full_projection_transform()

#Load meshes using PyTorch3D
vertices, faces, aux = load_obj(mesh_file)
vertices = vertices.cuda()

world_to_view_vertices = world_to_view_transform.transform_points(vertices)
world_to_screen_vertices = world_to_screen_transform.transform_points(vertices)

print('world_to_view_vertices = ', world_to_view_vertices)
print('world_to_screen_vertices = ', world_to_screen_vertices
```

이 코드 예제는 PyTorch3D 카메라를 사용할 수 있는 기본적인 방법과 PyTorch3D를 사용하여 다른 좌표계 간에 전환하는 것이 얼마나 쉬운지를 보여줍니다.

요약

이 장에서는 먼저 개발 환경을 설정하는 방법을 배웠습니다. 그런 다음 가장 널리 사용되는 3D 데이터 표현에 대해 이야기했습니다. 그런 다음 3D 데이터 파일 형식인 PLY 형식과 OBJ 형식에 대해 알아봄으로써 3D 데이터 표현의 구체적인 예를 살펴봤습니다. 그런 다음 3D 좌표계와 카메라 모델의 기본 개념에 대해 배웠습니다. 장의 마지막 부분에서는 실습 코딩 예제를 통해 카메라 모델을 구축하고 서로 다른 좌표계 간에 변환하는 방법을 배웠습니다.

다음 장에서는 3D 모델을 2D 이미지로 변환하는 렌더링, 이기종 미니 배칭, 회전을 표현하는 여러 가지 방법과 같은 보다 중요한 3D 딥러닝 개념에 대해 설명합니다.

제2장

3D 컴퓨터 비전 및 지오메트리 소개

이 장에서는 이 책의 뒷부분에서 특히 유용한 3D 컴퓨터 비전과 지오메트리의 몇 가지 기본 개념에 대해 알아볼 것입니다. 먼저 렌더링, 래스터화, 셰이딩이 무엇인지 알아보고, 점 광원, 방향성 광원, 주변 조명, 확산, 하이라이트, 광택과 같은 다양한 조명 모델과 셰이딩 모델을 살펴봅니다. 다양한 조명 모델과 파라미터를 사용하여 메시 모델을 렌더링하는 코딩 예제를 살펴보겠습니다.

그런 다음 최적화 문제 해결을 위해 PyTorch를 사용하는 방법을 배웁니다. 특히 이기종 미니 배치에 대한 확률론적 경사 하강을 살펴보는데, 이는 PyTorch3D를 사용함으로써 가능합니다. 또한 목록 형식, 패딩 형식, 패킹 형식 등 PyTorch3D의 다양한 미니 배치 형식에 대해 알아보고, 각 형식 간에 변환하는 방법도 알아봅니다.

이 장의 마지막 부분에서는 자주 사용되는 몇 가지 회전 표현과 이러한 표현 간에 변환하는 방법에 대해 설명합니다.

이 장에서는 다음 주제를 다룹니다:

- 렌더링, 래스터화 및 셰이딩의 기본 개념 탐색
- 램버시안 셰이딩 및 퐁 셰이딩 모델 이해하기
- PyTorch 텐서를 정의하고 옵티마이저를 사용하여 텐서를 최적화하는 방법
- 미니 배치 및 이기종 미니 배치와 패킹 및 패딩된 텐서를 정의하는 방법
- 회전 및 회전을 설명하는 다양한 방법
- SE(3) 공간에서의 지수 매핑 및 로그 매핑

기술 요구 사항

이 책의 예제 코드 스니펫을 실행하려면 컴퓨터가 있어야 하며, 가장 이상적인 것은 GPU가 있는 컴퓨터입니다. CPU로만 코드 스니펫을 실행하는 것도 불가능하지는 않습니다.

권장되는 컴퓨터 구성에는 다음이 포함됩니다:

- 최신 GPU(예: 8GB 이상의 메모리를 갖춘 Nvidia GTX 시리즈 또는 RTX 시리즈)
- Python 3
- PyTorch 라이브러리 및 PyTorch3D 라이브러리

이 챕터의 코드 스니펫은 https://github.com/PacktPublishing/3D-Deep-Learning-with-Python에서 확인할 수 있습니다.

렌더링, 래스터화 및 셰이딩의 기본 개념 탐색

렌더링은 카메라 주변 세계의 3D 데이터 모델을 입력으로 받아서 이미지를 출력하는 프로세스입니다. 이는 현실 세계에서 카메라에 이미지가 형성되는 물리적 프로세스를 근사한 것입니다. 일반적으로 3D 데이터 모델은 메시입니다. 이 경우 렌더링은 일반적으로 레이 트레이싱을 사용하여 수행됩니다:

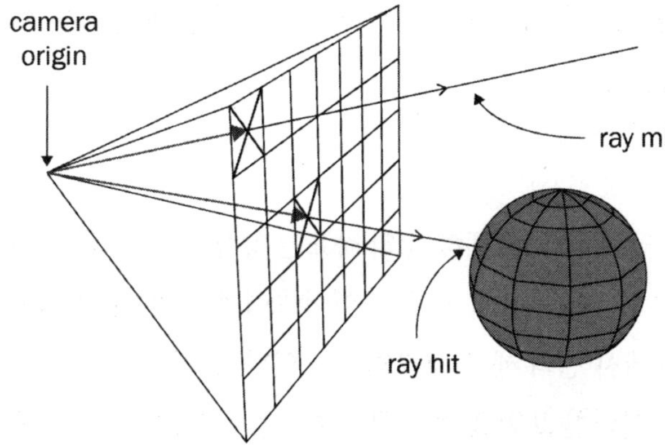

그림 2.1 레이 트레이싱을 통한 렌더링(카메라 원점에서 생성된 광선이 이미지 픽셀을 통과하여 관련 메시 면을 찾음)

레이 트레이싱 처리의 예는 그림 2.1에 나와 있습니다. 이 예에서 세계 모델에는 메시 모델로 표현되는 하나의 3D 구체가 포함되어 있습니다. 3D 구체의 이미지를 형성하기 위해 각각에 대해 이미지 픽셀에서 카메라 원점에서 시작하여 이미지 픽셀을 통과하는 하나의 광선을 생성합니

다. 하나의 광선이 하나의 메시 면과 교차하면 메시 면이 이미지 픽셀에 색을 투영할 수 있다는 것을 알 수 있습니다. 또한 깊이가 작은 면이 깊이가 큰 면을 가릴 수 있으므로 각 교차점의 깊이를 추적해야 합니다.

따라서 렌더링 프로세스는 일반적으로 래스터화와 셰이딩의 두 단계로 나눌 수 있습니다. 레이 트레이싱 프로세스는 일반적인 래스터화 프로세스, 즉 각 이미지 픽셀과 관련된 기하학적 객체를 찾는 프로세스입니다. 셰이딩은 래스터화의 출력을 가져와 각 이미지 픽셀의 픽셀 값을 계산하는 프로세스입니다.

PyTorch3D의 pytorch3d.renderer.mesh.rasterize_meshes.rasterize_meshes 함수는 일반적으로 각 이미지 픽셀에 대해 다음 네 가지를 계산합니다:

- pix_to_face는 광선이 교차할 수 있는 면 인덱스 목록입니다.
- zbuf는 이러한 면의 깊이 값 목록입니다.
- bary_coords는 각 면과 광선의 교차점의 무게중심 좌표 목록입니다.
- pix_dists는 픽셀(x 및 y)과 광선이 교차하는 모든 면의 가장 가까운 점 사이의 부호화된 거리 목록입니다. 이 목록의 값은 부호화된 거리를 포함하므로 음수 값을 가질 수 있습니다.

일반적으로 깊이가 가장 작은 면 하나가 깊이가 더 큰 모든 메시 면을 가리게 됩니다. 따라서 렌더링된 이미지만 필요한 경우 이 목록에서 가장 작은 깊이를 가진 면만 있으면 됩니다. 그러나 이 책의 뒷부분에서 다룰 미분 가능한 렌더링의 고급 설정을 사용하면 일반적으로 여러 메시 면의 픽셀 색상이 융합됩니다.

무게중심 좌표 이해

메시 면과 동일 평면에 있는 각 점에 대해 점의 좌표는 항상 메시 면의 세 꼭지점 좌표의 선형 조합으로 표현할 수 있습니다. 예를 들어, 다음 다이어그램과 같이 점 p는 $uA + vB + wC$로 쓸 수 있으며, 여기서 A, B, C는 메시 면의 세 꼭지점의 좌표입니다. 따라서 이러한 각 점을 계수 u, v, w로 나타낼 수 있습니다. 이러한 표현을 점의 무게중심 좌표라고 합니다. 메시 면 삼각형 내에 있는 점의 경우, $u + v + w = 1$이며 u, v, w는 모두 양수입니다. 무게중심 좌표는 면 정점의 함수로 면 내부의 모든 점을 정의하므로, 동일한 계수를 사용하여 면의 정점에 정의된 속성의 함수로 전체 면에 걸쳐 다른 속성을 보간할 수 있습니다. 예를 들어 그림 2.2와 같이 셰이딩에 사용할 수 있습니다:

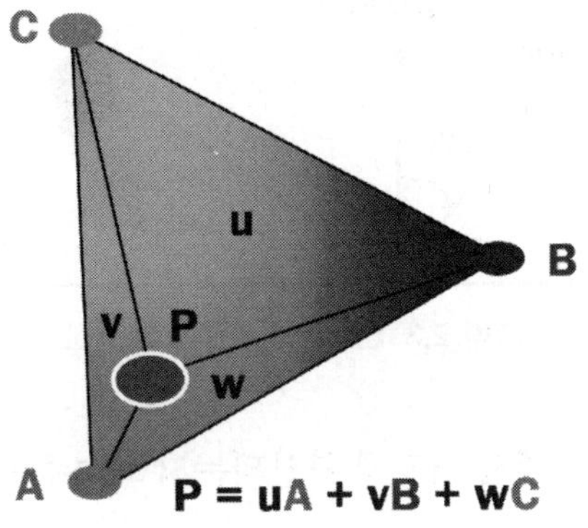

그림 2.2 무게중심 좌표계 정의

pix_to_face, zbuf, bary_coords 및 dists 값의 목록이 있으면 셰이딩 프로세스를 통해 실제 세계에서와 같이 이미지가 형성되는 물리적 과정을 모방할 수 있습니다. 따라서 색상 형성을 위한 몇 가지 물리적 모델에 대해 설명하겠습니다.

광원 모델

현실 세계에서 빛의 전파는 정교한 과정일 수 있습니다. 일반적으로 계산 비용을 줄이기 위해 셰이딩에는 여러 가지 광원 근사치가 사용됩니다:

- 첫 번째 가정은 주변 조명으로, 충분한 반사 후 배경광이 방사되어 모든 이미지 픽셀에서 거의 동일한 진폭으로 모든 방향에서 나온다고 가정합니다.
- 일반적으로 사용하는 두 번째 가정은 일부 광원을 점 광원으로 간주할 수 있다는 것입니다. 점 광원은 한 지점에서 빛을 방출하며 모든 방향에서 방출되는 빛의 색상과 진폭이 동일합니다.
- 일반적으로 사용하는 세 번째 가정은 일부 광원을 방향성 광원으로 모델링할 수 있다는 것입니다. 이 경우 광원에서 나오는 빛의 방향은 모든 3D 공간 위치에서 동일합니다. 방향성 조명은 광원이 렌더링된 객체에서 멀리 떨어져 있는 경우(예: 햇빛)에 적합한 근사치 모델입니다.

램버시안 셰이딩 모델 이해

우리가 논의할 첫 번째 물리적 모델은 램버트의 코사인 법칙입니다. 램버트 표면은 종이, 다듬지 않은 나무, 연마되지 않은 돌과 같이 전혀 광택이 나지 않는 물체 유형입니다:

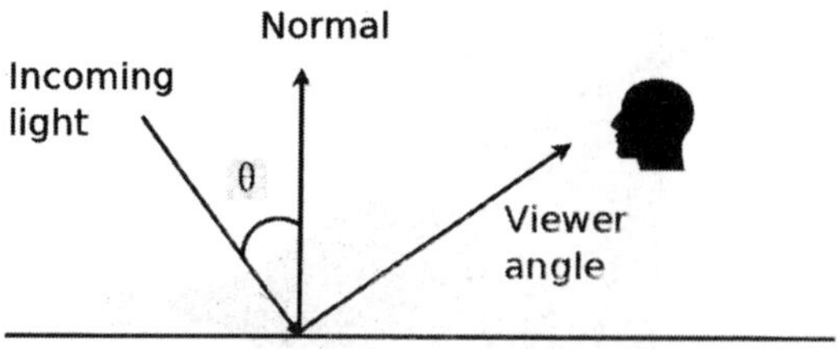

그림 2.3 램버시안 표면의 빛 확산

그림 2.3은 빛이 램버시안 곡면에서 어떻게 확산되는지 보여주는 예입니다. 램버트 코사인 법칙의 기본 개념 중 하나는 램버트 표면에서 반사된 빛의 진폭은 보는 사람의 각도에 따라 달라지지 않고 표면 법선과 입사광의 방향 사이의 각도 θ에만 의존한다는 것입니다. 보다 정확하게는 반사광의 강도 c는 다음과 같습니다:

$$c = c_r c_l \cos(\theta)$$

여기서 c_r는 재질의 반사 계수이고 c_l는 입사광의 진폭입니다. 주변 조명을 추가로 고려하면 반사광의 진폭은 다음과 같습니다:

$$c = c_r(c_a + c_l \cos(\theta))$$

여기서 c_a는 주변 조명의 진폭입니다.

퐁 조명 모델 이해

광택 타일 바닥이나 광택 페인트와 같이 반짝이는 표면의 경우 반사광에 하이라이트 성분도 포함되어 있습니다. 퐁 조명 모델은 이러한 광택 성분에 자주 사용되는 모델입니다:

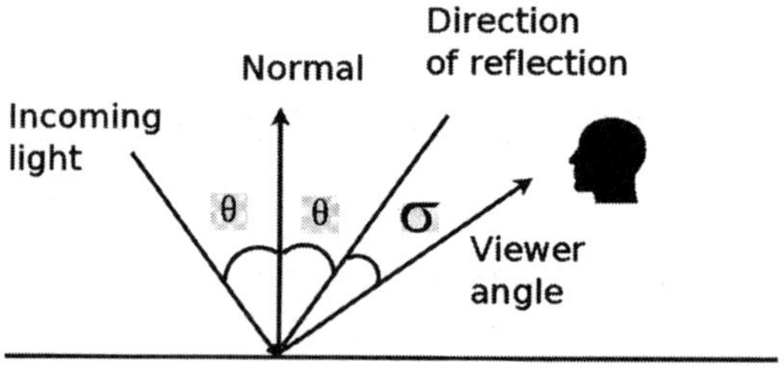

그림 2.4 퐁 조명 모델

퐁 조명 모델의 예는 그림 2.4에 나와 있습니다. 퐁 조명 모델의 기본 원칙 중 하나는 반짝이는 빛의 성분이 입사광의 반사 방향에서 가장 강해야 한다는 것입니다. 반사 방향과 시야각 사이의 각도 σ가 커질수록 이 성분은 약해집니다.

보다 정확하게 반짝이는 빛 성분 c의 진폭은 다음과 같습니다:

$$c = c_r c_l c_p [\cos(\sigma)]^p$$

여기서 지수 p는 시야각이 반사 방향에서 멀어질 때 반짝이는 성분이 감쇠하는 속도를 제어하는 모델의 파라미터입니다.

마지막으로 주변 조명, 확산, 하이라이트의 세 가지 주요 성분을 모두 고려하면 빛의 진폭에 대한 최종 식은 다음과 같습니다:

$$c = c_r (c_a + c_l \cos(\theta) + c_l c_p [\cos(\sigma)]^p)$$

앞의 식은 각각의 색상 성분에 적용된다는 점에 유의하세요. 즉, 각각의 색상 채널(빨강, 초록, 파랑)에 대해 고유한 c_r, c_a, c_l 값을 갖는 식 하나를 갖게 됩니다:

지금까지 렌더링, 래스터화 및 셰이딩의 기본 개념에 대해 알아보았습니다. 또한 다양한 광원 모델과 셰이딩 모델에 대해서도 배웠습니다. 이제 이러한 광원과 셰이딩 모델을 사용하기 위한 몇 가지 코딩 연습을 수행할 준비가 되었습니다.

3D 렌더링을 위한 코딩 연습

이 절에서는 메시 모델을 렌더링하기 위해 PyTorch3D를 사용하는 구체적인 코딩 연습을 살펴보겠습니다. PyTorch3D에서 카메라 모델을 정의하는 방법과 광원을 정의하는 방법을 배워보겠습니다. 또한 세 가지 조명 성분(주변 조명, 확산, 광택)을 제어하여 보다 사실적인 이미지를 렌더링할 수 있도록 들어오는 조명 성분과 재질 속성을 변경하는 방법도 배웁니다:

1. 먼저 필요한 모든 Python 모듈을 임포트해야 합니다:

```
import open3d
import os
import sys
import torch

import matplotlib.pyplot as plt
from pytorch3d.io import load_objs_as_meshes
from pytorch3d.renderer import (
    look_at_view_transform,
    PerspectiveCameras,
    PerspectiveCameras,
    PointLights,
```

```
    Materials,
    RasterizationSettings,
    MeshRenderer,
    MeshRasterizer
)

from pytorch3d.renderer.mesh.shader import HardPhongShader

sys.path.append(os.path.abspath(''))
```

2. 그런 다음 사용할 메시를 적재해야 합니다. cow.obj 파일에는 장난감 소 객체에 대한 메시 모델이 포함되어 있습니다:

```
DATA_DIR = "./data"
obj_filename = os.path.join(DATA_DIR, "cow_mesh/cow.obj")
device = torch.device('cuda')
mesh = load_objs_as_meshes([obj_filename], device=device)
```

3. 다음으로 카메라와 광원을 정의하겠습니다. look_at_view_transform 함수를 사용하여 카메라로부터의 거리, 고도각, 방위각과 같은 이해하기 쉬운 파라미터를 매핑하여 회전(R) 및 이동(T) 행렬을 얻습니다. R 및 T 변수는 카메라를 배치할 위치를 정의합니다. 조명 변수는 [0.0, 0.0, -3.0]에 배치된 점 광원을 그 위치로 지정합니다:

```
R, T = look_at_view_transform(2.7, 0, 180)
cameras = PerspectiveCameras(device=device, R=R, T=T)

lights = PointLights(device=device, location=[[0.0, 0.0, -3.0]])
```

4. MeshRenderer 유형의 renderer 변수를 정의하겠습니다. renderer 변수는 호출 가능한 객체로, 메시를 입력으로 받아 렌더링된 이미지를 출력할 수 있습니다. 렌더러는 초기화 시 래스터라이저와 셰이더의 두 가지 입력을 받습니다. PyTorch3D는 여러 가지 유형의 래스터라이저와 셰이더를 정의했습니다. 여기서는 MeshRasterizer와 HardPhongShader를 사용하겠습니다. 래스터라이저의 설정을 지정할 수도 있습니다. 여기서 image_size는 512로, 렌더링된 이미지가 512 x 512 픽셀임을 의미합니다. blur_radius는 0으로 설정하고 face _per_pixel은 1로 설정합니다.

   blur_radius 및 faces_per_pixel 설정은 미분 가능한 렌더링에 가장 유용하며, blur_radius는 0보다 크고 faces_per_pixel은 1보다 커야 합니다:

```
raster_settings = RasterizationSettings(
    image_size=512,
    blur_radius=0.0,
    faces_per_pixel=1,
)

renderer = MeshRenderer(
    rasterizer=MeshRasterizer(
        cameras=cameras,
        raster_settings=raster_settings
    ),
    shader = HardPhongShader(
        device = device,
        cameras = cameras,
        lights = lights
    )
)
```

5. 따라서 렌더러를 호출하고 메시 모델을 전달하여 첫 번째 렌더링 결과를 실행할 준비가 되었습니다. 렌더링된 이미지는 그림 2.5에 나와 있습니다:

```
images = renderer(mesh)
plt.figure(figsize=(10, 10))
plt.imshow(images[0, ..., :3].cpu().numpy())
plt.axis("off")
plt.savefig('light_at_front.png')
plt.show()
```

그림 2.5 광원을 정면에 배치했을 때 렌더링된 이미지

6. 다음으로 광원의 위치를 메시의 뒤쪽으로 변경하고 어떤 일이 발생하는지 살펴봅니다. 렌더링된 이미지는 그림 2.6에 나와 있습니다. 이 경우 점 광원의 빛은 우리를 향하고 있는 어떤 메시 면과도 교차할 수 없습니다. 따라서 여기서 관찰할 수 있는 모든 색은 주변 조명에 의한 것입니다:

```
lights.location = torch.tensor([0.0, 0.0, +1.0], device=device)[None]
images = renderer(mesh, lights=lights, )
plt.figure(figsize=(10, 10))
plt.imshow(images[0, ..., :3].cpu().numpy())
plt.axis("off")
plt.savefig('light_at_back.png')
plt.show()
```

그림 2.6 광원을 장난감 소 뒤에 배치했을 때 렌더링된 이미지

7. 다음 실험에서는 materials 데이터 구조를 정의해 보겠습니다. 여기서는 주변 성분이 0에 가까워지도록 구성을 변경합니다(실제로는 0.01). 점 광원이 객체 뒤에 있고 주변 조명이 없기 때문에 이제 렌더링된 객체는 빛을 반사하지 않습니다. 렌더링된 이미지는 그림 2.7에 나와 있습니다:

```
materials = Materials(
    device=device,
    specular_color=[[0.0, 1.0, 0.0]],
    shininess=10.0,
    ambient_color=((0.01, 0.01, 0.01),),
)
images = renderer(mesh, lights=lights, materials=materials)

plt.figure(figsize=(10, 10))
plt.imshow(images[0, ..., :3].cpu().numpy())
plt.axis("off")
```

```
plt.savefig('dark.png')
plt.show()
```

그림 2.7 주변 조명이 없는 렌더링 이미지와 장난감 소 뒤에 있는 점 광원

8. 다음 실험에서는 카메라를 다시 회전하고 광원 위치를 재정의하여 빛이 소의 얼굴을 비출 수 있도록 합니다. 재질을 정의할 때 shininess를 10.0으로 설정합니다. 이 shininess 파라미터는 퐁 조명 모델의 p 파라미터와 정확히 일치합니다. specular_color는 [0.0, 1.0, 0.0]이며, 이는 표면이 주로 녹색 성분에서 광택이 있음을 의미합니다. 렌더링 결과는 그림 2.8에 나와 있습니다:

```
R, T = look_at_view_transform(dist=2.7, elev=10, azim=-150)
cameras = PerspectiveCameras(device=device, R=R, T=T)

lights.location = torch.tensor([[2.0, 2.0, -2.0]], device=device)

materials = Materials(
    device=device,
    specular_color=[[0.0, 1.0, 0.0]],
    shininess=10.0
)

images = renderer(mesh, lights=lights,
materials=materials, cameras=cameras)
plt.figure(figsize=(10, 10))
plt.imshow(images[0, ..., :3].cpu().numpy())
plt.axis("off")
plt.savefig('green.png')
plt.show()
```

그림 2.8 반사광 조명 성분이 있는 렌더링된 이미지

9. 다음 실험에서는 specular_color를 빨간색으로 변경하고 shininess 값을 증가시킵니다. 결과는 그림 2.9에 나와 있습니다:

```
materials = Materials(
    device=device,
    specular_color=[[1.0, 0.0, 0.0]],
    shininess=20.0
)

images = renderer(mesh, lights=lights, materials=materials, cameras=cameras)
plt.figure(figsize=(10, 10))
plt.imshow(images[0, ..., :3].cpu().numpy())
plt.savefig('red.png')
plt.axis("off")
plt.show()
```

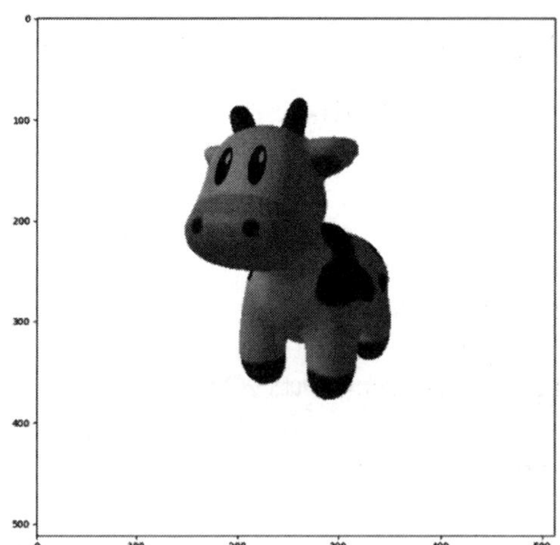

그림 2.9 빨간색 반사광 색상으로 렌더링된 이미지

10. 마지막으로 shininess 값을 0으로 하면 그림 2.10과 같은 결과가 나타납니다:

```
materials = Materials(
    device=device,
    specular_color=[[0.0, 0.0, 0.0]],
    shininess=0.0
)

images = renderer(mesh, lights=lights, materials=materials, cameras=cameras)
plt.figure(figsize=(10, 10))
plt.imshow(images[0, ..., :3].cpu().numpy())
plt.savefig('blue.png')
plt.axis("off")
plt.show()
```

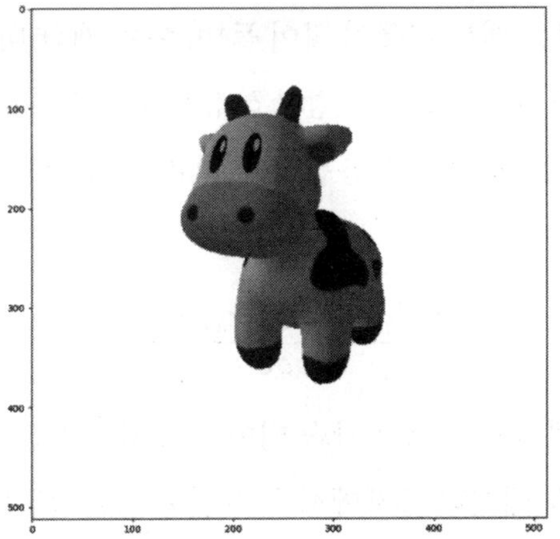

그림 2.10 반사광 성분이 없는 렌더링된 이미지

이 장의 첫 번째 부분에서는 3D 컴퓨터 비전에 매우 중요한 렌더링과 셰이딩에 대해 주로 논의했습니다. 다음으로 3D 딥러닝에서 매우 중요한 또 다른 주제인 최적화를 위한 이기종 배치 문제에 대해 알아보겠습니다.

PyTorch3D 이기종 배치 및 PyTorch 옵티마이저 사용

이 절에서는 PyTorch3D 이기종 미니 배치에서 PyTorch 옵티마이저를 사용하는 방법을 알아보겠습니다. 딥러닝에서는 일반적으로 다음과 같은 데이터 예제 목록이 주어집니다.

$\{(x_1, y_1), (x_2, y_2), (x_3, y_3), \ldots, (x_n, y_n)\}$. 여기서 x_i는 관측값이고 y_i는 예측값입니다.

예를 들어, x_i는 몇 개의 이미지이고 y_i는 '고양이' 또는 '개'와 같은 실측 분류 결과일 수 있습니다. 그런 다음 신경망의 출력이 가능한 한 y_i에 가까워지도록 심층 신경망을 학습합니다. 일반적으로 신경망 출력과 y_i사이의 손실 함수는 신경망 출력이 y_i에 가까워질수록 손실 함수 값이 감소하도록 정의됩니다.

따라서 딥러닝 네트워크의 학습은 일반적으로 모든 학습 데이터 예제인 x_i와 y_i에 대해 평가되는 손실 함수를 최소화하는 방식으로 이루어집니다. 많은 최적화 알고리즘에서 사용되는 간단한 방법은 다음 식과 같이 기울기를 먼저 계산한 다음 음의 기울기 방향을 따라 신경망의 파라미터를 수정하는 것입니다. 이 방정식에서 f는 x_i를 입력으로 받고 파라미터 Θ를 갖는 신경망을 나타내며, 손실은 신경망 출력과 실측 예측 y_i사이의 손실 함수입니다:

$$\frac{\partial \sum_{i=1}^{n} \text{loss}(f(x_i; \theta), y_i)}{\partial \theta}$$

그러나 이 기울기를 계산하는 데는 비용이 많이 들며, 이는 계산 비용이 학습 데이터셋의 크기에 비례하기 때문입니다. 실제로는 원래의 경사 하강 알고리즘 대신 **확률적 경사 하강(Stochatic Gradient Descent, SGD)** 알고리즘이 사용됩니다. SGD 알고리즘에서 하강 방향은 다음 식과 같이 계산됩니다:

$$\frac{\partial \sum_{k \in D} \text{loss}(f(x_k; \theta), y_k)}{\partial \theta}$$

이 방정식에서 소위 미니 배치 D는 모든 학습 데이터 예제의 작은 하위 집합입니다. 미니 배치 D는 각 반복에서 전체 학습 데이터 예제에서 무작위로 샘플링됩니다. SGD 알고리즘은 경사 하강 알고리즘보다 계산 비용이 훨씬 낮습니다. 대수의 법칙으로 인해 SGD에서 계산된 하강 방향은 경사 하강 방향에 거의 근접합니다. 또한 SGD는 특정 암시적 정규화를 도입하여 딥러닝의 우수한 일반화 특성에 기여할 수 있다고 널리 알려져 있습니다. 미니 배치의 크기를 선택하는 방법은 신중하게 고려해야 하는 중요한 하이퍼파라미터입니다. 그럼에도 불구하고 SGD 알고리즘과 그 변형은 딥러닝 모델을 학습하기 위한 방법으로 선택되어 왔습니다.

이미지와 같은 많은 데이터 유형의 경우 데이터를 쉽게 균일하게 만들 수 있습니다. 너비, 높이, 채널이 모두 동일한 이미지의 미니 배치를 구성할 수 있습니다. 예를 들어, 채널이 3개(빨강, 초록, 파랑의 세 가지 색상), 높이가 256, 너비가 256인 이미지 8개로 구성된 미니 배치는 8 x 3 x 256 x 256 크기의 PyTorch 텐서로 만들 수 있습니다. 일반적으로 텐서의 첫 번째 차원은 미니 배치 내의 데이터 샘플 인덱스를 나타냅니다. 일반적으로 이러한 종류의 균질 데이터에 대한 계산은 GPU를 사용하여 효율적으로 수행할 수 있습니다.

반면에 3D 데이터는 일반적으로 이질적입니다. 예를 들어, 하나의 미니 배치 내의 메시에는 서로 다른 수의 정점과 면이 포함될 수 있습니다. 이러한 이질적인 데이터를 GPU에서 효율적으로 처리하는 것은 간단한 문제가 아닙니다. 이기종 미니 배치 처리를 위한 코딩도 지루할 수 있습니다. 다행히도 PyTorch3D는 이기종 미니 배치를 매우 효율적으로 처리할 수 있는 기능을 갖추고 있습니다. 다음 절에서는 이러한 PyTorch3D 기능을 활용한 코딩 연습을 살펴보겠습니다.

이기종 미니 배치를 위한 코딩 실습

이 절에서는 장난감 예제를 살펴봄으로써 PyTorch 옵티마이저와 PyTorch3D 이기종 미니 배치 기능을 사용하는 방법을 배워보겠습니다. 이 예제에서는 깊이 카메라를 알 수 없는 위치에 배치하고 카메라의 감지 결과를 사용하여 알 수 없는 위치를 추정하려는 문제를 고려할 것입니다. 문제를 단순화하기 위해 카메라의 방향은 알려져 있고 3D 변위만 알 수 있다고 가정합니다.

좀 더 구체적으로, 카메라가 장면에서 세 개의 객체를 관찰하고 세 객체의 실측 메시 모델을 알고 있다고 가정합니다. PyTorch와 PyTorch3D를 사용하여 다음과 같이 문제를 해결하는 코드를 살펴보겠습니다:

1. 첫 번째 단계에서는 사용할 모든 패키지를 임포트할 것입니다:

```
import open3d
import os
import torch

from pytorch3d.io import load_objs_as_meshes
from pytorch3d.structures.meshes import join_meshes_as_batch

from pytorch3d.ops import sample_points_from_meshes
from pytorch3d.loss import chamfer_distance
import numpy as np
```

2. 다음 단계에서는 CPU 또는 CUDA를 사용하여 torch 장치를 정의하겠습니다:

```
if torch.cuda.is_available():
    device = torch.device("cuda:0")
else:
    device = torch.device("cpu")
    print("WARNING: CPU only, this will be slow!")
```

3. 이 장난감 예제에서 사용할 메시 모델은 코드 저장소에 포함되어 있으며 data 하위 폴더 아래에 있습니다. 이 폴더에 포함된 세 가지 메시 모델을 사용하겠습니다.

   세 가지 모델은 cube.obj, diamond.obj, dodecahedron.obj 파일에 포함되어 있습니다. 다음 코드 스니펫에서는 Open3D 라이브러리를 사용하여 이러한 메시 모델을 적재하고 시각화합니다:

```
mesh_names = ['cube.obj', 'diamond.obj', 'dodecahedron. obj']
data_path = './data'

for mesh_name in mesh_names:
    mesh = open3d.io.read_triangle_mesh(os.path.join(data_path, mesh_name))
    open3d.visualization.draw_geometries([mesh],
                                         mesh_show_wireframe = True,
                                         mesh_show_back_face = True,
                                           )
```

4. 다음으로 PyTorch3D를 사용하여 동일한 메시를 적재하고 메시 목록인 mesh_list 변수를 작성하겠습니다:

```
mesh_list = list()
device = torch.device('cuda')
for mesh_name in mesh_names:
    mesh = load_objs_as_meshes([os.path.join(data_path, mesh_name)], device=device)
    mesh_list.append(mesh)
```

5. 마지막으로 join_meshes_as_batch PyTorch3D 함수를 사용하여 PyTorch3D 미니 배치 메시를 만들 수 있습니다. 이 함수는 메시 목록을 받아 메시의 미니 배치를 반환합니다:

```
mesh_batch = join_meshes_as_batch(mesh_list, include_textures = False)
```

   각 PyTorch3D 미니 배치에는 정점과 면을 표현하는 세 가지 방법이 있습니다:

   - **목록 형식**: 정점은 텐서 목록으로 표시되며, 각 텐서는 미니 배치 내에서 하나의 메시의 정점 또는 면을 나타냅니다.
   - **패딩 형식**: 모든 정점은 하나의 텐서로 표현되고 작은 메시의 데이터는 제로 패딩되어 모든 메시가 동일한 수의 정점과 면을 갖게 됩니다.
   - **패킹 형식**: 모든 정점 또는 면이 하나의 텐서로 패킹됩니다. 각 정점 또는 면이 속한 메

시가 내부적으로 추적됩니다.

세 가지 표현 방식은 모두 장단점이 있습니다. 그럼에도 불구하고 PyTorch3D API를 사용하면 이러한 형식을 서로 효율적으로 변환할 수 있습니다.

6. 다음 코드 스니펫은 미니 배치에서 정점과 면을 목록 형식으로 반환하는 방법의 예시를 보여줍니다:

```
vertex_list = mesh_batch.verts_list()
print('vertex_list = ', vertex_list)
face_list = mesh_batch.faces_list()
print('face_list = ', face_list)
```

7. 정점과 면을 패딩된 형식으로 반환하려면 다음 PyTorch3D API를 사용할 수 있습니다:

```
vertex_padded = mesh_batch.verts_padded()
print('vertex_padded = ', vertex_padded)
face_padded = mesh_batch.faces_padded()
print('face_padded = ', face_padded)
```

8. 패킹된 형식의 정점과 면을 가져오려면 다음 코드 스니펫을 사용하면 됩니다:

```
vertex_packed = mesh_batch.verts_packed()
print('vertex_packed = ', vertex_packed)
face_packed = mesh_batch.faces_packed()
print('face_packed = ', face_packed)
num_vertices = vertex_packed.shape[0]
print('num_vertices = ', num_vertices)
```

9. 이 코딩 예제에서는 mesh_batch 변수를 세 개의 객체에 대한 실측 메시 모델로 간주합니다. 그런 다음 세 개의 메시의 노이즈가 있고 변위된 버전을 시뮬레이션합니다. 첫 번째 단계에서는 실측 메시 모델을 복제하려고 합니다:

```
mesh_batch_noisy = mesh_batch.clone()
```

10. 그런 다음 카메라 위치와 원점 사이의 변위를 나타내는 motion_gt 변수를 정의합니다:

```
motion_gt = np.array([3, 4, 5])
motion_gt = torch.as_tensor(motion_gt)
print('motion ground truth = ', motion_gt)
```

```
motion_gt = motion_gt[None, :]
motion_gt = motion_gt.to(device)
```

11. 노이즈가 있는 깊이 카메라 관측을 시뮬레이션하기 위해 평균이 motion_gt와 같은 임의의 가우스 노이즈를 생성합니다. 노이즈는 offset_verts PyTorch3D 함수를 사용하여 mesh _batch_noisy에 추가됩니다:

```
noise = (0.1**0.5)*torch.randn(mesh_batch_noisy.verts_packed().shape).to(device)
motion_gt = np.array([3, 4, 5])
motion_gt = torch.as_tensor(motion_gt)
noise = noise + motion_gt
mesh_batch_noisy = mesh_batch_noisy.offset_verts(noise).detach()
```

12. 카메라와 원점 사이의 미지의 변위를 추정하기 위해 최적화 문제를 공식화합니다. 먼저 motion_estimate 최적화 변수를 정의합니다. torch.zeros 함수는 모두 0인 PyTorch 텐서를 생성합니다. 참고로 requires_grad를 true로 설정했습니다. 이는 손실 함수에서 기울기 역전파를 실행할 때 이 변수의 기울기가 PyTorch에서 자동으로 계산되기를 원한다는 의미입니다:

```
motion_estimate = torch.zeros(motion_gt.shape, device = device, requires_grad=True)
```

13. 다음으로 학습률이 0.1인 PyTorch 옵티마이저를 정의하겠습니다. 변수 목록을 옵티마이저에 전달하여 이 최적화 문제에 대한 최적화 변수를 지정합니다. 여기서 최적화 변수는 motion_estimate 변수입니다:

```
optimizer = torch.optim.SGD([motion_estimate], lr=0.1, momentum=0.9)
```

14. 주요 최적화 절차는 다음과 같습니다. 기본적으로 확률적 경사 하강을 200회 반복합니다. 200번의 반복을 거친 후의 motion_estimate은 기준값에 매우 근접해야 합니다.

각 최적화 반복은 다음 네 단계로 나눌 수 있습니다:

I. 첫 번째 단계에서 optimizer.zero_grad()는 마지막 반복에서 계산된 값의 모든 기울기 값을 0으로 재설정합니다.

II. 두 번째 단계에서는 손실 함수를 계산합니다. PyTorch는 동적 계산 그래프를 유지한다는 점에 유의하세요. 즉, 손실 함수에 대한 모든 계산 절차가 기록되어 역전파에 사용됩니다.

III. 세 번째 단계에서는 loss.backward()가 손실의 모든 기울기를 계산합니다.
함수를 PyTorch 옵티마이저의 최적화 변수에 추가합니다.

IV. 네 번째이자 마지막 단계인 optimizer.step은 모든 최적화 변수를 손실 함수를 줄이는 방향으로 한 단계씩 이동합니다.

손실 함수를 계산하는 과정에서 두 메시에서 5,000개의 점을 무작위로 샘플링하여 챔퍼 거리를 계산합니다. 챔퍼 거리는 두 점 집합 사이의 거리입니다. 이 거리 함수에 대해서는 이후 장에서 더 자세히 설명하겠습니다:

```
for i in range(0, 200):
    optimizer.zero_grad()
    current_mesh_batch = mesh_batch.offset_verts(motion_estimate.repeat(num_vertices,1))

    sample_trg = sample_points_from_meshes(current_mesh_batch, 5000)
    sample_src = sample_points_from_meshes(mesh_batch_noisy, 5000)
    loss, _ = chamfer_distance(sample_trg, sample_src)

    loss.backward()
    optimizer.step()
    print('i = ', i, ', motion_estimation = ', motion_estimate)
```

여기서 최적화 프로세스가 [3,4,5]의 실측 위치로 매우 빠르게 수렴하는 것을 확인할 수 있습니다.

이 코딩 연습에서는 PyTorch3D에서 이기종 미니 배치를 사용하는 방법을 배웠습니다. 다음으로 3D 컴퓨터 비전의 또 다른 중요한 개념에 대해 알아보겠습니다.

변환 및 회전 이해

3D 딥러닝과 컴퓨터 비전에서는 일반적으로 회전 및 3D 강체 동작과 같은 3D 변환으로 작업해야 합니다. PyTorch3D는 이러한 변환에 대한 높은 수준의 캡슐화를 pytorch3d.transforms.Transform3d 클래스에서 제공합니다. Transform3d 클래스의 한 가지 장점은 미니 배치 기반이라는 점입니다. 따라서 3D 딥러닝에서 자주 필요한 경우 몇 줄의 코드만으로 메시의 미니 배치에 미니 배치의 변환을 적용할 수 있습니다. Transform3d의 또 다른 장점은 기울기 역전파가 Trans form3d를 직접 통과할 수 있다는 것입니다.

PyTorch3D는 또한 Lie 그룹 SO(3) 및 SE(3)의 계산을 위한 많은 저수준 API를 제공합니다. 여기서 SO(3)은 3D의 특수 직교 그룹을 나타내고 SE(3)은 3D의 특수 유클리드 그룹을 나타냅니다. 비공식적으로 말하자면, SO(3)은 모든 회전 변환의 집합을 나타내고 SE(3)은 3D의 모든 강성 변환의 집합을 나타냅니다. PyTorch3D에는 SE(3) 및 SO(3)에 대한 많은 저수준 API가 제공됩니다.

3D 컴퓨터 비전에서는 회전에 대해 여러 가지 표현이 존재합니다. 한 가지 표현은 회전 행렬 Rx 입니다.

이 방정식에서 x는 3D 벡터이고 R은 3 x 3 행렬입니다. 회전 행렬이 되려면 R은 직교 행렬이어야 하며 행렬식은 +1이어야 합니다. 따라서 모든 3 x 3 행렬이 회전 행렬이 될 수 있는 것은 아닙니다. 회전 행렬의 자유도는 3입니다.

3D 회전은 3D 벡터 v로 표현할 수도 있는데, 여기서 v의 방향은 회전 축입니다. 즉, 회전하면 v는 고정된 상태로 유지되고 다른 모든 사물은 v를 중심으로 회전합니다. 또한 회전 각도를 나타내기 위해 v의 진폭을 사용하는 것이 일반적입니다.

회전의 두 가지 표현 사이에는 다양한 수학적 연관성이 있습니다. 축 v를 중심으로 일정한 속도로 회전하는 것을 고려하면 회전 행렬은 시간 t의 행렬 값 함수인 $R(t)$가 됩니다. 이 경우 $R(t)$의 기울기는 항상 다음 방정식에 표시된 형식의 비대칭 행렬입니다:

$$\begin{bmatrix} 0 & -v_z & v_y \\ v_z & 0 & -v_x \\ -v_y & v_x & 0 \end{bmatrix}$$

여기에는 다음이 적용됩니다.

$$v = [v_x \quad v_y \quad v_z]^T$$

이 두 식에서 볼 수 있듯이 기울기의 비대칭 행렬은 벡터 v에 의해 고유하게 결정되며 그 반대의 경우도 마찬가지입니다. 벡터 v에서 비대칭 행렬 형태로 매핑하는 것을 일반적으로 햇연산자라고 합니다.

비대칭 행렬 기울기에서 회전 행렬로의 폐쇄형 공식은 다음과 같습니다. 이 매핑을 SO(3)에 대한 지수 매핑이라고 합니다:

$$R = exp(A) = \sum_{n=0}^{\infty} \frac{A^n}{n!}$$

물론 지수 맵의 역 매핑도 존재합니다:

$$A = log(R)$$

이 매핑을 SO(3)에 대한 로그 맵이라고 합니다.

모든 햇, 역햇, 지수 및 로그 연산은 이미 PyTorch3D에 구현되어 있습니다. PyTorch3D는 또한 쿼터니언 연산 및 오일러 각과 같이 자주 사용되는 다른 많은 3D 연산도 구현합니다.

변형과 회전을 위한 코딩 실습

이 절에서는 PyTorch3D의 일부 저수준 API를 사용하는 방법에 대한 코딩 연습을 진행합니다:

1. 필요한 패키지를 임포트하는 것부터 시작합니다:

```
import torch
from pytorch3d.transforms.so3 import so3_exp_map, so3_log_map, hat_inv, hat
```

2. 그런 다음 CPU 또는 CUDA를 사용하여 PyTorch 장치를 정의합니다:

```
if torch.cuda.is_available():
    device = torch.device("cuda:0")
else:
    device = torch.device("cpu")
    print("WARNING: CPU only, this will be slow!")
```

3. 다음으로 4개의 회전으로 구성된 미니 배치를 정의합니다. 여기서 각 회전은 하나의 3D 벡터로 표현됩니다. 벡터의 방향은 회전 축을 나타내고 벡터의 진폭은 회전 각도를 나타냅니다:

```
log_rot = torch.zeros([4, 3], device = device)
log_rot[0, 0] = 0.001
log_rot[0, 1] = 0.0001
log_rot[0, 2] = 0.0002

log_rot[1, 0] = 0.0001
log_rot[1, 1] = 0.001
log_rot[1, 2] = 0.0002
```

```
log_rot[2, 0] = 0.0001
log_rot[2, 1] = 0.0002
log_rot[2, 2] = 0.001

log_rot[3, 0] = 0.001
log_rot[3, 1] = 0.002
log_rot[3, 2] = 0.003
```

4. log_rot의 모양은 [4, 3]이며, 여기서 4는 배치 크기이고 각 회전은 3D 벡터로 표현됩니다. PyTorch3D의 햇 연산자를 사용하여 다음과 같이 3 x 3 비대칭 행렬 표현으로 변환할 수 있습니다:

```
log_rot_hat = hat(log_rot)
print('log_rot_hat shape = ', log_rot_hat.shape)
print('log_rot_hat = ', log_rot_hat)
```

5. hat_inv 연산자를 사용하여 비대칭 행렬 형식에서 3D 벡터 형식으로 역변환할 수도 있습니다:

```
log_rot_copy = hat_inv(log_rot_hat)
print('log_rot_copy shape = ', log_rot_copy.shape)
print('log_rot_copy = ', log_rot_copy)
```

6. 기울기 행렬에서 so3_exp_map PyTorch3D 함수를 사용하여 회전 행렬을 계산할 수 있습니다:

```
rotation_matrices = so3_exp_map(log_rot)
print('rotation_matrices = ', rotation_matrices)
```

7. 그 반대는 회전 행렬을 기울기 행렬에 다시 매핑하는 so3_log_map입니다:

```
log_rot_again = so3_log_map(rotation_matrices)
print('log_rot_again = ', log_rot_again)
```

이 코딩 연습은 변형과 회전에 가장 자주 사용되는 PyTorch3D API를 보여줍니다. 이러한 API는 실제 3D 컴퓨터 비전 프로젝트에 매우 유용할 수 있습니다.

요약

이 장에서는 광원 모델, 램버시안 셰이딩 모델, 퐁 조명 모델 등 렌더링, 래스터화, 셰이딩의 기본 개념에 대해 배웠습니다. PyTorch3D를 사용하여 렌더링, 래스터화 및 셰이딩을 구현하는 방법을 배웠습니다. 또한 주변 조명, 광택, 반사광 색상과 같은 렌더링 프로세스에서 파라미터를 변경하는 방법과 이러한 파라미터가 렌더링 결과에 미치는 영향에 대해서도 배웠습니다.

그런 다음 PyTorch 옵티마이저를 사용하는 방법을 배웠습니다. PyTorch3D 미니 배치에서 PyTorch 옵티마이저를 사용한 코딩 예제를 살펴봤습니다. 이 장의 마지막 부분에서는 다양한 표현 또는 회전과 변환 간에 변환하기 위해 PyTorch3D API를 사용하는 방법을 배웠습니다.

다음 장에서는 실제 3D 데이터를 맞추기 위해 변형 가능한 메시 모델을 사용하는 몇 가지 고급 기법을 알아보겠습니다.

PyTorch3D를 사용한 3D 딥러닝

PART 2

이 파트에서는 PyTorch3D를 사용한 기본적인 3D 컴퓨터 비전 처리를 다룹니다. PyTorch3D를 사용하면 이러한 3D 컴퓨터 비전 알고리즘을 구현하는 것이 더 쉬워질 수 있습니다. 독자들은 메시, 포인트 클라우드, 이미지 피팅을 통해 많은 실습 경험을 쌓을 수 있습니다.

이 파트에는 다음 장이 포함되어 있습니다:

- 3장, 원시 포인트 클라우드에 변형 가능한 메시 모델 피팅
- 4장, 미분 가능한 렌더링을 통한 객체 포즈 감지 및 추적 학습
- 5장, 미분 가능힌 볼류메트릭 렌더링 이해
- 6장, 신경 방사 필드(NeRF) 탐색

제3장

변형 가능한 메시 모델을 원시 포인트 클라우드에 피팅

이 장에서는 변형 가능한 메시 모델을 사용하여 원시 깊이 카메라의 센싱 결과에서 나온 원시 포인트 클라우드 관측값을 피팅하는 프로젝트에 대해 설명하겠습니다. 깊이 카메라의 원시 포인트 클라우드 관측 결과는 일반적으로 포인트가 어떻게 연결되어 있는지에 대한 정보가 없는 포인트 클라우드 형식입니다. 즉, 포인트 클라우드에는 점으로부터 표면을 어떻게 형성할 수 있는지에 대한 정보가 포함되어 있지 않습니다. 이는 메시에 의해 정의된 면의 목록이 표면의 형태를 보여주는 메시와는 대조적입니다. 점을 표면으로 수집하는 방법에 대한 정보는 노이즈 제거 및 객체 감지와 같은 다운스트림 후처리에 중요합니다. 예를 들어, 한 점이 다른 점과 연결되지 않고 고립되어 있다면 센서가 잘못 감지한 것일 수 있습니다.

따라서 포인트 클라우드에서 표면 정보를 재구성하는 것은 일반적으로 3D 데이터 처리 파이프라인의 표준 단계입니다. 푸아송 재구성과 같이 포인트 클라우드에서 3D 표면을 재구성하는 방법에 관한 선행 문헌이 많이 있습니다. 표면 재구성을 위해 변형 가능한 메시 모델을 사용하는 것도 자주 사용되는 방법 중 하나입니다. 이 장에서 설명하는 포인트 클라우드에 변형 가능한 메시 모델을 피팅하는 방법은 실용적이고 간단한 기본 방법입니다.

이 장에서 소개하는 방법은 PyTorch 최적화를 기반으로 합니다. 이 방법은 PyTorch 최적화가 어떻게 작동하는지를 보여주는 또 다른 완벽한 데모입니다. PyTorch 최적화에 대한 이해를 더욱 높일 수 있도록 최적화에 대해 상당히 자세하게 설명하겠습니다.

손실 함수는 대부분의 딥러닝 알고리즘에서 매우 중요합니다. 여기서는 어떤 손실 함수를 사용해야 하는지, 그리고 기존에 PyTorch3D에 포함되어 있던 손실 함수에 대해서도 설명합니다. 다행히도 잘 알려진 많은 손실 함수가 PyTorch3D와 같은 많은 최신 3D 딥러닝 프레임워크와 라이브러리에 구현되어 있습니다. 이 장에서는 이러한 많은 손실 함수에 대해 알아보겠습니다.

이 장에서는 다음과 같은 주요 주제를 다룹니다:

- 포인트 클라우드에 메시 피팅 - 문제
- 메시 모델 피팅 문제를 최적화 문제로 공식화
- 정규화를 위한 손실 함수
- PyTorch3D로 메시 피팅 구현

기술 요구 사항

이 책의 예제 코드 스니펫을 실행하려면 GPU가 있는 컴퓨터가 가장 이상적입니다. 하지만 CPU로만 코드 스니펫을 실행하는 것도 불가능하지는 않습니다.

권장되는 컴퓨터 구성에는 다음이 포함됩니다:

- 최소 8GB의 메모리를 갖춘 GTX 시리즈 또는 RTX 시리즈와 같은 GPU
- Python 3
- PyTorch 및 PyTorch3D 라이브러리

이 챕터의 코드 스니펫은 https://github.com/PacktPublishing/3D-Deep-Learning-with-Python에서 확인할 수 있습니다.

포인트 클라우드에 메시 피팅 – 문제

LiDAR, ToF(Time of Flight) 카메라, 스테레오 비전 카메라와 같은 실제 깊이 카메라는 일반적으로 깊이 이미지 또는 포인트 클라우드를 출력합니다. 예를 들어 ToF 카메라의 경우, 변조된 광선이 카메라에서 세계로 투사되고 각 픽셀의 깊이는 픽셀에서 수신된 반사 광선의 위상으로부터 측정됩니다. 따라서 각 픽셀에서 일반적으로 하나의 깊이 측정과 하나의 반사광 진폭 측정을 얻을 수 있습니다. 그러나 샘플링된 깊이 정보 외에는 일반적으로 표면을 직접 측정할 수 없습니다. 예를 들어 표면의 평활도나 법선을 직접 측정할 수 없습니다.

마찬가지로 스테레오 비전 카메라의 경우, 각 시간대에서 카메라는 카메라 쌍에서 거의 동시에 두 개의 RGB 이미지를 촬영할 수 있습니다. 그런 다음 카메라는 두 이미지 사이의 픽셀 대응을 찾아 깊이를 추정합니다. 따라서 출력은 각 픽셀의 깊이 추정치입니다. 다시 말하지만, 카메라는 표면의 직접적인 측정값을 제공할 수 없습니다.

그러나 많은 실제 애플리케이션에서는 표면 정보를 찾아야 합니다. 예를 들어, 로봇 피킹 작업에서는 일반적으로 로봇 손이 단단히 잡을 수 있는 물체의 영역을 찾아야 합니다. 이러한 시나리오에서는 일반적으로 영역의 크기가 크고 적당히 평평한 것이 바람직합니다.

포인트 클라우드에 (변형 가능한) 메시 모델을 피팅하고자 하는 다른 많은 시나리오가 있습니다. 예를 들어, 산업용 부품에 대한 메시 모델이 있는데 깊이 카메라에서 측정한 포인트 클라우드의 방향과 포즈를 알 수 없는 머신 비전 애플리케이션이 있습니다. 이 경우 포인트 클라우드에 메시 모델을 피팅하면 알 수 없는 물체의 포즈를 복구할 수 있습니다.

또 다른 예로, 사람의 얼굴 추적에서 변형 가능한 얼굴 메시 모델을 포인트 클라우드 측정값에 피팅해 사람의 신원 및/또는 얼굴 표정을 복원하고자 하는 경우가 있습니다.

손실 함수는 거의 모든 최적화의 핵심 개념입니다. 기본적으로 포인트 클라우드에 피팅하려면 손실 함수를 설계해야 하며, 손실 함수가 최소화될 때 최적화 변수인 메시가 포인트 클라우드에 피팅되도록 해야 합니다.

실제로 많은 실제 프로젝트에서 올바른 손실 함수를 선택하는 것은 일반적으로 중요한 설계 결정입니다. 손실 함수를 다르게 선택하면 일반적으로 시스템 성능이 크게 달라집니다. 손실 함수에 대한 요구 사항에는 일반적으로 최소한 다음과 같은 속성이 포함됩니다:

- 손실 함수는 매끄럽고, 볼록하며, 기울기 소멸 문제가 없는 등 바람직한 수치 특성을 가져야 합니다.
- 손실 함수(및 그 기울기)는 쉽게 계산할 수 있으며, 예를 들어 GPU에서 효율적으로 계산할 수 있습니다.
- 손실 함수는 모델 피팅의 좋은 척도입니다. 즉, 손실 함수를 최소화하면 입력 포인트 클라우드에 대해 만족스러운 메시 모델 피팅이 가능합니다.

이러한 모델 피팅 최적화 문제에서 하나의 기본 손실 함수 외에도 일반적으로 모델 피팅을 정규화하기 위한 다른 손실 함수가 필요합니다. 예를 들어, 표면이 매끄러워야 한다는 사전 지식이 있다면 일반적으로 추가 정규화 손실 함수를 도입하여 매끄럽지 않은 메시가 더 많은 페널티를 받도록 해야 합니다.

보행자를 사용한 포인트 클라우드 측정의 예가 그림 3.1에 나와 있습니다. 이 장의 후반부에서는 포인트 클라우드에 메시 모델을 피팅하기 위한 변형 가능한 메시 기반 접근 방식에 대해 설명하겠습니다. 이 포인트 클라우드는 이 책의 GitHub 페이지에서 다운로드할 수 있는

pedestrian.ply 파일에 있습니다. 포인트 클라우드는 vis_input.py에서 제공된 코드 스니펫을 사용하여 시각화할 수 있습니다.

그림 3.1 깊이 카메라의 출력인 3D 포인트 클라우드의 예. 포인트 밀도가 상대적으로 낮다는 점에 유의하십시오.

지금까지 포인트 클라우드에 메시를 피팅하는 문제에 대해 설명했습니다. 이제 최적화 문제를 공식화하는 방법에 대해 알아보겠습니다.

변형 가능한 메시 피팅 문제를 최적화 문제로 공식화

이 절에서는 메시 피팅 문제를 최적화 문제로 공식화하는 방법에 대해 설명하겠습니다. 여기서 한 가지 중요한 점은 보행자와 같은 물체 표면은 항상 구형으로 연속적으로 변형될 수 있다는 것입니다. 따라서 우리가 취할 접근 방식은 구의 표면에서 시작하여 비용 함수를 최소화하기 위해 표면을 변형하는 것입니다.

비용 함수는 포인트 클라우드가 메시와 얼마나 유사한지를 잘 측정할 수 있도록 선택해야 합니다. 여기서는 주요 비용 함수를 챔퍼 세트 거리로 선택합니다. 챔퍼 거리는 두 점 집합 사이에서 다음과 같이 정의됩니다:

$$CD(S_1, S_2) = \frac{1}{|S_1|}\sum_{x \in S_1} \min_{y \in S_2} \|x - y\|_2^2 + \frac{1}{|S_2|}\sum_{y \in S_2} \min_{y \in S_2} \|x - y\|_2^2$$

챔퍼 거리는 대칭이며 두 항의 합입니다. 첫 번째 항에서는 첫 번째 포인트 클라우드의 각 점 x에 대해 다른 포인트 클라우드에서 가장 가까운 점 y를 찾습니다. 이러한 각각의 x와 y 쌍에 대해 거리를 구하고 모든 쌍의 거리를 합산합니다. 마찬가지로, 두 번째 항에서는 두 번째 포인트 클라우드의 각 y에 대해 하나의 x를 구하고 그러한 x와 y 쌍 사이의 거리를 합산합니다.

일반적으로 챔퍼 거리는 두 포인트 클라우드 사이의 거리를 말합니다. 두 포인트 클라우드가 동일하거나 매우 유사하면 챔퍼 거리는 0이거나 매우 작을 수 있습니다. 두 포인트 클라우드가 멀리 떨어져 있으면 챔퍼 거리가 클 수 있습니다.

PyTorch3D에서는 챔퍼 거리의 구현이 pytorch3d.loss.chamfer_distance에 제공됩니다. 순방향 손실 함수 계산이 제공될 뿐만 아니라 이 구현을 사용하여 역전파를 위한 기울기도 쉽게 계산할 수 있습니다.

포인트 클라우드에 메시를 피팅하려면 먼저 메시 모델에서 일부 점을 무작위로 샘플링한 다음 메시 모델에서 샘플링된 점과 입력 포인트 클라우드 사이의 챔퍼 거리를 최적화합니다. 무작위 샘플링은 pytorch3d.ops.sample_points_from_meshes에 의해 수행됩니다. 다시 말하지만, 역전파를 위한 기울기는 pytorch3d.ops.sample_points_from_meshes에서 계산할 수 있습니다.

이제 최적화 문제의 기본 버전이 완성되었습니다. 그러나 이 문제를 정규화하기 위해서는 여전히 몇 가지 손실 함수가 필요할 수 있습니다. 다음 절에서 이러한 문제에 대해 자세히 살펴보겠습니다.

정규화를 위한 손실 함수

이전 절에서 변형 가능한 메시 피팅 문제를 최적화 문제로 성공적으로 공식화했습니다. 하지만 이 기본 손실 함수를 직접 최적화하는 방식은 문제가 될 수 있습니다. 문제는 동일한 포인트 클라우드에 잘 맞을 수 있는 메시 모델이 여러 개 존재할 수 있다는 것입니다. 이러한 잘 맞는 메시 모델에는 매끄러운 메시와는 거리가 먼 메시 모델이 포함될 수 있습니다.

반면에 우리는 보통 보행자에 대한 사전 지식을 가지고 있습니다. 예를 들어, 보행자의 표면은 일반적으로 매끄럽고 표면 법선도 매끄럽습니다. 따라서 매끄럽지 않은 메시가 챔퍼 거리 측면에서 입력 포인트 클라우드에 가깝더라도 실측 데이터와는 거리가 멀다는 것을 어느 정도 확신할 수 있습니다.

머신 러닝 문헌에서는 수십 년 동안 이러한 바람직하지 않은 비원활 솔루션을 제외하기 위한 솔루션을 제공해 왔습니다. 이 솔루션을 **정규화**라고 합니다. 기본적으로 최적화하려는 손실은 여러 손실 함수의 합으로 선택됩니다. 물론 이 합의 첫 번째 항은 기본 챔퍼 거리가 될 것입니다. 다른 항은 표면 비평활도와 법선 비평활도에 대한 페널티입니다.

다음 몇 개의 하위 절에서는 다음과 같은 몇 가지 손실 함수에 대해 설명하겠습니다:

- 메시 라플라시안 평활화 손실
- 메시 노멀 일관성 손실
- 메시 에지 손실

메시 라플라시안 평활화 손실

메시 라플라시안은 잘 알려진 라플라스-벨트라미 연산자의 이산 버전입니다. 한 가지 버전(일반적으로 균일 라플라시안이라고 함)은 다음과 같습니다:

$$\delta_i = \sum_{i,j\ are\ edges} v_i - v_j$$

앞의 정의에서 i번째 정점의 라플라시안이란 현재 정점의 좌표와 이웃한 정점의 좌표 사이의 차이의 합에 불과합니다.

라플라시안은 평활도를 나타내는 척도입니다. i번째 정점과 그 이웃 정점이 모두 한 평면 내에 있으면 라플라시안 값은 0이 됩니다. 여기서는 각 이웃의 합에 대한 기여도에 동일한 가중치를 부여하는 균일 버전의 라플라시안을 사용하고 있습니다. 앞의 기여도에 다양한 방식에 따라 가중치를 부여하는 더 복잡한 버전의 라플라시안도 있습니다.

기본적으로 이 손실 함수를 최적화에 포함하면 더 원활한 솔루션을 얻을 수 있습니다. 메시 라플라시안 평활화 손실에 대한 한 가지 구현(균일 버전 이외의 다른 여러 버전 포함)은 pytorch3d.loss.mesh_laplacian_smoothing에서 찾을 수 있습니다. 다시 말하지만, 역전파를 위한 기울기 계산이 활성화되어 있습니다.

메시 노멀 일관성 손실

메시 노멀 일관성 손실은 메시에서 인접한 노멀 벡터 사이의 거리에 페널티를 주는 손실 함수입니다. 한 가지 구현은 pytorch3d.loss.mesh_normal_consistency에서 찾을 수 있습니다.

메시 에지 손실

메시 에지 손실은 메시의 긴 가장자리에 페널티를 주기 위한 것입니다. 예를 들어, 이 장에서 고려하는 메시 모델 피팅 문제에서 우리는 최종적으로 얻은 메시 모델이 입력 포인트 클라우드에 균일하게 맞는 해를 얻고자 합니다. 즉, 포인트 클라우드의 각 로컬 영역이 메시의 작은 삼각형으로 덮이는 것입니다. 그렇지 않으면 메시 모델이 서서히 변화하는 표면의 미세한 디테일을 포착할 수 없으므로 모델의 정확도나 신뢰도가 떨어질 수 있습니다.

앞서 언급한 문제는 목적 함수에 메시 에지 손실을 포함하면 쉽게 피할 수 있습니다. 메시 에지 손실은 기본적으로 메시의 모든 에지 길이를 합한 값입니다. 메시 에지 손실의 한 가지 구현은 pytorch3d.loss.mesh_edge_loss에서 찾을 수 있습니다.

지금까지 메시 피팅 문제에 대한 모든 개념과 수학을 살펴봤습니다. 다음으로 Python과 PyTorch3D를 사용하여 문제를 코딩하는 방법을 살펴보겠습니다.

PyTorch3D로 메시 피팅 구현

입력 포인트 클라우드는 pedestrian.ply에 포함되어 있습니다. 메시는 vis_input.py 코드 스니펫을 사용하여 시각화할 수 있습니다. 포인트 클라우드에 메시 모델을 피팅하기 위한 주요 코드 스니펫은 deform1.py에 포함되어 있습니다:

1. 필요한 패키지를 임포트하는 것부터 시작하겠습니다:

```
import os
import sys
import torch
from pytorch3d.io import load_ply, save_ply
from pytorch3d.io import load_obj, save_obj
from pytorch3d.structures import Meshes
from pytorch3d.utils import ico_sphere
from pytorch3d.ops import sample_points_from_meshes
from pytorch3d.loss import (
    chamfer_distance,
    mesh_edge_loss,
    mesh_laplacian_smoothing,
    mesh_normal_consistency,
)
import numpy as np
```

2. 그런 다음 PyTorch 장치를 선언합니다. GPU가 있는 경우, GPU를 사용하도록 장치가 생성됩니다. 그렇지 않으면 장치는 CPU를 사용해야 합니다:

```
if torch.cuda.is_available():
    device = torch.device("cuda:0")
else:
    device = torch.device("cpu")
    print("WARNING: CPU only, this will be slow!")
```

3. pedestrian.ply에서 포인트 클라우드를 적재하겠습니다. 이제 load_ply는 .ply 파일을 적재하고 verts와 faces를 출력하는 PyTorch3D 함수입니다. 이 경우, verts는 PyTorch 텐서이고, faces는 빈 PyTorch 텐서인데, pedestrian.ply에는 실제로 면이 하나도 포함되어 있지 않기 때문입니다. to 멤버 함수는 텐서를 장치로 이동시키며, 장치가 GPU를 사용하는 경우 verts와 faces는 GPU 메모리로 전송됩니다:

```
verts, faces = load_ply("pedestrian.ply")
verts = verts.to(device)
faces = faces.to(device)
```

4. 그런 다음 정규화를 실행하고 나중에 처리하기 위해 텐서 모양을 변경합니다:

```
center = verts.mean(0)
verts = verts - center
scale = max(verts.abs().max(0)[0])
verts = verts / scale
verts = verts[None, :, :]
```

5. 다음 단계에서는 ico_sphere PyTorch3D 함수를 사용하여 src_mesh라는 메시 변수를 생성합니다. ico_sphere 함수는 기본적으로 대략 구를 나타내는 메시를 생성합니다. 이 src_mesh가 최적화 변수가 되며, 구형으로 시작한 다음 포인트 클라우드에 맞게 최적화됩니다:

```
src_mesh = ico_sphere(4, device)
```

6. 다음 단계에서는 deform_verts 변수를 정의합니다. deform_verts는 정점 변위의 텐서이며, src_mesh의 각 정점에 대해 3차원 벡터의 정점 변위가 있습니다. 최적의 변형 가능한 메시를 찾기 위해 deform_verts를 최적화하겠습니다:

```
src_vert = src_mesh.verts_list()
deform_verts = torch.full(src_vert[0].shape, 0.0, device=device, requires_grad=True)
```

7. deform_verts를 최적화 변수로 사용하는 SGD 옵티마이저를 정의합니다:

```
optimizer = torch.optim.SGD([deform_verts], lr=1.0, momentum=0.9)
```

8. 다양한 손실 함수에 대한 가중치를 일괄적으로 정의합니다. 앞서 언급했듯이 기본 손실 함수와 정규화 손실 함수를 포함한 여러 손실 함수가 필요합니다. 최종 손실은 여러 손실 함수의 가중치 합이 됩니다. 여기서 가중치를 정의합니다:

```
w_chamfer = 1.0
w_edge = 1.0
w_normal = 0.01
w_laplacian = 0.1
```

9. 이제 주요 최적화 반복을 시작할 준비가 되었습니다. 손실 함수를 계산하고, 기울기를 계산하고, 경사 하강 방향을 따라 이동하기 위해 2,000회 반복할 것입니다. 각 반복은 모든 기울기를 초기화하는 optimizer.zero_grad()로 시작하여 손실 변수를 계산하고, 기울기 역전파는 loss.backward()에서 계산하며, 경사 하강 방향을 따라 이동하는 것은 optimizer.step()에서 수행합니다.

   챔퍼 거리를 계산할 수 있도록 각 반복 과정에서 sample_points_from_meshes PyTorch3D 함수를 사용하여 변형된 메시 모델에서 일부 점을 무작위로 샘플링합니다. sample_points_from_meshes 함수는 기울기 역전파 계산을 지원합니다.

   또한 정규화를 위해 mesh_edge_loss, mesh_normal_consistency, mesh_laplacian_smooth의 세 가지 손실 함수를 사용합니다. 최종 손실 변수는 실제로 네 가지 손실 함수의 가중치 합입니다:

```
for i in range(0, 2000):
    print("i = ", i)
    optimizer.zero_grad()
    new_src_mesh = src_mesh.offset_verts(deform_verts)
    sample_trg = verts
    sample_src = sample_points_from_meshes(new_src_mesh, verts.shape[1])
    loss_chamfer, _ = chamfer_distance(sample_trg, sample_src)
    loss_edge = mesh_edge_loss(new_src_mesh)
```

```
    loss_normal = mesh_normal_consistency(new_src_mesh)
    loss_laplacian = mesh_laplacian_smoothing(new_src_mesh, method="uniform")
    loss = (
        loss_chamfer * w_chamfer
        + loss_edge * w_edge
        + loss_normal * w_normal
        + loss_laplacian * w_laplacian
    )
    loss.backward()
    optimizer.step()
```

10. 그런 다음 얻은 정점과 면을 new_src_mesh 변수에서 추출한 다음 원래의 중심 위치와 크기로 다시 조정합니다:

```
final_verts, final_faces = new_src_mesh.get_mesh_verts_faces(0)
final_verts = final_verts * scale + center
```

11. 마지막으로, 얻은 메시 모델은 deform1.ply 파일에 저장됩니다:

```
final_obj = os.path.join("./", "deform1.ply")
save_ply(final_obj, final_verts, final_faces, ascii=True)
```

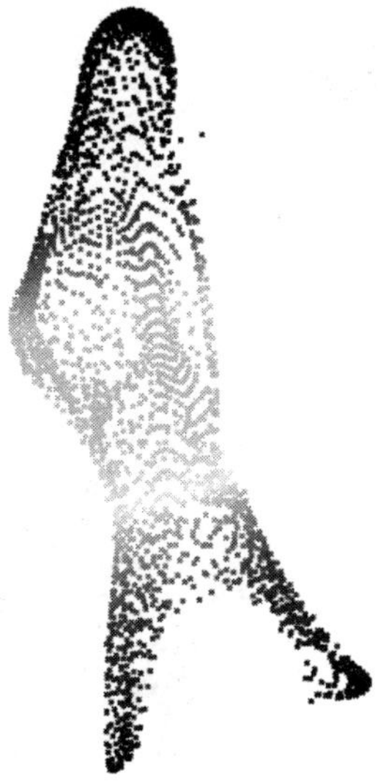

그림 3.2 최적화된 변형 메시 모델. 원래 입력 포인트 클라우드보다 훨씬 더 많은 점이 있다는 점에 유의하세요.

얻은 메시는 vis1.py를 사용하여 화면에서 시각화할 수 있습니다. 얻은 메시의 스크린샷 한 장이 그림 3.2에 나와 있습니다. 원래의 입력 포인트 클라우드에 비해 최적화된 메시 모델에는 실제로 훨씬 더 많은 점이 포함되어 있습니다(239개에 비해 2,500개). 얻어진 표면도 원래의 입력 포인트보다 더 매끄러운 것처럼 보입니다.

정규화 손실 함수를 사용하지 않는 실험

이러한 정규화 손실 함수를 사용하지 않는다면 어떨까요? deform2.py의 코드를 사용하여 실험을 실행합니다. deform2.py의 코드 스니펫과 deform1.py의 코드 스니펫의 유일한 차이점은 다음 줄입니다:

```
w_chamfer = 1.0
w_edge = 0.0
w_normal = 0.00
w_laplacian = 0.0
```

챔퍼 손실 함수에 대한 가중치를 제외한 모든 가중치가 0으로 설정되어 있다는 점에 유의하세요. 기본적으로 정규화를 위한 손실 함수를 사용하지 않습니다. 결과 메시는 vis2.py를 실행하여 화면에서 시각화할 수 있습니다. 스크린샷은 그림 3.3에 나와 있습니다:

그림 3.3 정규화를 위한 손실 함수를 사용하지 않고 얻은 메시

그림 3.3에서 얻은 메시가 매끄럽지 않고 실제 실측 표면에 가깝지 않을 수 있다는 점에 유의하세요.

메시 에지 손실만 사용하는 실험

이번에는 다음과 같은 가중치 세트를 사용하겠습니다. 코드 스니펫은 deform3.py에 있습니다:

```
w_chamfer = 1.0
w_edge = 1.0
w_normal = 0.00
w_laplacian = 0.0
```

획득한 메시 모델은 deform3.ply에 있습니다. 메시는 vis3.py를 사용하여 화면에서 시각화할 수 있습니다. 메시의 스크린샷은 그림 3.4에 나와 있습니다:

그림 3.5 mesh_edge_loss 정규화만 사용하여 얻은 메시

그림 3.4에서 얻은 메시가 그림 3.3의 메시보다 훨씬 매끄러운 것을 볼 수 있습니다. 그러나 표면 법선에는 약간의 급격한 변화가 있는 것으로 보입니다. 실제로 다른 가중치를 직접 시도하여 이러한 손실 함수가 최종 결과에 어떤 영향을 미치는지 확인할 수 있습니다.

요약

이 장에서는 변형 가능한 메시 모델을 포인트 클라우드에 피팅하는 접근 방식에 대해 설명했습니다. 앞서 설명했듯이 포인트 클라우드에서 메시를 얻는 것은 일반적으로 많은 3D 컴퓨터 비전 파이프라인에서 표준 단계입니다. 이 장의 피팅 접근법은 실무에서 간단한 기준 접근법으로 사용할 수 있습니다.

이 변형 가능한 메시 피팅 접근법을 통해 PyTorch 최적화 사용법을 배웠습니다. 또한 챔퍼 거리, 메시 에지 손실, 메시 라플라시안 평활화 손실, 메시 노멀 일관성 손실 등 다양한 손실 함수와 해당 PyTorch3D 구현에 대해서도 배웠습니다.

이러한 손실 함수를 언제, 어떤 용도로 사용해야 하는지 알아봤습니다. 손실 함수가 최종 결과에 어떤 영향을 미치는지 보여주기 위한 몇 가지 실험을 살펴봤습니다. 여러분도 다양한 손실 함수와 가중치 조합으로 직접 실험을 해보실 것을 권장합니다.

다음 장에서는 미분 가능한 렌더링이라는 매우 흥미로운 3D 딥러닝 기법에 대해 설명하겠습니다. 사실 이 책에는 미분 가능한 렌더링과 관련된 장이 여러 개 있습니다. 다음 장은 그 중 첫 번째 장이 될 것입니다.

제4장
미분 가능한 렌더링을 사용한 객체 포즈 감지 및 추적 학습

이 장에서는 미분 가능한 렌더링을 사용한 객체 포즈 감지 및 추적 학습을 살펴보겠습니다. 객체 포즈 감지에서는 특정 객체의 방향과 위치를 감지하는 데 관심이 있습니다. 예를 들어 카메라 모델과 객체 메시 모델이 주어지고 객체의 한 이미지에서 객체의 방향과 위치를 추정해야 할 수 있습니다. 이 장의 접근 방식에서는 이러한 포즈 추정 문제를 최적화 문제로 공식화하여 객체의 포즈를 이미지 관측에 피팅하는 방법을 사용합니다.

앞서 설명한 것과 동일한 접근 방식을 객체 포즈 추적에도 사용할 수 있는데, 1, 2, ... , 최대 t-1 시간대에서 객체 포즈를 이미 추정했고 t 시간대에서 객체에 대한 한 장의 이미지 관측을 기반으로 t 시간에서 객체 포즈를 추정하고자 하는 경우입니다.

이 장에서 사용할 중요한 기술 중 하나는 현재 딥러닝 분야에서 매우 흥미로운 주제인 미분 가능한 렌더링입니다. 예를 들어, CVPR 2021 최우수 논문상 수상작인 *GIRAFFE: representing scenes as compositional neural feature fields*는 파이프라인의 중요한 구성 요소 중 하나로 미분 가능한 렌더링을 사용합니다.

렌더링은 3D 물리적 모델(객체의 메시 모델 또는 카메라 모델)을 2D 이미지에 투영하는 프로세스입니다. 이는 이미지 형성의 물리적 과정을 모방한 것입니다. 많은 3D 컴퓨터 비전 작업은 렌더링 프로세스의 역으로 간주될 수 있는데, 즉, 많은 3D 컴퓨터 비전 문제에서 우리는 2D 이미지에서 시작하여 3D 물리적 모델(메시, 포인트 클라우드 분할, 객체 포즈 또는 카메라 위치)을 추정하고자 합니다.

따라서 컴퓨터 비전 커뮤니티에서 수십 년 동안 논의되어 온 매우 자연스러운 아이디어는 많은 3D 컴퓨터 비전 문제를 최적화 문제로 공식화할 수 있으며, 여기서 최적화 변수는 3D 모델(메시 또는 포인트 클라우드 복셀)이고 목적 함수는 렌더링된 이미지와 관찰된 이미지 간의 특정 유사도 측정값이라는 것입니다.

앞서 언급한 것과 같은 최적화 문제를 효율적으로 해결하려면 렌더링 프로세스가 미분 가능해야 합니다. 예를 들어, 렌더링이 미분 가능하다면 엔드 투 엔드 접근 방식을 사용하여 딥러닝 모델을 학습시켜 문제를 해결할 수 있습니다. 그러나 이후 절에서 자세히 설명하겠지만, 기존의 렌더링 프로세스는 미분 가능하지 않습니다. 따라서 미분 가능하도록 기존 접근 방식을 수정해야 합니다. 그 방법에 대해서는 다음 절에서 자세히 설명하겠습니다.

따라서 이 장에서는 먼저 *왜 미분 가능한 렌더링이 필요한지*, 그리고 *어떻게 미분 가능한 렌더링을 하는지*에 대해 알아보겠습니다. 그런 다음 일반적으로 미분 가능한 렌더링을 사용하여 해결할 수 있는 3D 컴퓨터 비전 문제에 대해 이야기하겠습니다. 이 장의 상당 부분을 미분 가능한 렌더링을 사용하여 객체 포즈 추정을 해결하는 구체적인 예제에 할애하겠습니다. 그 과정에서 코딩 예제를 제시하겠습니다.

이 장에서는 다음과 같은 주요 주제를 다룹니다:

- 미분 가능한 렌더링이 필요한 이유
- 렌더링을 미분 가능하게 하는 방법
- 미분 가능한 렌더링으로 해결할 수 있는 문제들
- 객체 포즈 추정 문제

기술 요구 사항

이 책의 예제 코드 스니펫을 실행하려면 GPU가 탑재된 컴퓨터가 가장 이상적입니다. 하지만 CPU만으로 코드 스니펫을 실행하는 것이 불가능한 것은 아닙니다.

권장되는 컴퓨터 구성에는 다음이 포함됩니다:

- 메모리가 8GB 이상인 GTX 시리즈 또는 RTX 시리즈와 같은 GPU
- Python 3
- PyTorch 및 PyTorch3D 라이브러리

이 챕터의 코드 스니펫은 https://github.com/PacktPublishing/3D-Deep-Learning-with-Python에서 확인할 수 있습니다.

미분 가능한 렌더링이 필요한 이유

이미지 형성의 물리적 프로세스는 3D 모델에서 2D 이미지로 매핑하는 것입니다. 그림 4.1의 예에서 볼 수 있듯이 3D에서 빨간색과 파란색 구의 위치에 따라(두 가지 가능한 구성이 왼쪽에 표시됨) 서로 다른 2D 이미지를 얻을 수 있습니다(두 가지 구성에 해당하는 이미지가 오른쪽에 표시됨).

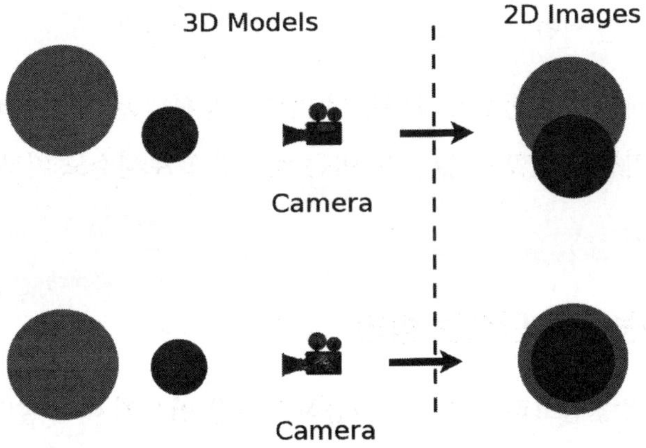

그림 4.1 이미지 형성 프로세스는 3D 모델에서 2D 이미지로 매핑하는 과정입니다.

많은 3D 컴퓨터 비전 문제는 이미지 형성의 반대 과정입니다. 이러한 문제에서는 보통 2D 이미지가 주어지고 2D 이미지에서 3D 모델을 추정해야 합니다. 예를 들어, 그림 4.2에서 오른쪽에 표시된 2D 이미지가 주어지고 *관찰된 이미지에 해당하는 3D 모델은 어떤 것이냐*는 문제가 있습니다.

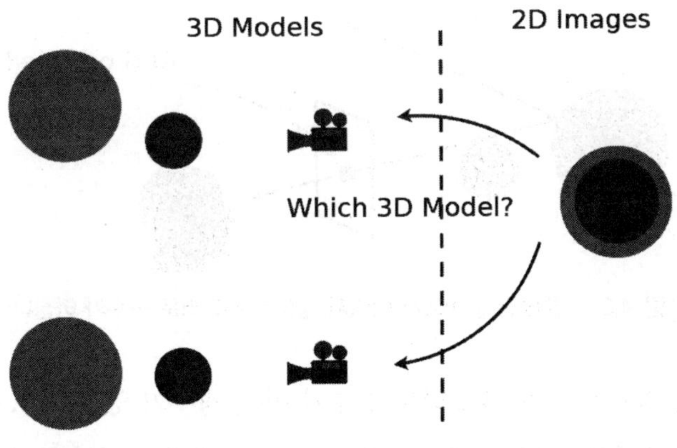

그림 4.2 많은 3D 컴퓨터 비전 문제는 3D 모델을 추정하기 위해 주어진 2D 이미지를 기반으로 합니다.

수십 년 전 컴퓨터 비전 커뮤니티에서 처음 논의된 몇 가지 아이디어에 따르면, 이 문제를 최적화 문제로 공식화할 수 있습니다. 이 경우 최적화 변수는 두 개의 3D 구의 위치입니다. 렌더링된 이미지가 앞서 관찰한 2D 이미지와 비슷하도록 두 구의 중심을 최적화하고자 합니다. 유사도를 정확하게 측정하려면 비용 함수를 사용해야 하는데, 예를 들어 픽셀 단위의 평균 제곱 오차를 사용할 수 있습니다.

그런 다음 구의 두 중심으로 비용 함수의 기울기를 구하면 경사 하강 방향으로 이동하여 반복적으로 비용 함수를 최소화할 수 있습니다.

그러나 최적화 변수에서 비용 함수로의 매핑이 미분 가능하다는 조건에서만 비용 함수에서 최적화 변수로의 기울기를 계산할 수 있으며, 이는 렌더링 프로세스도 미분 가능하다는 것을 의미합니다.

렌더링을 미분 가능하게 만드는 방법

이 절에서는 기존 렌더링 알고리즘이 미분 가능하지 않은 이유에 대해 설명하겠습니다. 렌더링을 미분 가능하도록 PyTorch3D에서 사용되는 접근 방식에 대해 설명합니다.

렌더링은 이미지가 형성되는 물리적 과정을 모방한 것입니다. 이미지 형성의 물리적 과정 자체는 많은 경우에 미분 가능할 수 있습니다. 표면이 평탄하고 물체의 재질 특성이 모두 매끄럽다고 가정해 보겠습니다. 그러면 예제에서 픽셀 색상은 구체 위치의 미분 가능한 함수입니다.

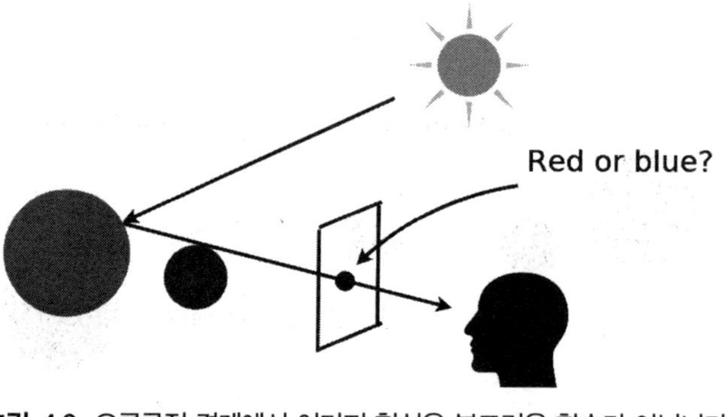

그림 4.3 오클루전 경계에서 이미지 형성은 부드러운 함수가 아닙니다.

그러나 픽셀 색상이 위치에 대해 부드러운 함수가 아닌 경우가 있습니다. 예를 들어 오클루전 경계에서 이런 일이 발생할 수 있습니다. 그림 4.3을 보면 파란색 구가 조금만 위로 이동하면 해당 뷰에서 빨간색 구가 가려지는 위치에 파란색 구가 있습니다. 따라서 해당 뷰에서 이동한 픽셀은 구의 중심 위치에서 미분 가능한 함수가 아닙니다.

기존 렌더링 알고리즘을 사용하면 이산화로 인해 로컬 기울기에 대한 정보가 손실됩니다. 이전 장에서 설명했듯이 래스터화는 이미징 평면의 각 픽셀에 대해 가장 관련성이 높은 메시 면을 찾거나 또는 관련 메시 면을 찾을 수 없다고 판단하는 렌더링 단계입니다.

기존 래스터화에서는 각 픽셀에 대해 카메라 중심에서 이미징 평면의 픽셀을 통과하는 광선을 생성한 후, 이 광선과 교차하는 모든 메시 면을 찾습니다. 기존 방식에서는 래스터라이저가 카메라에 가장 가까운 메시 면만 반환합니다. 그런 다음 반환된 메시 면은 렌더링 파이프라인의 다음 단계인 셰이더로 전달됩니다.

그런 다음 셰이더가 셰이딩 알고리즘(예: 램버시안 모델 또는 퐁 모델) 중 하나에 적용되어 픽셀 색상을 결정합니다. 렌더링할 메시를 선택하는 이 단계는 수학적으로 스텝 함수로 모델링되기 때문에 미분 가능하지 않은 프로세스입니다.

컴퓨터 비전 커뮤니티에는 렌더링을 미분 가능하게 하는 방법에 대한 많은 문헌이 있습니다. PyTorch3D 라이브러리에 구현된 미분 가능한 렌더링은 주로 Liu, Li, Chen, Li(arXiv:1904.01786)의 Soft Rasterizer에서 접근 방식을 사용했습니다.

미분 가능한 렌더링의 주요 개념은 그림 4.4에 설명되어 있습니다. 래스터화 단계에서는 관련된 메시 면을 하나만 반환하는 대신 메시 면과 광선 사이의 거리가 특정 임계값 이내가 되도록 모든 메시 면을 찾습니다. PyTorch3D에서 이 임계값은 RasterizationSettings.blur_radius에서 설정할 수 있습니다. 또한 RasterizationSettings.faces_per_pixel을 설정하여 반환할 최대 면 수를 제어할 수도 있습니다.

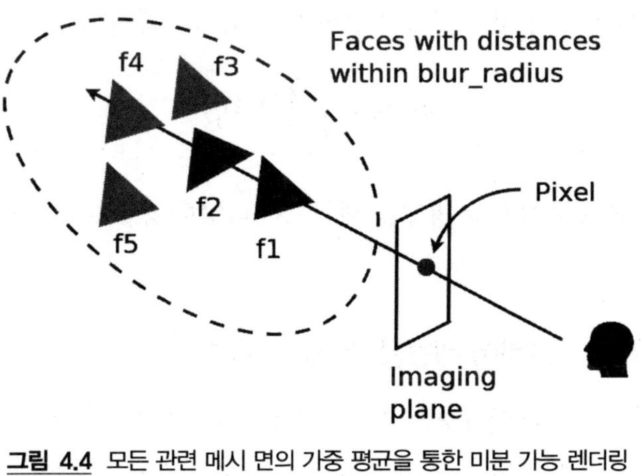

그림 4.4 모든 관련 메시 면의 가중 평균을 통한 미분 가능 렌더링

다음으로 렌더러는 다음과 같이 각 메시 면에 대한 확률 맵을 계산해야 합니다. 여기서 dist는 메시 면과 광선 사이의 거리를 나타내고, sigma는 하이퍼파라미터입니다. Pytorch3D에서 sigma 파라미터는 BlendParams.sigma에서 설정할 수 있습니다. 간단히 말해, 이 확률 맵은 이 메시 면이 이 이미지 픽셀을 덮을 확률입니다. 광선이 메시 면과 교차하는 경우 거리는 음수가 될 수 있습니다.

$$D_j = sigmoid(\frac{-dist_j}{\sigma})$$

다음으로 픽셀 색상은 래스터라이저가 반환한 모든 메시 면의 셰이딩 결과의 가중치 평균에 의해 결정됩니다. 각 메시 면의 가중치는 다음 식에 표시된 것처럼 역 깊이 값인 z와 확률 맵인 D에 따라 달라집니다. 이 z 값은 역 깊이이므로 카메라에 가까운 메시 면은 카메라에서 멀리 떨어진 메시 면보다 더 큰 z 값을 갖습니다.

가중치인 w_b는 배경색에 대한 작은 가중치입니다. 여기서 파라미터 감마는 하이퍼파라미터입니다. PyTorch3D에서 이 파라미터는 BlendParams.gamma로 설정할 수 있습니다:

$$\mathrm{w_j} = \mathrm{D_j}\exp(\frac{\mathrm{z_j}}{\gamma}), \mathrm{w_b} = \exp(\frac{\epsilon}{\gamma})$$

따라서 최종 픽셀 색상은 다음 식에 의해 결정될 수 있습니다:

$$\mathrm{I} = \frac{(\sum_j \mathrm{w_j c_j}) + \mathrm{w_b c_b}}{(\sum_j \mathrm{w_j}) + \mathrm{w_b}}$$

미분 가능한 렌더링의 PyTorch3D 구현은 각 이미지 픽셀에 대한 알파 값도 계산합니다. 이 알파 값은 그림 4.4에 표시된 것처럼 이미지 픽셀이 전경에서 광선이 적어도 하나의 메시 면과 교차할 가능성을 나타냅니다. 우리는 이 알파 값을 계산하여 미분 가능하게 만들고자 합니다. 소프트 래스터라이저에서 알파 값은 다음과 같이 확률 맵에서 계산됩니다.

$$\alpha = 1\text{-}\prod_j(1\text{-}\mathrm{D_j})$$

이제 렌더링을 미분 가능하게 하는 방법을 배웠으니 다양한 용도로 렌더링을 사용하는 방법을 살펴보겠습니다.

미분 가능한 렌더링을 사용하여 해결할 수 있는 문제

앞서 언급했듯이 미분 가능한 렌더링은 컴퓨터 비전 커뮤니티에서 수십 년 동안 논의되어 왔습니다. 과거에는 미분 가능한 렌더링이 단일 뷰 메시 재구성, 이미지 기반 모양 피팅 등에 사용되었습니다. 이 장의 다음 절에서는 강체 객체 포즈 추정 및 추적에 미분 가능한 렌더링을 사용하는 구체적인 예를 보여드리겠습니다.

미분 가능한 렌더링은 3D 컴퓨터 비전의 추정 문제를 최적화 문제로 공식화할 수 있는 기술로 다양한 문제에 적용할 수 있습니다. 최근 흥미로운 트렌드 중 하나는 미분 가능한 렌더링과 딥러닝을 결합하는 것입니다. 일반적으로 미분 가능한 렌더링은 딥러닝 모델의 생성기 부분으로 사용됩니다. 따라서 전체 파이프라인을 엔드 투 엔드로 학습할 수 있습니다.

객체 포즈 추정 문제

이 절에서는 3D 컴퓨터 비전 문제에 미분 가능한 렌더링을 사용하는 구체적인 예를 보여드리겠습니다. 문제는 하나의 관찰된 이미지에서 객체의 포즈를 추정하는 것입니다. 또한 객체의 3D 메시 모델이 있다고 가정합니다.

예를 들어, 그림 4.5와 그림 4.7에 각각 표시된 것처럼 장난감 소와 찻주전자에 대한 3D 메시 모델이 있다고 가정합니다. 그리고 장난감 소와 찻주전자의 이미지를 하나씩 찍었다고 가정합니다. 따라서 그림 4.6과 같이 장난감 소의 RGB 이미지가 하나 있고 그림 4.8과 같이 찻주전자의 실루엣 이미지가 하나 있습니다. 문제는 이 이미지들이 촬영된 순간에 장난감 소와 찻주전자의 방향과 위치를 추정하는 것입니다.

메시를 회전하고 이동하는 것은 번거롭기 때문에 대신 메시의 방향과 위치를 고정하고 카메라의 방향과 위치를 최적화하는 방법을 선택합니다. 카메라 방향이 항상 메시를 향하고 있다고 가정하면 문제를 더욱 단순화할 수 있으므로 최적화해야 할 것은 카메라 위치뿐입니다.

따라서 최적화 변수가 카메라 위치가 되도록 최적화 문제를 공식화합니다. 미분 가능한 렌더링을 사용하면 두 메시의 RGB 이미지와 실루엣 이미지를 렌더링할 수 있습니다. 렌더링된 이미지를 관찰된 이미지와 비교하여 렌더링된 이미지와 관찰된 이미지 사이의 손실 함수를 계산할 수 있습니다. 여기서는 평균 제곱 오차를 손실 함수로 사용합니다. 모든 것이 미분 가능하기 때문에 손실 함수에서 최적화 변수까지의 기울기를 계산할 수 있습니다. 그런 다음 경사 하강 알고리즘을 사용하여 렌더링된 이미지가 관찰된 이미지와 일치하도록 최적의 카메라 위치를 찾을 수 있습니다.

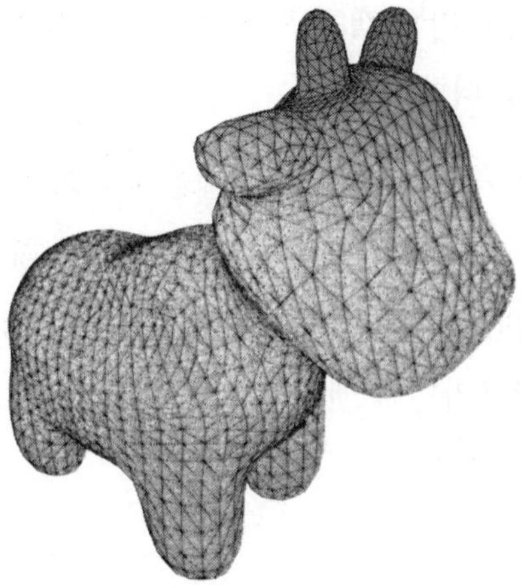

그림 4.4 장난감 소의 메시 모델

다음 이미지는 소의 RGB 출력을 보여줍니다:

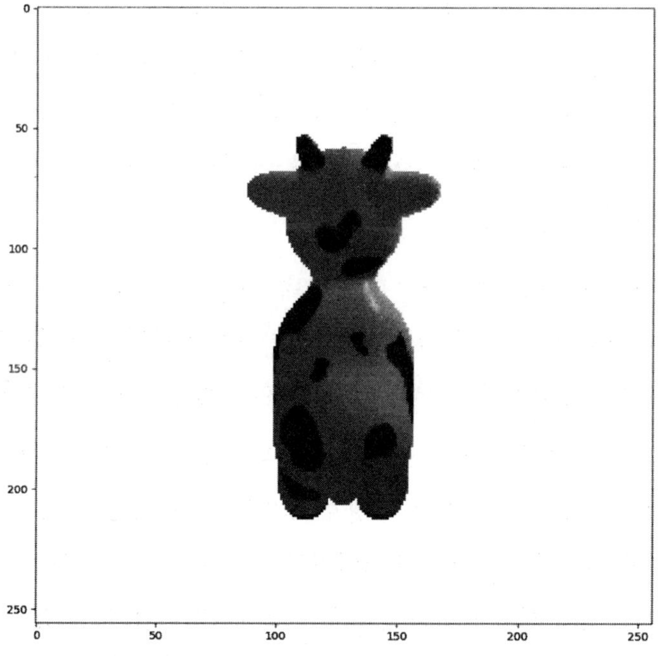

그림 4.6 장난감 소에 대해 관찰된 RGB 이미지

다음 그림은 찻주전자의 메시를 보여줍니다:

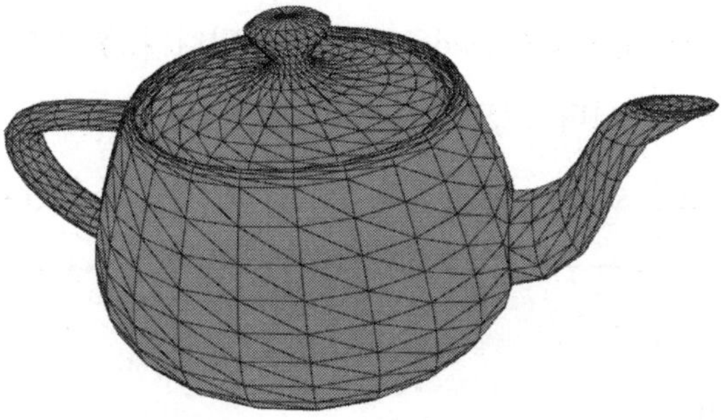

그림 4.7 찻주전자의 메시 모델

다음 그림은 찻주전자의 실루엣을 보여줍니다:

그림 4.8 찻주전자의 관찰된 실루엣

이제 문제와 해결 방법을 알았으니 다음 절에서 코딩을 시작해 보겠습니다.

코딩 방법

이 코드는 chap4 폴더의 저장소에 diff_render.py로 제공됩니다. 찻주전자의 메시 모델은 data 하위 폴더에 teapot.obj로 제공됩니다. 코드를 다음과 같이 실행합니다:

1. diff_render.py의 코드는 필요한 패키지를 임포트하는 것으로 시작됩니다:

```
import os
import torch
import numpy as np
import torch.nn as nn
import matplotlib.pyplot as plt
from skimage import img_as_ubyte

from pytorch3d.io import load_obj
from pytorch3d.structures import Meshes

from pytorch3d.renderer import (
FoVPerspectiveCameras, look_at_view_transform, look_at_rotation,
RasterizationSettings, MeshRenderer, MeshRasterizer, BlendParams,
SoftSilhouetteShader, HardPhongShader, PointLights,
TexturesVertex,
)
```

2. 다음 단계에서는 PyTorch 장치를 선언합니다. GPU가 있는 경우 GPU를 사용하도록 장치가 생성됩니다. 그렇지 않으면, 장치는 CPU를 사용해야 합니다:

```
if torch.cuda.is_available():
    device = torch.device("cuda:0")
else:
    device = torch.device("cpu")
    print("WARNING: CPU only, this will be slow!")
```

3. 그 후 다음 줄에 output_dir을 정의합니다. diff_render.py에서 코드를 실행하면 각 최적화 반복에 대해 렌더링된 이미지가 생성되므로 최적화가 단계별로 어떻게 작동하는지 확인할 수 있습니다. 코드에 의해 생성된 모든 렌더링 이미지는 이 output_dir 폴더에 저장됩니다.

```
output_dir = './result_teapot'
```

4. 그런 다음 ./data/teapot.obj 파일에서 메시 모델을 적재합니다. 이 메시 모델에는 텍스처(머티리얼 색상)가 포함되어 있지 않으므로 모두 1인 텐서를 생성하고 이 텐서를 메시 모델의 텍스처로 만듭니다. 결국 텍스처가 있는 메시 모델을 teapot_mesh 변수로 얻게 됩니다:

```
verts, faces_idx, _ = load_obj("./data/teapot.obj")
faces = faces_idx.verts_idx

verts_rgb = torch.ones_like(verts)[None] # (1, V, 3)
textures = TexturesVertex(verts_features=verts_rgb. to(device))

teapot_mesh = Meshes(
    verts=[verts.to(device)],
    faces=[faces.to(device)],
    textures=textures
)
```

5. 다음으로 다음 줄에서 카메라 모델을 정의합니다.

```
cameras = FoVPerspectiveCameras(device=device)
```

6. 다음 단계에서는 silhouette_renderer라는 미분 가능한 렌더러를 정의하겠습니다. 각 렌더러에는 주로 각 이미지 픽셀에 적합한 메시 면을 찾기 위한 래스터라이저와 이미지 픽셀 색상을 결정하기 위한 셰이더 등 두 가지 구성 요소가 있습니다. 이 예제에서는 실제로 각 이미지 픽셀에 알파값을 출력하는 소프트 실루엣 셰이더를 사용합니다. 알파 값은 0에서 1 사이의 실수로, 이 이미지 픽셀이 전경 또는 배경의 일부인지 여부를 나타냅니다. 셰이더의 하이퍼파라미터는 blend_params 변수에 정의되며, 시그마 파라미터는 확률 맵을 계산하고 감마는 메시 면의 가중치를 계산하는 데 사용됩니다.

   여기서는 래스터화를 위해 MeshRasterizer를 사용합니다. 매개변수 blur_radius는 관련 메시 면을 찾기 위한 임계값이며, faces_per_pixel은 각 이미지 픽셀에 대해 반환되는 메시 면의 최대 개수라는 점에 유의하세요:

```
blend_params = BlendParams(sigma=1e-4, gamma=1e-4)

raster_settings = RasterizationSettings( image_size=256,
    blur_radius=np.log(1. / 1e-4 - 1.) * blend_params.sigma,
    faces_per_pixel=100,
)
```

```
silhouette_renderer = MeshRenderer(
    rasterizer=MeshRasterizer(
        cameras=cameras,
        raster_settings=raster_settings
    ),
    shader=SoftSilhouetteShader(blend_params=blend_params)
)
```

7. 그런 다음 phong_renderer를 다음과 같이 정의합니다. 이 phong_renderer는 주로 최적화 프로세스를 시각화하는 데 사용됩니다. 기본적으로 각 최적화 반복에서 해당 반복의 카메라 위치에 따라 하나의 RGB 이미지를 렌더링합니다. 이 렌더러는 시각화 목적으로만 사용되므로 미분 가능한 렌더러가 아니라는 점에 유의하세요. 실제로 다음 사항을 확인하면 phong_renderer가 미분 가능한 렌더러가 아니라는 것을 알 수 있습니다:
   - 각 이미지 픽셀에 대해 하나의 메시 면만 입력으로 받는 HardPhongShader를 사용합니다.
   - blur_radius 값이 0.0이고 faces_per_pixed이 0.5인 MeshRenderer를 사용합니다.
8. 그런 다음 광원인 lights은 2.0, 2.0, -2.0의 위치로 정의됩니다:

```
raster_settings = RasterizationSettings(
    image_size=256,
    blur_radius=0.0,
    faces_per_pixel=1,
)

lights = PointLights(device=device, location=((2.0, 2.0, -2.0),))
phong_renderer = MeshRenderer(
    rasterizer=MeshRasterizer(
        cameras=cameras,
        raster_settings=raster_settings),
    shader=HardPhongShader(
        device=device, cameras=cameras, lights=lights)
)
```

9. 다음으로 카메라 위치를 정의하고 카메라의 해당 회전(R)과 변위(T)를 계산합니다. 이 회전과 변위가 대상 카메라 위치입니다. 즉, 이 카메라 위치에서 이미지를 생성하고 이 이미지를 문제에서 관찰 이미지로 사용할 것입니다:

```
distance = 3
elevation = 50.0
azimuth = 0.0

R, T = look_at_view_transform(distance, elevation, azimuth, device=device)
```

10. 이제 이 카메라 위치에서 image_ref라는 이미지를 생성합니다. image_ref에는 빨간색은 R, 녹색은 G, 파란색은 B, 알파 값은 A인 네 가지 채널, 즉 RGBA가 있습니다. image_ref는 나중에 검사할 수 있도록 target_rgb.png로 저장됩니다:

```
silhouette = silhouette_renderer(meshes_world=teapot_mesh, R=R, T=T)
image_ref = phong_renderer(meshes_world=teapot_mesh, R=R, T=T)

silhouette = silhouette.cpu().numpy()
image_ref = image_ref.cpu().numpy()

plt.figure(figsize=(10, 10))
plt.imshow(silhouette.squeeze()[..., 3])
# only plot the alpha channel of the RGBA image
plt.grid(False)
plt.savefig(os.path.join(output_dir, 'target_silhouette.png'))
plt.close()

plt.figure(figsize=(10, 10))
plt.imshow(image_ref.squeeze())
plt.grid(False)
plt.savefig(os.path.join(output_dir, 'target_rgb.png'))
plt.close()
```

11. 다음 단계에서는 Model 클래스를 정의하겠습니다. 이 Model 클래스는 torch.nn.Module에서 파생되었으므로 다른 많은 PyTorch 모델과 마찬가지로 Model에 대해 자동 기울기 계산을 활성화할 수 있습니다.

    Model에는 초기화 함수인 __init__이 있는데, 이 함수는 메시 모델에 대한 meshes 입력, 렌더러에 대한 renderer와 Model의 인스턴스가 피팅하려고 하는 대상 이미지로 image_ref를 받습니다. __init__ 함수는 torch.nn.Module.register_buffer 함수를 사용하여 image_ref 버퍼를 생성합니다. PyTorch에서 이 부분에 익숙하지 않은 분들을 위해 다시 한 번 말씀드리자면, 버퍼는 state_dict의 일부로 저장하고 나머지 모델 파라미터와 함께 cuda() 및 cpu()의 다른 장치로 이동할 수 있는 것입니다. 그러나 버퍼는 옵티마이저에 의해 업데이트되지 않습니다.

또한 __init__ 함수는 모델 파라미터인 camera_position을 생성합니다. camera_position 변수는 모델 파라미터로서 옵티마이저에 의해 업데이트될 수 있습니다. 이제 최적화 변수가 모델 파라미터가 된다는 점에 유의하세요.

Model 클래스에는 순방향 계산과 역방향 기울기 전파를 수행할 수 있는 forward 멤버 함수도 있습니다. forward 함수는 현재 카메라 위치에서 실루엣 이미지를 렌더링하고 렌더링된 이미지와 관찰된 이미지인 image_refer 사이의 손실 함수를 계산합니다:

```
class Model(nn.Module):
    def __init__(self, meshes, renderer, image_ref):
        super().__init__()
        self.meshes = meshes
        self.device = meshes.device
        self.renderer = renderer

        image_ref = torch.from_numpy((image_ref[..., :3].
max(-1) != 1).astype(np.float32))
        self.register_buffer('image_ref', image_ref)

        self.camera_position = nn.Parameter(
            torch.from_numpy(np.array([3.0, 6.9, +2.5],
dtype=np.float32)).to(meshes.device))

    def forward(self):
        R = look_at_rotation(self.camera_position[None,
:], device=self.device) # (1, 3, 3)
        T = -torch.bmm(R.transpose(1, 2), self.camera_
position[None, :, None])[:, :, 0] # (1, 3)

        image = self.renderer(meshes_world=self.meshes.clone(), R=R, T=T)
        loss = torch.sum((image[..., 3] - self.image_ref) ** 2)
        return loss, image
```

12. 이제 Model 클래스를 이미 정의했습니다. 이제 클래스의 인스턴스를 생성하고 옵티마이저를 정의할 수 있습니다. 최적화를 실행하기 전에 시작 카메라 위치를 표시하는 이미지를 렌더링하겠습니다. 시작 카메라 위치에 대한 이 실루엣 이미지는 starting_silhouette.png에 저장됩니다:

```
model = Model(meshes=teapot_mesh, renderer=silhouette_
renderer, image_ref=image_ref).to(device)
optimizer = torch.optim.Adam(model.parameters(), lr=0.05)

_, image_init = model()
plt.figure(figsize=(10, 10))
plt.imshow(image_init.detach().squeeze().cpu().numpy() [..., 3])
plt.grid(False)
plt.title("Starting Silhouette")
plt.savefig(os.path.join(output_dir, 'starting_silhouette.png'))
plt.close()
```

13. 마지막으로 최적화 반복을 실행할 수 있습니다. 최적화 반복을 실행할 때마다 카메라 위치에서 렌더링된 이미지를 output_dir 폴더 아래의 파일에 저장합니다:

```
for i in range(0, 200):
    if i%10 == 0:
        print('i = ', i)
    optimizer.zero_grad()
    loss, _ = model()
    loss.backward()
    optimizer.step()

    if loss.item() < 500:
        break

    R = look_at_rotation(model.camera_position[None, :], device=model.device)
    T = -torch.bmm(R.transpose(1, 2), model.camera_
position[None, :, None])[:, :, 0] # (1, 3)
    image = phong_renderer(meshes_world=model.meshes.clone(), R=R, T=T)
    image = image[0, ..., :3].detach().squeeze().cpu().numpy()
    image = img_as_ubyte(image)

plt.figure()
plt.imshow(image[..., :3])
plt.title("iter: %d, loss: %0.2f" % (i, loss.data))
plt.axis("off")
plt.savefig(os.path.join(output_dir, 'fitting_' + str(i) + '.png'))
plt.close()
```

그림 4.9는 객체(이 경우 찻주전자)의 관찰된 실루엣을 보여줍니다:

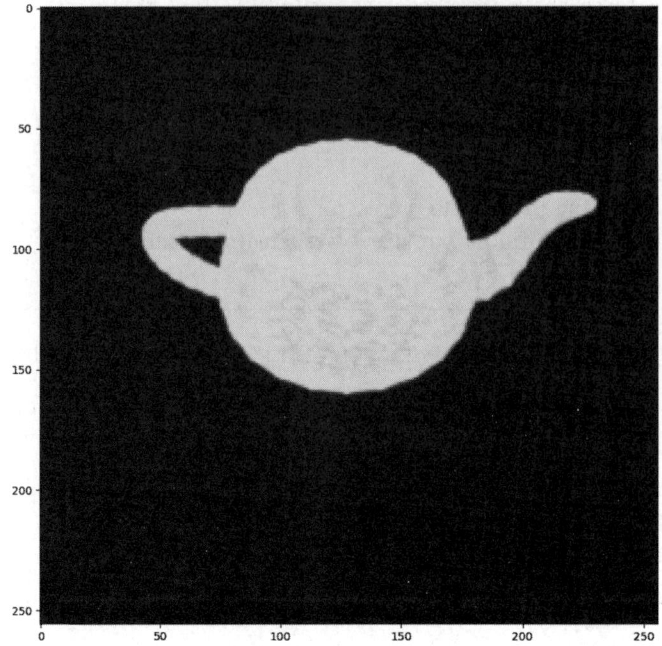

그림 4.9 찻주전자의 실루엣

피팅 문제를 최적화 문제로 공식화합니다. 초기 찻주전자 위치는 그림 4.10에 나와 있습니다.

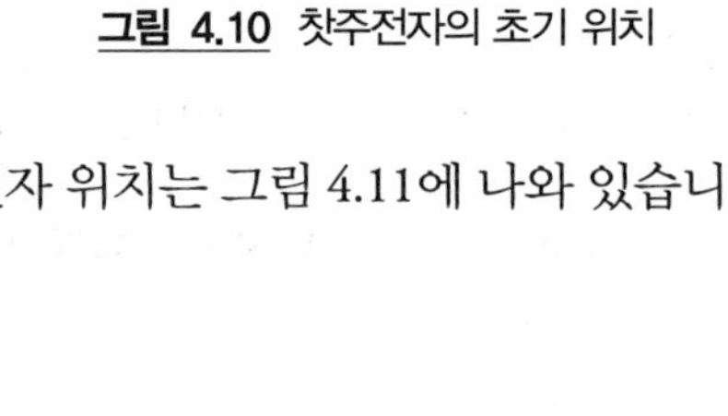

그림 4.10 찻주전자의 초기 위치

최종적으로 최적화된 찻주전자 위치는 그림 4.11에 나와 있습니다.

그림 4.11 찻주전자의 최종 위치

실루엣 피팅과 텍스처 피팅 모두에 대한 객체 포즈 추정 예제

이전 예제에서는 실루엣 피팅으로 객체의 포즈를 추정했습니다. 이 절에서는 실루엣 피팅과 텍스처 피팅을 모두 사용하여 객체의 포즈를 추정하는 또 다른 예를 제시하겠습니다. 3D 컴퓨터 비전에서는 일반적으로 텍스처를 사용하여 색상을 나타냅니다. 따라서 이 예제에서는 미분 가능한 렌더링을 사용하여 카메라 위치에 따라 RGB 이미지를 렌더링하고 카메라 위치를 최적화하겠습니다. 코드는 diff_render_texture.py에 있습니다:

1. 이 첫 번째 단계에서는 필요한 모든 패키지를 임포트합니다:

```
import os
import torch
import numpy as np
import torch.nn as nn
import matplotlib.pyplot as plt
from skimage import img_as_ubyte

from pytorch3d.io import load_objs_as_meshes

from pytorch3d.renderer import (
FoVPerspectiveCameras, look_at_view_transform, look_at_rotation,
RasterizationSettings, MeshRenderer, MeshRasterizer, BlendParams,
SoftSilhouetteShader, HardPhongShader, PointLights,
SoftPhongShader
)
```

2. 다음으로, GPU 또는 CPU를 사용하여 PyTorch 장치를 생성합니다:

```
if torch.cuda.is_available():
    device = torch.device("cuda:0")
    torch.cuda.set_device(device)
else:
    device = torch.device("cpu")
```

3. output_dir을 result_cow로 설정합니다. 이 폴더가 피팅 결과를 저장하는 폴더가 됩니다:

```
output_dir = './result_cow'
```

4. cow.obj 파일에서 장난감 소의 메시 모델을 적재합니다:

```
obj_filename = "./data/cow_mesh/cow.obj"
cow_mesh = load_objs_as_meshes([obj_filename], device=device)
```

5. 카메라와 광원을 다음과 같이 정의합니다:

```
cameras = FoVPerspectiveCameras(device=device)
lights = PointLights(device=device, location=((2.0, 2.0, -2.0),))
```

6. 다음으로 renderer_silhouette 렌더러를 생성합니다. 이것은 실루엣 이미지를 렌더링하기 위한 미분 가능한 렌더러입니다. blur_radius과 faces_per_pixel 수에 주목하세요. 이 렌더러는 주로 실루엣 피팅에 사용됩니다:

```
blend_params = BlendParams(sigma=1e-4, gamma=1e-4)
raster_settings = RasterizationSettings(
    image_size=256,
    blur_radius=np.log(1. / 1e-4 - 1.) * blend_params.sigma,
    faces_per_pixel=100,
)
renderer_silhouette = MeshRenderer(
    rasterizer=MeshRasterizer(
        cameras=cameras,
        raster_settings=raster_settings
    ),
    shader=SoftSilhouetteShader(blend_params=blend_params)
)
```

7. 다음으로 renderer_texture 렌더러를 생성합니다. 이 렌더러는 주로 RGB 이미지를 렌더링하는 데 사용되는 또 다른 미분 가능한 렌더러입니다:

```
sigma = 1e-4
raster_settings_soft = RasterizationSettings(
    image_size=256,
    blur_radius=np.log(1. / 1e-4 - 1.)*sigma,
    faces_per_pixel=50,
)
renderer_textured = MeshRenderer(
    rasterizer=MeshRasterizer(
        cameras=cameras,
        raster_settings=raster_settings_soft
    ),
    shader=SoftPhongShader(device=device,
        cameras=cameras,
        lights=lights)
)
```

8. 다음으로 phong_renderer 렌더러를 생성합니다. 이 렌더러는 주로 시각화에 사용됩니다. 이전의 미분 가능한 렌더링은 흐릿한 이미지를 생성하는 경향이 있습니다. 따라서 선명한 이미지를 생성할 수 있는 렌더러가 있으면 좋을 것 같습니다:

```
raster_settings = RasterizationSettings(
    image_size=256,
    blur_radius=0.0,
    faces_per_pixel=1,
)
phong_renderer = MeshRenderer(
    rasterizer=MeshRasterizer(
        cameras=cameras,
        raster_settings=raster_settings),
    shader=HardPhongShader(
        device=device, cameras=cameras, lights=lights)
)
```

9. 다음으로 카메라 위치와 해당 카메라 회전 및 위치를 정의합니다. 이 위치는 관찰된 이미지가 촬영되는 카메라 위치가 됩니다. 이전 예제에서와 마찬가지로 객체 방향과 위치 대신 카메라 방향과 위치를 최적화합니다. 또한 카메라가 항상 물체를 향하고 있다고 가정합니다. 따라서 카메라 위치만 최적화하면 됩니다:

```
distance = 3
elevation = 50.0
azimuth = 0.0
R, T = look_at_view_transform(distance, elevation, azimuth, device=device)
```

10. 다음으로 관찰된 이미지를 생성하여 target_silhouette.png 및 target_rgb.png로 저장합니다. 이미지들은 또한 silhouette 및 image_ref 변수에도 저장됩니다:

```
silhouette = renderer_silhouette(meshes_world=cow_mesh, R=R, T=T)
image_ref = phong_renderer(meshes_world=cow_mesh, R=R, T=T)
silhouette = silhouette.cpu().numpy()
image_ref = image_ref.cpu().numpy()

plt.figure(figsize=(10, 10))
plt.imshow(silhouette.squeeze()[..., 3])
plt.grid(False)
plt.savefig(os.path.join(output_dir, 'target_silhouette.png'))
plt.close()

plt.figure(figsize=(10, 10))
plt.imshow(image_ref.squeeze())
plt.grid(False)
plt.savefig(os.path.join(output_dir, 'target_rgb.png'))
plt.close()
```

11. Model 클래스에 대한 정의를 다음과 같이 수정합니다. 이전 예제에 비해 가장 눈에 띄는 변화는 이제 알파 채널 이미지와 RGB 이미지를 모두 렌더링하고 이를 관찰된 이미지와 비교한다는 점입니다. 알파 채널과 RGB 채널의 평균 제곱 손실에 가중치를 부여하여 최종 손실 값을 구합니다:

```
class Model(nn.Module):
    def __init__(self, meshes, renderer_silhouette,
renderer_textured, image_ref, weight_silhouette, weight_texture):
        super().__init__()
        self.meshes = meshes
        self.device = meshes.device
        self.renderer_silhouette = renderer_silhouette
        self.renderer_textured = renderer_textured

        self.weight_silhouette = weight_silhouette
        self.weight_texture = weight_texture
```

```
        image_ref_silhouette = torch.from_numpy((image_
ref[..., :3].max(-1) != 1).astype(np.float32))
        self.register_buffer('image_ref_silhouette', image_ref_silhouette)

        image_ref_textured = torch.from_numpy((image_
ref[..., :3]).astype(np.float32))
        self.register_buffer('image_ref_textured', image_ref_textured)

        self.camera_position = nn.Parameter(
            torch.from_numpy(np.array([3.0, 6.9, +2.5],
dtype=np.float32)).to(meshes.device))

    def forward(self):
        # Render the image using the updated camera
position. Based on the new position of the
        # camera we calculate the rotation and
translation matrices
        R = look_at_rotation(self.camera_position[None,
:], device=self.device) # (1, 3, 3)
        T = -torch.bmm(R.transpose(1, 2), self.camera_
position[None, :, None])[:, :, 0] # (1, 3)

        image_silhouette = self.renderer_
silhouette(meshes_world=self.meshes.clone(), R=R, T=T)
        image_textured = self.renderer_textured(meshes_
world=self.meshes.clone(), R=R, T=T)

        loss_silhouette = torch.sum((image_
silhouette[..., 3] - self.image_ref_silhouette) ** 2)
        loss_texture = torch.sum((image_textured[..., :3]
- self.image_ref_textured) ** 2)

        loss = self.weight_silhouette * loss_silhouette +
self.weight_texture * loss_texture
        return loss, image_silhouette, image_textured
```

12. 다음으로 Model 클래스의 인스턴스를 생성하고 옵티마이저를 생성합니다:

```
model = Model(meshes=cow_mesh,
              renderer_silhouette=renderer_silhouette,
              renderer_textured =renderer_textured,
              image_ref=image_ref, weight_silhouette=1.0,
weight_texture=0.1).to(device)
```

```
optimizer = torch.optim.Adam(model.parameters(), lr=0.05)
```

13. 마지막으로 200번의 최적화 반복을 실행합니다. 렌더링된 이미지는 각 반복마다 저장됩니다:

```
for i in range(0, 200):
    if i%10 == 0:
        print('i = ', i)

    optimizer.zero_grad()
    loss, image_silhouette, image_textured = model()
    loss.backward()
    optimizer.step()

    plt.figure()
    plt.imshow(image_silhouette[..., 3].detach().squeeze().cpu().numpy())
    plt.title("iter: %d, loss: %0.2f" % (i, loss.data))
    plt.axis("off")
    plt.savefig(os.path.join(output_dir, 'soft_silhouette_' + str(i) + '.png'))
    plt.close()

    plt.figure()
    plt.imshow(image_textured.detach().squeeze().cpu().numpy())
    plt.title("iter: %d, loss: %0.2f" % (i, loss.data))
    plt.axis("off")
    plt.savefig(os.path.join(output_dir, 'soft_texture_' + str(i) + '.png'))
    plt.close()

    R = look_at_rotation(model.camera_position[None, :], device=model.device)
    T = -torch.bmm(R.transpose(1, 2), model.camera_
position[None, :, None])[:, :, 0] # (1, 3)
    image = phong_renderer(meshes_world=model.meshes. clone(), R=R, T=T)

    plt.figure()
    plt.imshow(image[..., 3].detach().squeeze().cpu().numpy())
    plt.title("iter: %d, loss: %0.2f" % (i, loss.data))
    plt.axis("off")
    plt.savefig(os.path.join(output_dir, 'hard_silhouette_' + str(i) + '.png'))
    plt.close()

    image = image[0, ..., :3].detach().squeeze().cpu().numpy()
    image = img_as_ubyte(image)
```

```
plt.figure()
plt.imshow(image[..., :3])
plt.title("iter: %d, loss: %0.2f" % (i, loss.data))
plt.axis("off")
plt.savefig(os.path.join(output_dir, 'hard_texture_' + str(i) + '.png'))
plt.close()

if loss.item() < 800:
    break
```

관찰된 실루엣 이미지는 그림 4.12에 나와 있습니다:

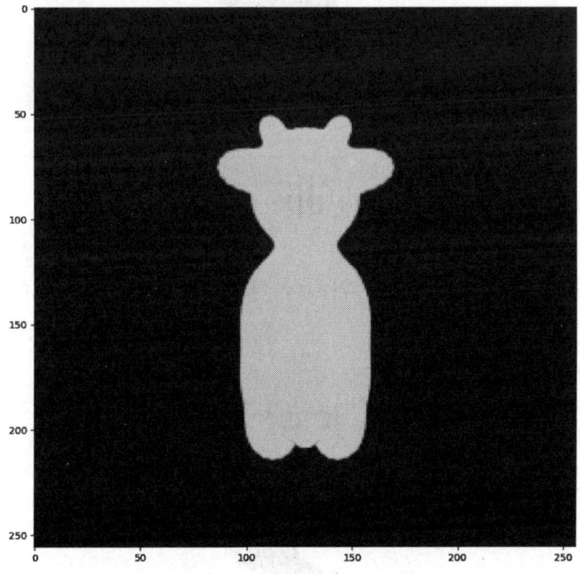

그림 4.12 관찰된 실루엣 이미지

RGB 이미지는 그림 4.13에 나와 있습니다:

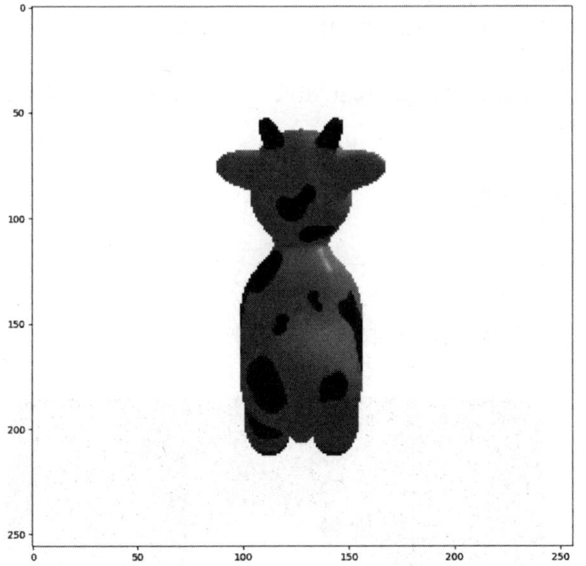

그림 4.13 관찰된 RGB 이미지

초기 카메라 위치와 최종 피팅된 카메라 위치에 해당하는 렌더링된 RGB 이미지는 각각 그림 4.14와 그림 4.15에 나와 있습니다.

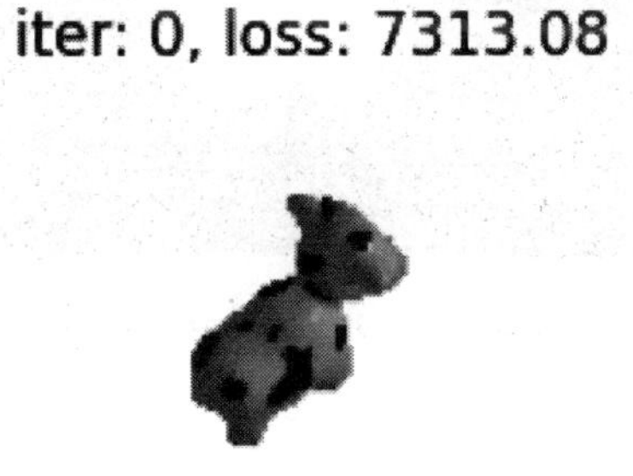

그림 4.14 초기 카메라 위치에 해당하는 이미지

최종 위치에 해당하는 이미지는 다음과 같습니다:

그림 4.15 피팅된 카메라 위치에 해당하는 이미지

요약

이 장에서는 미분 가능한 렌더링이 필요한 이유에 대한 질문으로 시작했습니다. 이 질문에 대한 답은 렌더링을 3D 장면(메시 또는 포인트 클라우드)에서 2D 이미지로 매핑하는 것으로 간주할 수 있다는 사실에 있습니다. 렌더링을 미분 가능하게 할 수 있다면 렌더링된 이미지와 관찰된 이미지 사이에 적절하게 선택된 비용 함수를 사용하여 3D 모델을 직접 최적화할 수 있습니다.

그런 다음 PyTorch3D 라이브러리로 구현된 렌더링을 미분 가능하게 할 수 있는 접근 방식에 대해 논의했습니다. 그런 다음 렌더링된 이미지와 관찰된 이미지 간의 평균 제곱 오차를 최소화하기 위해 객체 포즈를 직접 최적화하는 최적화 문제로 공식화된 객체 포즈 추정의 두 가지 구체적인 예에 대해 논의했습니다.

또한 PyTorch3D가 최적화 문제를 해결하는 데 사용되는 코드 예제도 살펴봤습니다. 다음 장에서는 미분 가능한 렌더링의 더 많은 변형과 이를 사용할 수 있는 곳에 대해 살펴보겠습니다.

제5장
미분 가능한 볼류메트릭 렌더링 이해

이 장에서는 미분 가능한 렌더링의 새로운 방법에 대해 설명하겠습니다. 이전 장에서 사용한 메시 3D 데이터 표현과 달리 복셀 3D 데이터 표현을 사용하겠습니다. 복셀 3D 데이터 표현은 메시 모델에 비해 몇 가지 장점이 있습니다. 예를 들어, 더 유연하고 고도로 구조화되어 있습니다.

볼류메트릭 렌더링을 이해하려면 레이 샘플링, 볼륨, 볼륨 샘플링, 레이 마칭과 같은 몇 가지 중요한 개념을 이해해야 합니다. 이러한 모든 개념에는 그에 상응하는 PyTorch3D 구현이 있습니다. 설명과 코딩 연습을 통해 각 개념에 대해 알아보겠습니다.

볼류메트릭 렌더링의 선행 기본 개념을 이해했다면, 앞서 언급한 모든 연산이 이미 미분 가능하다는 것을 쉽게 알 수 있습니다. 볼류메트릭 렌더링은 자연스럽게 미분 가능합니다. 따라서 개념 이해 후에는 실제 애플리케이션에서 미분 가능한 볼류메트릭 렌더링을 사용할 준비가 된 것입니다. 미분 가능한 볼류메트릭 렌더링을 사용하여 여러 이미지에서 3D 복셀 모델을 재구성하는 코딩 예제를 살펴보겠습니다.

먼저 볼류메트릭 렌더링을 개괄적으로 이해해 보겠습니다. 그런 다음 레이 샘플링, 볼륨, 볼륨 샘플링, 레이 마칭과 같은 기본 개념을 자세히 살펴봅니다. 그런 다음 객체의 다양한 뷰에서 촬영한 이미지 모음에서 3D 객체 모양을 재구성하는 코딩 예제를 소개합니다.

이 장에서는 다음과 같은 주요 주제를 다룹니다:

- 볼류메트릭 렌더링에 대한 대략적인 설명
- 레이 샘플링 이해
- 볼륨 샘플링 사용
- 레이 마칭 이해

- 멀티뷰 이미지에서 3D 객체 및 색상 재구성하기

기술 요구 사항

이 책의 예제 코드 스니펫을 실행하려면 컴퓨터가 필요하며, 가장 이상적인 것은 GPU가 있는 컴퓨터입니다. 하지만 CPU만으로 코드 스니펫을 실행하는 것이 불가능한 것은 아닙니다.

권장되는 컴퓨터 구성에는 다음이 포함됩니다:

- 최소 8GB의 메모리를 갖춘 NVIDIA GTX 시리즈 또는 RTX 시리즈와 같은 GPU
- Python 3
- PyTorch 라이브러리 및 PyTorch3D 라이브러리

이 챕터의 코드 스니펫은 https://github.com/PacktPublishing/3D-Deep-Learning-with-Python에서 확인할 수 있습니다.

볼류메트릭 렌더링 개요

볼류메트릭 렌더링은 이산적인 3D 데이터에 대한 2D 뷰를 생성하는 데 사용되는 기술 모음입니다. 이 3D 이산 데이터는 이미지 모음, 복셀 표현 또는 기타 데이터의 이산 표현일 수 있습니다. 볼류메트릭 렌더링의 주요 목표는 3D 데이터의 2D 투영을 렌더링하는 것인데, 이는 평면 스크린에서 우리 눈이 인식할 수 있는 방식이기 때문입니다. 이 방법은 메시와 같은 기하학적 표현으로 명시적으로 변환하지 않고도 이러한 투영을 생성합니다. 볼류메트릭 렌더링은 일반적으로 표면을 생성하기 어렵거나 오류가 발생할 수 있는 경우에 사용됩니다. 또한 볼륨의 지오메트리와 표면뿐만 아니라 콘텐츠가 중요한 경우에도 사용할 수 있습니다. 일반적으로 데이터 시각화에 사용됩니다. 예를 들어, 뇌 스캔에서는 일반적으로 뇌 내부의 내용을 시각화하는 것이 매우 중요합니다.

이 절에서는 볼륨의 볼류메트릭 렌더링에 대해 살펴보겠습니다. 그림 5.1과 같이 볼류메트릭 렌더링에 대한 개략적인 개요를 살펴보겠습니다:

1. 먼저, 일정한 간격의 노드로 구성된 3D 그리드인 **볼륨**을 사용하여 3D 공간과 그 안의 객체를 표현합니다. 각 노드에는 밀도와 색상 특징이라는 두 가지 속성이 있습니다. 밀도는 일반적으로 0에서 1 사이의 범위입니다. 밀도는 점유 확률로 이해할 수도 있습니다. 즉, 노드가 특정 객체에 의해 점유되고 있다고 생각하는 정도를 말합니다. 경우에 따라 확률

은 불투명도일 수도 있습니다.

2. 하나 또는 여러 대의 카메라를 정의해야 합니다. 렌더링은 카메라가 시야에서 관찰할 수 있는 대상을 결정하는 프로세스입니다.
3. 앞선 카메라의 각 픽셀에서 RGB 값을 결정하기 위해 투영 중심에서 카메라의 각 이미지 픽셀을 통과하는 광선이 생성됩니다. 픽셀의 RGB 값을 결정하려면 이 광선을 따라 점유 확률이나 불투명도, 색상을 확인해야 합니다. 이러한 광선에는 무한히 많은 점이 있다는 점에 유의하세요. 따라서 이 광선을 따라 특정 수의 점을 선택하기 위한 샘플링 체계가 필요합니다. 이 샘플링 작업을 **레이 샘플링**이라고 합니다.
4. 볼륨의 노드에는 밀도와 색상이 정의되어 있지만 광선의 점에는 정의되어 있지 않습니다. 따라서 볼륨의 밀도와 색상을 광선의 점으로 변환하는 방법이 필요합니다. 이 작업을 **볼륨 샘플링**이라고 합니다.
5. 마지막으로 광선의 밀도와 색상으로부터 각 픽셀의 RGB 값을 결정해야 합니다. 이 과정에서 광선을 따라 각 점에 도달할 수 있는 입사광의 수와 이미지 픽셀에 반사되는 광선의 수를 계산해야 합니다. 이 과정을 **레이 마칭**이라고 합니다.

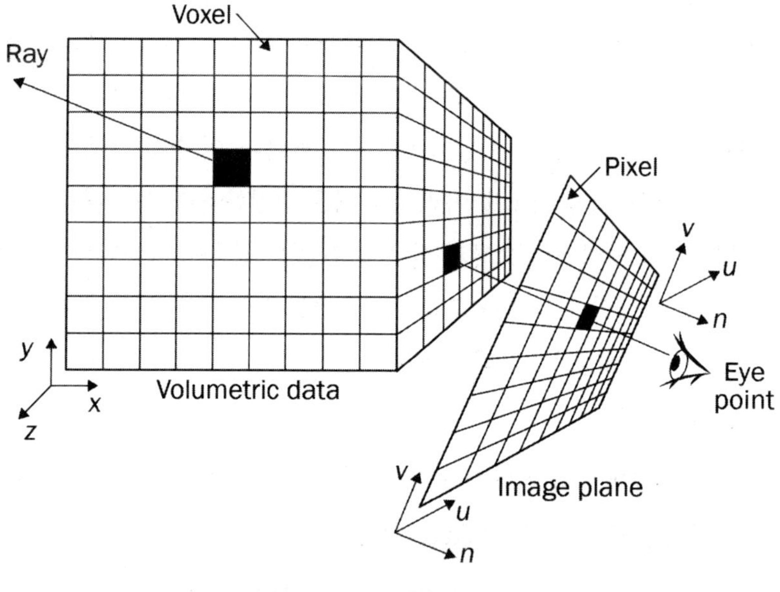

그림 5.1 볼류메트릭 렌더링

볼류메트릭 렌더링의 기본 프로세스를 이해했으니 이제 첫 번째 개념인 레이 샘플링에 대해 자세히 알아보겠습니다.

레이 샘플링 이해

레이 샘플링은 카메라에서 이미지 픽셀을 통과하는 광선을 방출하고 이 광선을 따라 점을 샘플링하는 프로세스입니다. 레이 샘플링 방식은 사용 사례에 따라 다릅니다. 예를 들어, 이미지 픽셀의 임의의 하위 집합을 통과하는 광선을 무작위로 샘플링하고 싶을 때가 있습니다. 일반적으로 전체 데이터에서 대표적인 샘플만 필요하기 때문에 학습 중에 이러한 샘플러를 사용해야 합니다. 이러한 경우 Pytorch3D에서 MonteCarloRaysampler를 사용할 수 있습니다. 다른 예는 이미지의 각 픽셀에 대한 픽셀 값을 가져와서 공간적 순서를 유지하고자 하는 경우입니다. 이는 렌더링 및 시각화에 유용합니다. 이러한 경우를 위해 PyTorch3D는 NDCMultiNomialRaysampler를 제공합니다.

여기서는 PyTorch3D 레이 샘플러 중 하나인 NDCGridRaysampler를 사용하는 방법을 보여드리겠습니다. 이는 그리드를 따라 픽셀을 샘플링하는 NDCMultiNomialRaysampler와 유사합니다. 코드는 understand_ray_sampling.py라는 이름으로 GitHub 저장소에서 찾을 수 있습니다:

1. 먼저, NDCGridRaysampler의 정의를 포함한 모든 Python 모듈을 임포트해야 합니다:

```
import torch
import math
import numpy as np

from pytorch3d.renderer import (
    FoVPerspectiveCameras,
    PointLights,
    look_at_view_transform,
    NDCGridRaysampler,
)
```

2. 다음 단계에 따라 사용할 장치를 설정합니다. GPU가 있는 경우 첫 번째 GPU를 사용합니다. 그렇지 않으면 CPU를 사용합니다:

```
if torch.cuda.is_available():
    device = torch.device("cuda:0")
    torch.cuda.set_device(device)
else:
    device = torch.device("cpu")
```

3. 카메라 10대의 배치를 정의합니다. 여기서 num_views는 뷰의 수이며, 이 경우 10입니다. elev 변수는 고도각을 나타내고, azim은 방위각을 나타냅니다. 따라서 회전(R) 및 이동(T)은 PyTorch3D look_at_view_transform 함수를 사용하여 결정할 수 있습니다. 그런 다음 회전과 이동을 사용하여 10개의 카메라를 정의할 수 있습니다. 10개의 카메라는 모두 세계 좌표계의 중심에 위치한 객체를 가리킵니다:

```
num_views: int = 10
azimuth_range: float = 180
elev = torch.linspace(0, 0, num_views)
azim = torch.linspace(-azimuth_range, azimuth_range, num_views) + 180.0
lights = PointLights(device=device, location=[[0.0, 0.0, -3.0]])
R, T = look_at_view_transform(dist=2.7, elev=elev, azim=azim)
cameras = FoVPerspectiveCameras(device=device, R=R, T=T)
```

4. 마지막으로 raysampler 변수인 레이 샘플러를 정의할 수 있습니다. 카메라의 이미지 크기를 지정해야 합니다. 또한 광선의 범위가 되는 최소 및 최대 깊이도 지정해야 합니다. n_pts_per_ray 입력은 광선을 따라 있는 점의 수입니다:

```
image_size = 64
volume_extent_world = 3.0
raysampler = NDCGridRaysampler(
    image_width=image_size,
    image_height=image_size,
    n_pts_per_ray=50,
    min_depth=0.1,
    max_depth=volume_extent_world,
)
```

5. 이전 단계에서 이미 레이 샘플러를 정의했습니다. 레이 샘플러가 광선과 점을 샘플링하여 사용하려면 레이 샘플러에 카메라의 위치와 카메라가 가리키는 방향을 알려주어야 합니다. 이는 3단계에서 정의한 카메라를 레이 샘플러에 전달하면 쉽게 달성할 수 있습니다. 그러면 얻을 수 있는 것은 ray_bundle 변수입니다:

```
ray_bundle = raysampler(cameras)
```

6. ray_bundle 변수에는 샘플링된 광선과 점을 지정하는 다양한 PyTorch 텐서 모음이 포함되어 있습니다. 이러한 멤버 변수를 인쇄하여 모양을 확인하고 내용을 확인할 수 있습니다:

```
print('ray_bundle origins tensor shape = ', ray_bundle.origins.shape)
print('ray_bundle directions shape = ', ray_bundle.directions.shape)
print('ray_bundle lengths = ', ray_bundle.lengths.shape)
print('ray_bundle xys shape = ', ray_bundle.xys.shape)
```

7. 코드가 실행되고 다음 정보가 인쇄되어야 합니다:

    - 광선의 원점에 대한 텐서인 ray_bundle.origins가 있고 배치 크기가 10이라는 것을 알 수 있습니다. 이미지 크기가 64×64이므로 두 번째와 세 번째 차원의 크기는모두 64입니다. 각 원점에 대해 3D 위치를 지정하려면 세 개의 숫자가 필요합니다.
    - ray_bundle.directions는 광선의 방향에 대한 텐서입니다. 다시 말하지만, 배치 크기는 10이고 이미지 크기는 64×64입니다. 이는 텐서의 처음 3차원의 크기를 설명합니다. 3D 공간에서 방향을 지정하려면 세 개의 숫자가 필요합니다.
    - ray_bundle.lengths는 광선 상의 각 점의 깊이에 대한 텐서입니다. 10x64x64 광선이 있고 각 광선에는 50개의 점이 있습니다.
    - ay_bundle.xys는 각 광선에 해당하는 이미지 평면의 x 및 y 위치에 대한 텐서입니다. 10x64x64 광선이 있습니다. x 위치를 나타내는 하나의 숫자와 y 위치를 나타내는 하나의 숫자가 필요합니다:

```
ray_bundle origins tensor shape = torch.Size([10, 64, 64, 3])
ray_bundle directions shape = torch.Size([10, 64, 64, 3])
ray_bundle lengths = torch.Size([10, 64, 64, 50])
ray_bundle xys shape = torch.Size([10, 64, 64, 2])
```

8. 마지막으로, ray_bundle을 ray_sampling.pt 파일에 저장합니다. 이 광선은 다음 절의 코딩 연습에 유용합니다:

```
torch.save({
    'ray_bundle': ray_bundle
}, 'ray_sampling.pt')
```

이제 레이 샘플러가 어떤 기능을 하는지 이해하셨을 겁니다. 레이 샘플러는 광선과 광선에 대한 이산 점의 배치를 제공합니다. 하지만 이 점과 광선에 대한 밀도와 색상은 아직 정의되어 있지 않습니다. 다음으로 볼륨에서 이러한 밀도와 색상을 얻는 방법을 알아보겠습니다.

볼륨 샘플링 사용

볼륨 샘플링은 레이 샘플이 제공하는 점을 따라 색상 및 점유 정보를 가져오는 프로세스입니다. 우리가 작업하는 볼륨 표현은 이산적입니다. 따라서 레이 샘플링 단계에서 정의된 점이 한 점에 정확히 떨어지지 않을 수 있습니다. 볼륨 그리드의 노드와 광선의 점은 일반적으로 서로 다른 공간적 위치를 갖습니다. 따라서 보간 방식을 사용하여 광선 점의 밀도와 색상을 볼륨의 밀도와 색상으로부터 보간해야 합니다. PyTorch3D에서 구현된 VolumeSampler를 사용하면 됩니다. 다음 코드는 GitHub 저장소에 있는 understand_volume_sampler.py 파일에서 찾을 수 있습니다:

1. 필요한 Python 모듈을 임포트합니다:

```
import torch
from pytorch3d.structures import Volumes
from pytorch3d.renderer.implicit.renderer import VolumeSampler
```

2. 장치를 설정합니다:

```
if torch.cuda.is_available():
    device = torch.device("cuda:0")
    torch.cuda.set_device(device)
else:
    device = torch.device("cpu")
```

3. 마지막 절에서 계산한 ray_bundle을 적재합니다:

```
checkpoint = torch.load('ray_sampling.pt')
ray_bundle = checkpoint.get('ray_bundle')
```

4. 그런 다음 볼륨을 정의합니다. 밀도 텐서는 [10, 1, 64, 64, 50]의 모양을 가지며, 여기서 10개 볼륨의 배치가 있고 각 볼륨은 64x64x50개의 노드로 이루어진 그리드입니다. 각 노드에는 노드의 밀도를 나타내는 숫자가 하나씩 있습니다. 반면, 색상 텐서는 [10, 3, 64, 64, 50]의 모양을 갖는데, 이는 각 색상이 RGB 값을 나타내기 위해 세 개의 숫자가 필요하기 때문입니다:

```
batch_size = 10
densities = torch.zeros([batch_size, 1, 64, 64, 64]).to(device)
colors = torch.zeros(batch_size, 3, 64, 64, 64).to(device)
voxel_size = 0.1

volumes = Volumes(
    densities=densities,
    features=colors,
    voxel_size=voxel_size
)
```

5. 볼륨을 기반으로 volume_sampler를 정의해야 합니다. 여기서는 볼륨 샘플링에 이중 선형 보간을 사용합니다. 그런 다음 ray_bundle을 volume_sampler에 전달하면 광선 상의 점의 밀도와 색상을 쉽게 얻을 수 있습니다:

```
volume_sampler = VolumeSampler(volumes = volumes, sample_mode = "bilinear")
rays_densities, rays_features = volume_sampler(ray_bundle)
```

6. 밀도와 색상의 모양을 인쇄할 수 있습니다:

```
print('rays_densities shape = ', rays_densities.shape)
print('rays_features shape = ', rays_features.shape)
```

7. 출력은 다음과 같습니다. 텐서의 첫 번째 차원 크기를 설명하는 배치 크기가 10대의 카메라라는 점에 유의하세요. 각 이미지 픽셀에 대해 하나의 광선이 있고 카메라 이미지 해상도는 64×64입니다. 각 광선의 점의 수는 50개이며, 이는 텐서의 4차원 크기를 설명합니다. 각 밀도는 하나의 숫자로 표현할 수 있으며, 각 색상은 RGB 값을 표현하기 위해 3개의 숫자가 필요합니다:

```
rays_densities shape = torch.Size([10, 64, 64, 50, 1])
rays_features shape = torch.Size([10, 64, 64, 50, 3])
```

8. 마지막으로 다음 절에서 사용해야 하므로 밀도와 색상을 저장하겠습니다:

```
torch.save({
    'rays_densities': rays_densities,
    'rays_features': rays_features
}, 'volume_sampling.pt')
```

이제 볼륨 샘플링에 대한 개요를 살펴보았습니다. 볼륨 샘플링이 무엇이고 왜 유용한지 알았습니다. 다음 절에서는 이러한 밀도와 색상을 사용하여 카메라 배치에서 RGB 이미지 값을 생성하는 방법에 대해 알아보겠습니다.

레이 마처 탐색

이제 레이 샘플러로 샘플링한 모든 점에 대한 색상과 밀도 값을 얻었으므로 이를 사용하여 투영된 이미지의 픽셀 값을 최종적으로 렌더링하는 방법을 알아내야 합니다. 이 절에서는 광선 점의 밀도와 색상을 이미지의 RGB 값으로 변환하는 프로세스에 대해 설명합니다. 이 프로세스는 이미지 형성의 물리적 과정을 모델링합니다.

이 절에서는 각 이미지 픽셀의 RGB 값이 해당 광선의 점에 있는 색상의 가중치 합계인 매우 간단한 모델에 대해 설명합니다. 밀도를 점유 또는 불투명도 확률로 간주하면 광선의 각 점에서 입사광의 강도 a는 (1-p_i)의 곱이 되며, 여기서 p_i는 밀도입니다. 이 점이 특정 객체에 의해 점유될 확률이 p_i라고 가정하면, 이 점에서 반사될 것으로 예상되는 빛의 강도 w_i는 a p_i입니다. 색상 가중치 합계에 대한 가중치로 w_i를 사용합니다. 일반적으로 가중치가 모두 1이 되도록 소프트맥스 연산을 적용하여 가중치를 정규화합니다.

PyTorch3D에는 레이 행렬의 여러 구현이 포함되어 있습니다. 다음 코드는 GitHub 저장소의 understand_ray_marcher.py에서 찾을 수 있습니다:

1. 이 첫 번째 단계에서는 필요한 모든 패키지를 임포트합니다:

```
import torch
from pytorch3d.renderer.implicit.raymarching import EmissionAbsorptionRaymarcher
```

2. 다음으로 마지막 절의 광선 밀도와 색상을 적재합니다:

```
checkpoint = torch.load('volume_sampling.pt')
rays_densities = checkpoint.get('rays_densities')
rays_features = checkpoint.get('rays_features')
```

3. ray_marcher를 정의하고 광선의 밀도와 색상을 ray_marcher에 전달합니다. 이렇게 하면 정확히 렌더링된 RGB 값인 image_features가 생성됩니다:

```
ray_marcher = EmissionAbsorptionRaymarcher()
image_features = ray_marcher(rays_densities = rays_densities,
                             rays_features = rays_features)
```

4. 이미지 특징 모양을 인쇄할 수 있습니다:

```
print('image_features shape = ', image_features.shape)
```

5. 예상대로 모양은 [10, 64, 64, 4]이며, 여기서 10은 배치 크기이고 64는 이미지 너비와 높이입니다. 출력에는 4개의 채널이 있으며, 처음 3개의 채널은 RGB입니다. 마지막 채널은 알파 채널로, 픽셀이 전경에 있는지 배경에 있는지를 나타냅니다:

```
image_features shape = torch.Size([10, 64, 64, 4])
```

지금까지 볼류메트릭 렌더링의 주요 구성 요소 몇 가지를 살펴봤습니다. 볼륨 밀도와 색상에서 이미지 픽셀 RGB 값에 이르는 계산 프로세스는 이미 미분 가능하게 할 수 있습니다. 따라서 볼류메트릭 렌더링은 자연스럽게 미분 가능합니다. 앞의 예제에서 모든 변수가 PyTorch 텐서이므로 이러한 변수에 대한 기울기를 계산할 수 있습니다.

다음 절에서는 미분 가능한 볼륨 렌더링에 대해 알아보고 멀티뷰 이미지에서 3D 모델을 재구성하는 데 볼륨 렌더링을 사용하는 예를 살펴보겠습니다.

미분 가능한 볼류메트릭 렌더링

표준 볼류메트릭 렌더링은 3D 데이터의 2D 투영을 렌더링하는 데 사용되는 반면, 미분 가능한 볼륨 렌더링은 반대로 2D 이미지에서 3D 데이터를 구성하는 데 사용됩니다. 작동 방식은 다음과 같습니다. 객체의 모양과 텍스처를 파라메트릭 함수로 표현합니다. 이 함수는 2D 투영을 생성하는 데 사용할 수 있습니다. 하지만 2D 투영(일반적으로 3D 장면의 멀티뷰)이 주어지면 이러한 암시적 모양 및 텍스처 함수의 파라미터를 최적화하여 투영이 멀티뷰 2D 이미지가 되도록 할 수 있습니다. 이러한 최적화는 렌더링 프로세스가 완전히 미분 가능하고 사용되는 암시적 함수도 미분 가능할 수 있기 때문에 가능합니다.

멀티뷰 이미지에서 3D 모델 재구성하기

이 절에서는 멀티뷰 이미지에서 3D 모델을 재구성하기 위해 미분 가능한 볼류메트릭 렌더링을 사용하는 예를 보여드리겠습니다. 3D 모델을 재구성하는 것은 자주 발생하는 문제입니다. 일반적으로 3D 세계를 직접 측정하는 방법은 어렵고 비용이 많이 들며, 예를 들어 LiDAR와 Radar는 일반적으로 비용이 많이 듭니다. 반면 2D 카메라는 비용이 훨씬 저렴하기 때문에 2D 이미지에서 3D 세계를 재구성하는 것이 매우 매력적입니다. 물론 3D 세계를 재구성하려면 여러 시점의 여러 이미지가 필요합니다.

다음 volume_renderer.py 코드는 GitHub 저장소에서 찾을 수 있으며 PyTorch3D의 튜토리얼에서 수정한 것입니다. 이 코딩 예제를 통해 볼류메트릭 렌더링이 실제로 어떻게 적용될 수 있는지 보여드리겠습니다:

1. 먼저 모든 Python 모듈을 임포트해야 합니다:

```
import os
import sys
import time
import json
import glob
import torch
import math
import matplotlib.pyplot as plt
import numpy as np
from PIL import Image

from pytorch3d.structures import Volumes
from pytorch3d.renderer import (
    FoVPerspectiveCameras,
    VolumeRenderer,
    NDCGridRaysampler,
    EmissionAbsorptionRaymarcher
)
from pytorch3d.transforms import so3_exp_map

from plot_image_grid import image_grid
from generate_cow_renders import generate_cow_renders
```

2. 다음으로 장치를 설정해야 합니다:

```
if torch.cuda.is_available():
    device = torch.device("cuda:0")
    torch.cuda.set_device(device)
else:
    device = torch.device("cpu")
```

3. PyTorch3D 튜토리얼에서 제공된 함수를 사용하여 다양한 각도로 40개의 카메라, 이미지, 실루엣 이미지를 생성합니다. 이러한 이미지를 주어진 실측 이미지로 간주하고, 관찰된 실측 이미지에 3D 볼류메트릭 모델을 피팅할 것입니다:

```
target_cameras, target_images, target_silhouettes = generate_cow_renders(num_views=40)
```

4. 다음으로 레이 샘플러를 정의합니다. 이전 절에서 설명했듯이 레이 샘플러는 샘플 광선을 위한 것이고 광선당 점은 우리를 위한 것입니다:

```
render_size = 128
volume_extent_world = 3.0
raysampler = NDCGridRaysampler(
    image_width=render_size,
    image_height=render_size,
    n_pts_per_ray=150,
    min_depth=0.1,
    max_depth=volume_extent_world,
)
```

5. 다음으로 이전과 마찬가지로 레이 마처를 만듭니다. 이번에는 VolumeRenderer 유형의 가변 렌더러를 정의한다는 점에 유의하세요. VolumeRenderer는 레이 샘플러와 레이 마처가 내부에서 많은 계산이 필요한 모든 작업을 수행하는 멋진 인터페이스일 뿐입니다:

```
raymarcher = EmissionAbsorptionRaymarcher()
renderer = VolumeRenderer( raysampler=raysampler, raymarcher=raymarcher, )
```

6. 다음으로 VolumeModel 클래스를 정의합니다. 이 클래스는 forward 함수에서 기울기를 계산하고 옵티마이저가 볼륨 밀도와 색상을 업데이트할 수 있도록 볼륨을 캡슐화하기 위한 클래스입니다:

```python
class VolumeModel(torch.nn.Module):
    def __init__(self, renderer, volume_size=[64] * 3, voxel_size=0.1):
        super().__init__()
        self.log_densities = torch.nn.Parameter(-4.0 * torch.ones(1, *volume_size))
        self.log_colors = torch.nn.Parameter(torch. zeros(3, *volume_size))
        self._voxel_size = voxel_size
        self._renderer = renderer

    def forward(self, cameras):
        batch_size = cameras.R.shape[0]

        densities = torch.sigmoid(self.log_densities)
        colors = torch.sigmoid(self.log_colors)

        volumes = Volumes(
            densities=densities[None].expand(
                batch_size, *self.log_densities.shape),
            features=colors[None].expand(
                batch_size, *self.log_colors.shape),
            voxel_size=self._voxel_size,
        )
        return self._renderer(cameras=cameras, volumes=volumes)[0]
```

7. 후버 손실 함수를 정의합니다. 후버 손실 함수는 소수의 이상값으로 인해 최적화가 실제 최적 솔루션에서 멀어지는 것을 방지하기 위한 강력한 손실 함수입니다. 이 손실 함수를 최소화하면 x가 y에 가까워집니다:

```python
def huber(x, y, scaling=0.1):
    diff_sq = (x - y) ** 2
    loss = ((1 + diff_sq / (scaling ** 2)).clamp(1e-4). sqrt() - 1) * float(scaling)
    return loss
```

8. 모든 것을 올바른 장치로 옮깁니다:

```python
target_cameras = target_cameras.to(device)
target_images = target_images.to(device)
target_silhouettes = target_silhouettes.to(device)
```

9. VolumeModel의 인스턴스를 정의합니다:

```
volume_size = 128
volume_model = VolumeModel(
    renderer,
    volume_size=[volume_size] * 3,
    voxel_size=volume_extent_world / volume_size,
).to(device)
```

10. 이제 옵티마이저를 설정해 보겠습니다. 학습률인 lr은 0.1로 설정합니다. 아담 옵티마이저를 사용하며 최적화 반복 횟수는 300회로 설정합니다:

```
lr = 0.1
optimizer = torch.optim.Adam(volume_model.parameters(), lr=lr)
batch_size = 10
n_iter = 300
```

11. 다음으로 주요 최적화 루프가 있습니다. 볼륨의 밀도와 색상이 렌더링되고, 그 결과 색상과 실루엣이 관찰된 멀티뷰 이미지와 비교됩니다. 렌더링된 이미지와 관측된 실측 이미지 사이의 후버 손실이 최소화됩니다:

```
for iteration in range(n_iter):

    if iteration == round(n_iter * 0.75):
        print('Decreasing LR 10-fold ...')
        optimizer = torch.optim.Adam(
            volume_model.parameters(), lr=lr * 0.1
        )

    optimizer.zero_grad()
    batch_idx = torch.randperm(len(target_cameras))[:batch_size]

    # Sample the minibatch of cameras.
    batch_cameras = FoVPerspectiveCameras(
        R=target_cameras.R[batch_idx],
        T=target_cameras.T[batch_idx],
        znear=target_cameras.znear[batch_idx],
        zfar=target_cameras.zfar[batch_idx],
        aspect_ratio=target_cameras.aspect_ratio[batch_idx],
        fov=target_cameras.fov[batch_idx],
        device=device,
    )
```

```
    rendered_images, rendered_silhouettes = volume_model(
        batch_cameras
    ).split([3, 1], dim=-1)

    sil_err = huber(
        rendered_silhouettes[..., 0], target_silhouettes[batch_idx],
    ).abs().mean()

    color_err = huber(
        rendered_images, target_images[batch_idx],
    ).abs().mean()

loss = color_err + sil_err
loss.backward()
optimizer.step()
```

12. 최적화가 완료되면 최종 결과물인 볼류메트릭 모델을 가져와 새로운 각도에서 이미지를 렌더링합니다:

```
def huber(x, y, scaling=0.1):
    diff_sq = (x - y) ** 2
    loss = ((1 + diff_sq / (scaling ** 2)).clamp(1e-4). sqrt() - 1) * float(scaling)
    return loss
```

13. 마지막으로 렌더링된 새 이미지가 그림 5.2에 나와 있습니다:

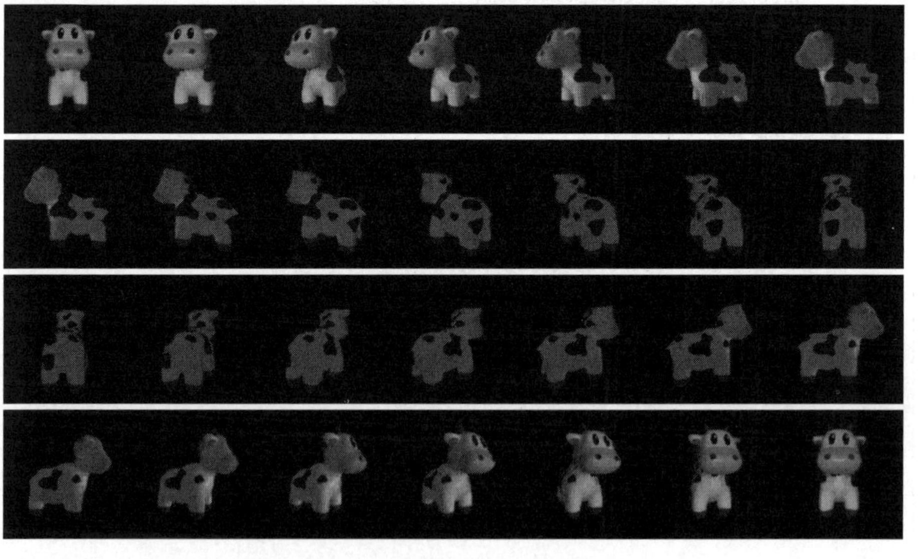

그림 5.2 피팅된 3D 모델에서 렌더링된 이미지

지금까지 미분 가능한 볼류메트릭 렌더링의 주요 개념에 대해 간략히 살펴보았습니다. 또한 멀티뷰 이미지에서 3D 모델을 재구성하기 위해 미분 가능한 볼류메트릭 렌더링을 사용하는 구체적인 예도 배웠습니다. 이제 기술을 익혀서 자신의 문제에 이 기술을 사용할 수 있어야 합니다.

요약

이 장에서는 미분 가능한 볼류메트릭 렌더링에 대한 개략적인 설명부터 시작했습니다. 그런 다음 레이 샘플링, 볼륨 샘플링, 레이 마칭 등 미분 가능한 볼류메트릭 렌더링의 몇 가지 중요한 개념에 대해 설명과 코딩 예제를 통해 자세히 살펴보았습니다. 멀티뷰 이미지에서 3D 모델을 재구성하기 위해 미분 가능한 볼류메트릭 렌더링을 사용하는 코딩 예제도 살펴봤습니다.

3D 딥러닝에 볼륨을 사용하는 것은 최근 몇 년 동안 흥미로운 방향이 되었습니다. 이 방향에 따라 많은 혁신적인 아이디어가 나오면서 여러 가지 획기적인 기술들이 등장하고 있습니다. 다음 장에서는 **신경 방사 필드(Neural Radiance Fields, NeRF)**이라는 획기적인 기술 중 하나를 주제로 다뤄보겠습니다.

제6장

신경 방사 필드(NeRF) 탐색

이전 장에서는 여러 개의 멀티뷰 이미지에서 3D 볼륨을 재구성하는 미분 가능한 볼륨 렌더링에 대해 배웠습니다. 이 기법을 사용하여 N x N x N 복셀로 구성된 볼륨을 모델링했습니다. 따라서 이 볼륨 스케일을 저장하는 데 필요한 공간은 $O(N^3)$이 됩니다. 이는 특히 네트워크를 통해 이 정보를 전송하려는 경우 바람직하지 않습니다. 다른 방법도 이러한 대용량 디스크 공간 요구 사항을 극복할 수 있지만, 지오메트리와 텍스처를 평활화하는 데 어려움이 있습니다. 따라서 매우 복잡하거나 질감이 있는 장면을 안정적으로 모델링하는 데는 사용할 수 없습니다.

이 장에서는 3D 장면을 표현하는 획기적인 새로운 접근 방식인 **신경 방사 필드(Neural Radiance Field, NeRF)**에 대해 설명합니다. 이 기법은 디스크 공간을 덜 차지하면서 동시에 복잡한 장면의 미세한 형상과 텍스처를 캡처하는 3D 장면을 모델링하는 최초의 기법 중 하나입니다.

이 장에서는 다음 주제에 대해 알아봅니다:

- NeRF 이해
- NeRF 모델 학습
- NeRF 모델 아키텍처 이해
- 방사 필드를 사용한 볼륨 렌더링 이해

기술 요구 사항

이 책의 예제 코드 스니펫을 실행하려면 컴퓨터가 필요하며, 약 8GB의 GPU 메모리가 있는 컴퓨터가 가장 이상적입니다. CPU로만 코드 스니펫을 실행하는 것도 불가능하지는 않지만 매우

느릴 것입니다. 권장 컴퓨터 구성은 다음과 같습니다:

- GPU 장치(예: 8GB 이상의 메모리를 갖춘 Nvidia GTX 시리즈 또는 RTX 시리즈)
- Python 3.7+
- PyTorch 및 PyTorch3D 라이브러리

이 챕터의 코드 스니펫은 https://github.com/PacktPublishing/3D-Deep-Learning-with-Python에서 확인할 수 있습니다.

NeRF 이해

뷰 합성은 3D 컴퓨터 비전의 오래된 문제입니다. 이 문제는 장면에 대해 소수의 2D 스냅샷을 사용하여 3D 장면의 새로운 뷰를 합성하는 것입니다. 복잡한 장면의 뷰는 객체 아티팩트, 광원, 반사, 불투명도, 객체 표면 텍스처, 오클루전 등 여러 가지 요소에 따라 달라질 수 있기 때문에 특히 어렵습니다. 좋은 표현은 이러한 정보를 암시적으로 또는 명시적으로 포착해야 합니다. 또한 많은 객체는 특정 시점에서는 완전히 보이지 않는 복잡한 구조를 가지고 있습니다. 문제는 불완전하고 노이즈가 많은 정보가 주어진 상태에서 세계에 대한 완전한 정보를 구성하는 것입니다.

이름에서 알 수 있듯이 NeRF는 신경망을 사용하여 세계를 모델링합니다. 이 장의 뒷부분에서 배우겠지만, NeRF는 매우 색다른 방식으로 신경망을 사용합니다. 이 개념은 UC 버클리, 구글 리서치, UC 샌디에이고의 연구팀이 처음 개발한 개념입니다. 신경망의 색다른 사용 방식과 학습된 모델의 품질 덕분에 시야 합성, 깊이 감지, 3D 재구성 분야에서 여러 가지 새로운 발명품이 탄생했습니다. 따라서 이 장과 책의 나머지 부분을 살펴볼 때 이해하면 매우 유용한 개념입니다.

이 절에서는 먼저 방사 필드의 의미와 신경망을 사용하여 이러한 방사 필드를 표현하는 방법을 살펴봅니다.

방사 필드란 무엇인가요?

NeRF에 대해 알아보기 전에 먼저 방사 필드가 무엇인지 이해해 보겠습니다. 물체에서 나오는 빛이 우리 몸의 감각 시스템에 의해 처리될 때 우리는 물체를 보게 됩니다. 물체에서 나오는 빛은 물체 자체에서 생성되거나 물체에서 반사될 수 있습니다.

방사광은 특정 입체각 내부의 영역을 통과하거나 해당 영역에서 방출되는 빛의 양을 측정하는 표준 단위입니다. 우리의 목적상 방사광은 특정 방향에서 볼 때 공간에서 한 지점의 강도로 간주할 수 있습니다. 이 정보를 RGB로 포착할 때 방사광은 빨강, 초록, 파랑 색상에 해당하는 세 가지 성분을 갖습니다. 공간에서 한 지점의 방사광은 다음과 같은 여러 요인에 따라 달라질 수 있습니다:

- 해당 지점을 비추는 광원
- 해당 지점에서 빛을 반사할 수 있는 표면(또는 볼륨 밀도)의 존재 여부
- 표면의 텍스처 속성

다음 그림은 특정 각도에서 보았을 때 3D 장면의 특정 지점에서의 방사광 값을 나타냅니다. 방사 필드는 3D 장면의 모든 지점 및 시야각에서 이러한 방사광 값의 모음입니다:

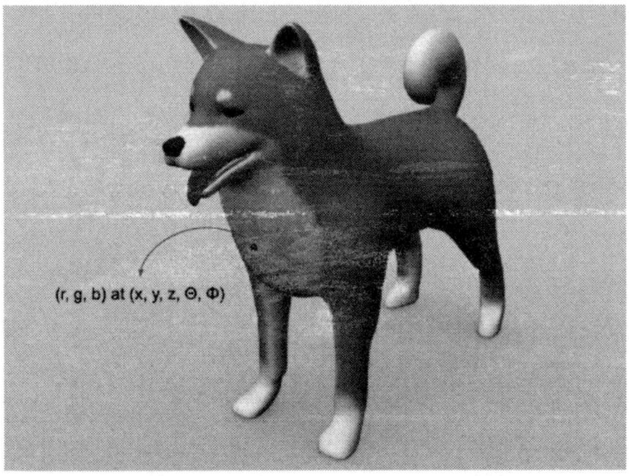

그림 6.1 특정 시야각(θ, ϕ)으로 볼 때 한 점(x, y, z)에서의 방사광(r, g, b)

장면의 모든 방향에 있는 모든 점의 방사광을 알면 장면에 대해 필요한 모든 시각적 정보를 얻을 수 있습니다. 이 방사광 값의 필드가 방사 필드를 구성합니다. 방사 필드 정보를 3D 복셀 그리드 데이터 구조에 볼륨으로 저장할 수 있습니다. 이전 장에서 볼륨 렌더링에 대해 설명할 때 이를 살펴봤습니다.

신경망으로 방사 필드 표현하기

이 절에서는 신경망을 사용하는 새로운 방법을 살펴보겠습니다. 일반적인 컴퓨터 비전 작업에서는 신경망을 사용하여 픽셀 공간의 입력을 출력에 매핑합니다. 판별 모델의 경우, 출력은 클래스 레이블입니다. 생성 모델의 경우 출력도 픽셀 공간에 있습니다. NeRF 모델은 이 둘 중 어

느 것도 아닙니다.

NeRF는 신경망을 사용하여 볼류메트릭 장면 함수를 표현합니다. 이 신경망은 5차원 입력을 받습니다. 입력은 세 개의 공간 위치(x, y, z)와 두 개의 시야각(θ, ∅)입니다. 출력은 시야각(θ, ∅)에서 볼 때 (x, y, z)에서의 볼륨 밀도 σ와 점(x, y, z)의 방출된 색상(r, g, b)입니다. 방출된 색상은 해당 점의 방사광을 추정하는 데 사용되는 프록시입니다. 실제로는 (θ, ∅)를 직접 사용하여 시야각을 표현하는 대신 NeRF는 3D 데카르트 좌표계에서 단위 방향 벡터 d를 사용합니다. 이는 시야각에 대한 동등한 표현입니다.

따라서 이 모델은 3D 장면의 임의의 점과 시야각을 해당 점의 볼륨 밀도 및 방사광에 매핑합니다. 그런 다음 이 모델을 사용하여 카메라 광선을 따라 5D 좌표를 쿼리하고 이전 장에서 배운 볼륨 렌더링 기법을 사용하여 출력 색상과 볼륨 밀도를 이미지에 투영하여 뷰를 합성할 수 있습니다.

다음 그림을 통해 신경망을 사용하여 특정 방향(θ, ∅)을 따라 볼 때 특정 점(x, y, z)의 밀도와 방사광을 예측하는 방법을 알아봅시다:

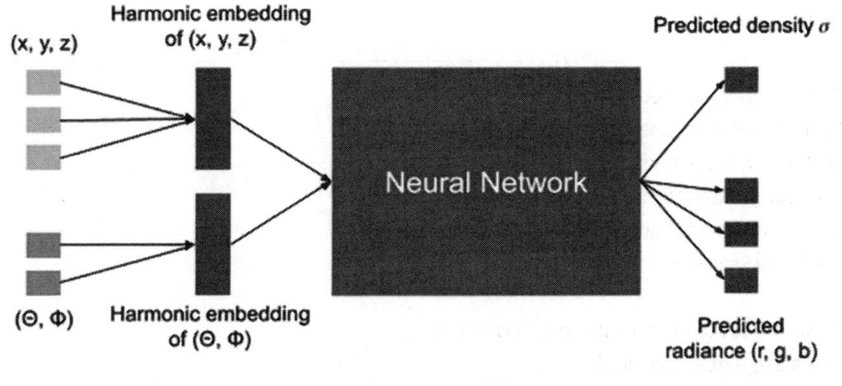

그림 6.2 입력(x, y, z, θ, ϕ)을 사용하여 공간 위치와 시야각에 대한 별도의 조화 임베딩을 먼저 생성하여 신경망에 대한 입력을 형성하고 이 신경망은 예측된 밀도 및 방사광을 출력합니다.

이 네트워크는 완전히 연결된 네트워크이며, 일반적으로 이를 **다층 퍼셉트론(MLP)**이라고 합니다. 더 중요한 것은 컨볼루션 신경망이 아니라는 점입니다. 우리는 이 모델을 NeRF 모델이라고 부릅니다. 단일 NeRF 모델은 단일 장면의 이미지셋에 최적화됩니다. 따라서 각 모델은 최적화되는 장면만 알 수 있습니다. 이는 일반적으로 보이지 않는 이미지를 일반화하기 위해 모델이 필요한 신경망을 사용하는 표준 방식이 아닙니다. NeRF의 경우, 보이지 않는 시점을 잘 일반화하기 위해 네트워크가 필요합니다.

이제 NeRF가 무엇인지 알았으니 이를 사용하여 새 뷰를 렌더링하는 방법을 살펴보겠습니다.

NeRF 모델 학습

이 절에서는 합성 소 모델에서 생성된 이미지에 대해 간단한 NeRF 모델을 학습해 보겠습니다. 구현 방법에 대해서는 신경 쓰지 않고 NeRF 모델만 인스턴스화하겠습니다. 구현에 대한 자세한 내용은 다음 절에서 다룹니다. 단일 신경망(NeRF 모델)은 단일 3D 장면을 표현하도록 학습됩니다. 다음 코드는 이 장의 GitHub 저장소의 train_nerf.py에서 찾을 수 있습니다. 이 코드는 PyTorch3D 튜토리얼에서 수정되었습니다. 이 코드를 통해 합성 소 장면에서 NeRF 모델을 훈련해 보겠습니다:

1. 먼저 표준 모듈을 임포트합니다:

```
import torch
import matplotlib.pyplot as plt
```

2. 다음으로 렌더링에 사용되는 함수와 클래스를 임포트해 보겠습니다. 이들은 pytorch3d 데이터 구조입니다:

```
from pytorch3d.renderer import (
FoVPerspectiveCameras,
NDCMultinomialRaysampler,
MonteCarloRaysampler,
EmissionAbsorptionRaymarcher,
ImplicitRenderer,
)
from utils.helper_functions import (
generate_rotating_nerf,
huber,
sample_images_at_mc_locs)
from nerf_model import NeuralRadianceField
```

3. 다음으로 장치를 설정해야 합니다:

```
if torch.cuda.is_available():
    device = torch.device("cuda:0")
    torch.cuda.set_device(device)
else:
    device = torch.device("cpu")
```

4. 다음으로 합성 학습 데이터를 생성하고 이미지를 시각화할 수 있는 유틸리티 함수를 가져와 보겠습니다:

```
from utils.plot_image_grid import image_grid
from utils.generate_cow_renders import generate_cow_renders
```

5. 이제 이러한 유틸리티 함수를 사용하여 다양한 각도에서 합성 소의 카메라 각도, 이미지 및 실루엣을 생성할 수 있습니다. 이렇게 하면 생성된 이미지, 실루엣, 카메라 각도의 개수가 인쇄됩니다:

```
target_cameras, target_images, target_silhouettes =
generate_cow_renders(num_views=40, azimuth_range=180)
print(f'Generated {len(target_images)} images/silhouettes/cameras.')
```

6. 이전 장에서 했던 것처럼 레이 샘플러를 정의해 보겠습니다. 여기서는 MoneCarloRaysampler를 사용하겠습니다. 이것은 이미지 평면에서 픽셀의 임의의 하위 집합에서 광선을 생성합니다. 모델을 최적화하기 위해 미니 배치 경사 하강 알고리즘을 사용하고자 하므로 여기에는 무작위 샘플러가 필요합니다. 이는 표준 신경망 최적화 기법입니다. 광선을 체계적으로 샘플링하면 각 최적화 단계에서 최적화 편향이 발생할 수 있습니다. 이로 인해 모델이 더 나빠지고 모델 학습 시간이 늘어날 수 있습니다. 레이 샘플러는 광선을 따라 균일하게 점을 샘플링합니다:

```
render_size = target_images.shape[1] * 2
volume_extent_world = 3.0
raysampler_mc = MonteCarloRaysampler(
    min_x = -1.0,
    max_x = 1.0,
    min_y = -1.0,
    max_y = 1.0,
    n_rays_per_image=750,
    n_pts_per_ray=128,
    min_depth=0.1,
    max_depth=volume_extent_world,
)
```

7. 다음으로 레이 마처를 정의합니다. 이것은 광선을 따라 샘플링된 점의 볼륨 밀도와 색상을 사용하여 해당 광선의 픽셀 값을 렌더링합니다. 레이 마처에는 EmissionAbsorptionRaymarcher를 사용합니다. 이는 고전적인 방출-흡수 레이 마칭 알고리즘을 구현합니다:

```
raymarcher = EmissionAbsorptionRaymarcher()
```

8. 이제 ImplicitRenderer를 인스턴스화하겠습니다. 이렇게 하면 레이 샘플러와 레이 마처가 단일 데이터 구조로 구성됩니다:

```
renderer_mc = ImplicitRenderer(raysampler=raysampler_mc, raymarcher=raymarcher)
```

9. 후버 손실 함수를 살펴보겠습니다. 이 함수는 utils.helper_functions. huber에 정의되어 있습니다. 평균 제곱 오차 함수에 대한 강력한 대안이며 이상값에 덜 민감합니다:

```
def huber(x, y, scaling=0.1):
    diff_sq = (x - y) ** 2
    loss = ((1 + diff_sq / (scaling**2)).clamp(1e-4). sqrt() - 1) * float(scaling)
    return loss
```

10. 이제 대상 이미지에서 실제 픽셀 값을 추출하는 데 사용되는 utils.helper_functions.sample_images_at_mc_loss에 정의된 도우미 함수를 살펴보겠습니다. MonteCarloRaysampler는 이미지의 일부 x 및 y 위치를 통과하는 광선을 샘플링합니다. 이 위치는 **정규화된 장치 좌표(NDC)**입니다. 하지만 이미지 픽셀 좌표에서 샘플링해야 합니다. 이를 위해 torch.nn.functional.grid_sample 함수를 사용합니다. 이 함수는 백그라운드에서 보간 기법을 사용하여 정확한 픽셀 값을 제공합니다. 이는 단순히 NDC 좌표를 픽셀 좌표에 매핑한 다음 NDC 좌표 값에 해당하는 하나의 픽셀을 샘플링하는 것보다 낫습니다. NDC 좌표계에서 x와 y의 범위는 모두 [-1, 1]입니다. 예를 들어 (x, y) = (-1, -1)은 이미지의 왼쪽 상단 모서리에 해당합니다:

```
def sample_images_at_mc_locs(target_images, sampled_rays_xy):
    ba = target_images.shape[0]
    dim = target_images.shape[-1]
    spatial_size = sampled_rays_xy.shape[1:-1]
    images_sampled = torch.nn.functional.grid_sample(
        target_images.permute(0, 3, 1, 2),
        -sampled_rays_xy.view(ba, -1, 1, 2), # note the sign inversion
        align_corners=True
    )
    return images_sampled.permute(0, 2, 3, 1).view(
        ba, *spatial_size, dim
    )
```

11. 모델을 학습하는 동안 모델 출력을 시각화하는 것은 항상 유용합니다. 여러 가지 용도가 있지만, 시간이 지나도 모델 출력이 변하지 않는 것을 확인하면 과정을 수정하는 데 도움이 됩니다. 지금까지는 모델을 학습할 때 매우 유용한 MonteCarloRaysampler를 사용했지만, 광선을 무작위로 샘플링하기 때문에 전체 이미지를 렌더링할 때는 유용하지 않습니다. 전체 이미지를 보려면 출력 프레임의 모든 픽셀에 해당하는 광선을 체계적으로 샘플링해야 합니다. 이를 위해 NDCMultinomialRaysampler를 사용하겠습니다:

```
render_size = target_images.shape[1] * 2
volume_extent_world = 3.0
raysampler_grid = NDCMultinomialRaysampler(
    image_height=render_size,
    image_width=render_size,
    n_pts_per_ray=128,
    min_depth=0.1,
    max_depth=volume_extent_world,
)
```

12. 이제 암시적 렌더러를 인스턴스화합니다:

```
renderer_grid = ImplicitRenderer(
    raysampler=raysampler_grid, raymarcher=raymarcher,
)
```

13. 중간 학습 결과를 시각화하기 위해 모델과 카메라 파라미터를 입력으로 받아 대상 이미지 및 해당 실루엣과 비교하는 도우미 함수를 정의해 보겠습니다. 렌더링된 이미지가 매우 큰 경우 모든 광선을 한 번에 GPU 메모리에 넣는 것이 불가능할 수 있습니다. 따라서 광선을 배치 처리로 나누고 모델에 대해 여러 번의 순방향 전달을 실행하여 출력을 얻어야 합니다. 렌더링의 결과물을 하나의 일관된 이미지로 병합해야 합니다. 간단하게 설명하기 위해 여기서는 함수를 가져오기만 하겠지만, 전체 코드는 책의 GitHub 저장소에 있습니다:

```
from utils.helper_function import show_full_render
```

14. 이제 NeRF 모델을 인스턴스화하겠습니다. 간단하게 하기 위해 여기서는 모델의 클래스 정의를 제시하지 않습니다. 이 장의 GitHub 저장소에서 찾을 수 있습니다. 모델 구조는 매우 중요하므로 별도의 절에서 자세히 설명하겠습니다:

```
from nerf_model import NeuralRadianceField
neural_radiance_field = NeuralRadianceField()
```

15. 이제 모델 학습을 준비하겠습니다. 학습을 재현하기 위해서는 torch에 사용되는 무작위 시드를 고정된 값으로 설정해야 합니다. 그런 다음 모든 변수를 처리에 사용되는 장치로 보내야 합니다. 이 작업은 리소스 집약적인 계산 문제이므로 GPU가 탑재된 기기에서 실행하는 것이 가장 이상적입니다. CPU에서 이 작업을 실행하면 시간이 많이 걸리므로 권장하지 않습니다:

```
torch.manual_seed(1)

renderer_grid = renderer_grid.to(device)
renderer_mc = renderer_mc.to(device)
target_cameras = target_cameras.to(device)
target_images = target_images.to(device)
target_silhouettes = target_silhouettes.to(device)
neural_radiance_field = neural_radiance_field.to(device)
```

16. 이제 모델을 학습하는 데 사용되는 하이퍼파라미터를 정의하겠습니다. lr은 학습율, n_iter는 학습 반복 횟수(또는 단계), batch_size는 미니 배치에 사용되는 임의 카메라의 수를 나타냅니다. 여기서 배치 크기는 사용 중인 GPU 메모리에 따라 선택됩니다. GPU 메모리가 부족하다면 더 작은 배치 크기 값을 선택하세요:

```
lr = 1e-3
optimizer = torch.optim.Adam(neural_radiance_field. parameters(), lr=lr)
batch_size = 6
n_iter = 3000
```

17. 이제 모델을 학습할 준비가 되었습니다. 반복할 때마다 카메라의 미니 배치를 무작위로 샘플링해야 합니다:

```
loss_history_color, loss_history_sil = [], []
for iteration in range(n_iter):
    if iteration == round(n_iter * 0.75):
        print('Decreasing LR 10-fold ...')
        optimizer = torch.optim.Adam(
            neural_radiance_field.parameters(), lr=lr * 0.1
        )
```

```
    optimizer.zero_grad()
    batch_idx = torch.randperm(len(target_cameras))[:batch_size]
    batch_cameras = FoVPerspectiveCameras(
        R = target_cameras.R[batch_idx],
        T = target_cameras.T[batch_idx],
        znear = target_cameras.znear[batch_idx],
        zfar = target_cameras.zfar[batch_idx],
        aspect_ratio = target_cameras.aspect_ratio[batch_idx],
        fov = target_cameras.fov[batch_idx],
        device = device,
)
```

18. 각 반복 과정에서 먼저 NeRF 모델을 사용하여 무작위로 샘플링된 카메라에서 렌더링된 픽셀 값과 렌더링된 실루엣을 얻어야 합니다. 이는 예측된 값입니다. 이것이 순방향 전파 단계입니다. 이 예측값을 실측 데이터와 비교하여 학습 손실을 알아내고자 합니다. 우리의 손실은 두 가지 손실 함수의 혼합입니다: A는 예측 실루엣과 실제 실루엣의 후버 손실, B는 예측 색상과 실제 색상의 후버 손실입니다. 손실 값을 얻으면 NeRF 모델을 통해 역전파하고 옵티마이저를 통과할 수 있습니다:

```
    rendered_images_silhouettes, sampled_rays = renderer_mc(
        cameras=batch_cameras,
        volumetric_function=neural_radiance_field
    )
    rendered_images, rendered_silhouettes = (
        rendered_images_silhouettes.split([3, 1], dim=-1)
    )

    silhouettes_at_rays = sample_images_at_mc_locs(
        target_silhouettes[batch_idx, ..., None],
        sampled_rays.xys
    )
    sil_err = huber(
        rendered_silhouettes,
        silhouettes_at_rays,
    ).abs().mean()
    colors_at_rays = sample_images_at_mc_locs(
        target_images[batch_idx],
        sampled_rays.xys
    )
    color_err = huber(
        rendered_images,
        colors_at_rays,
```

```
    ).abs().mean()
    loss = color_err + sil_err
    loss_history_color.append(float(color_err))
    loss_history_sil.append(float(sil_err))

    loss.backward()
    optimizer.step()
```

19. 100회 반복할 때마다 모델 성능을 시각화해 보겠습니다. 이렇게 하면 모델 진행 상황을 추적하고 예기치 않은 일이 발생하면 학습을 종료하는 데 도움이 됩니다. 이렇게 하면 코드를 실행하는 동일한 폴더에 이미지가 생성됩니다:

```
    if iteration % 100 == 0:
        show_idx = torch.randperm(len(target_cameras))[:1]
        fig = show_full_render(
        neural_radiance_field,
        FoVPerspectiveCameras(
            R = target_cameras.R[show_idx],
            T = target_cameras.T[show_idx],
            znear = target_cameras.znear[show_idx],
            zfar = target_cameras.zfar[show_idx],
            aspect_ratio = target_cameras.aspect_ratio[show_idx],
            fov = target_cameras.fov[show_idx],
            device = device),
        target_images[show_idx][0],
        target_silhouettes[show_idx][0],
        renderer_grid,
        loss_history_color,
        loss_history_sil)
    fig.savefig(f'intermediate_{iteration}')
```

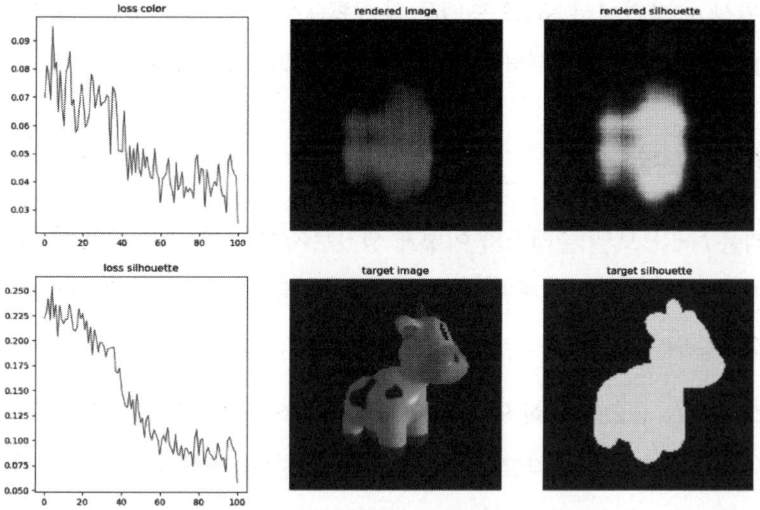

그림 6.3 모델 학습을 추적하기 위한 중간 시각화

20. 최적화가 완료되면 최종 결과물인 볼류메트릭 모델을 가져와 새로운 각도에서 이미지를 렌더링합니다:

```
from utils import generate_rotating_nerf
with torch.no_grad():
    rotating_nerf_frames = generate_rotating_nerf(neural_radiance_field, n_frames=3*5)

image_grid(rotating_nerf_frames.clamp(0., 1.).cpu().
numpy(), rows=3, cols=5, rgb=True, fill=True)
plt.show()
```

마지막으로 새로 렌더링된 이미지가 여기 그림과 같이 표시됩니다:

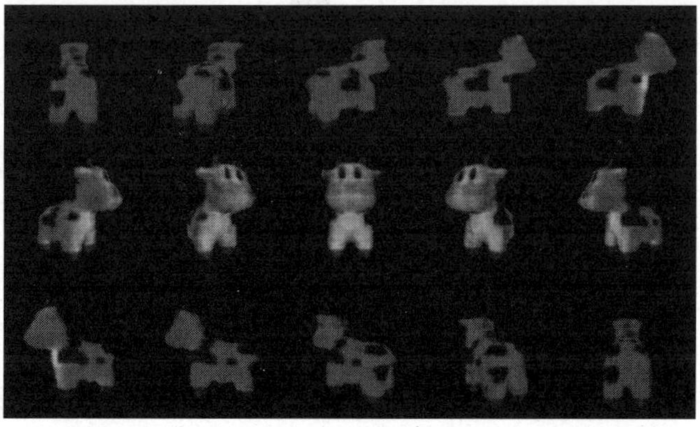

그림 6.4 NeRF 모델이 학습한 합성 소 장면의 렌더링 이미지

이 절에서는 합성 소 장면에서 NeRF 모델을 학습했습니다. 다음 절에서는 코드를 자세히 살펴봄으로써 NeRF 모델이 어떻게 구현되는지 자세히 알아보겠습니다.

NeRF 모델 아키텍처 이해

지금까지 우리는 NeRF 모델 클래스가 어떻게 생겼는지 완전히 알지 못한 채 사용했습니다. 이 절에서는 먼저 신경망이 어떻게 생겼는지 시각화한 다음 코드를 자세히 살펴보고 어떻게 구현되는지 이해하겠습니다.

신경망은 공간 위치(x, y, z)의 조화 임베딩과 (θ, ∅)의 조화 임베딩을 입력으로 받아 예측된 밀도 σ와 예측된 색상(r, g, b)을 출력합니다. 다음 그림은 이 절에서 구현할 네트워크 아키텍처를 보여줍니다:

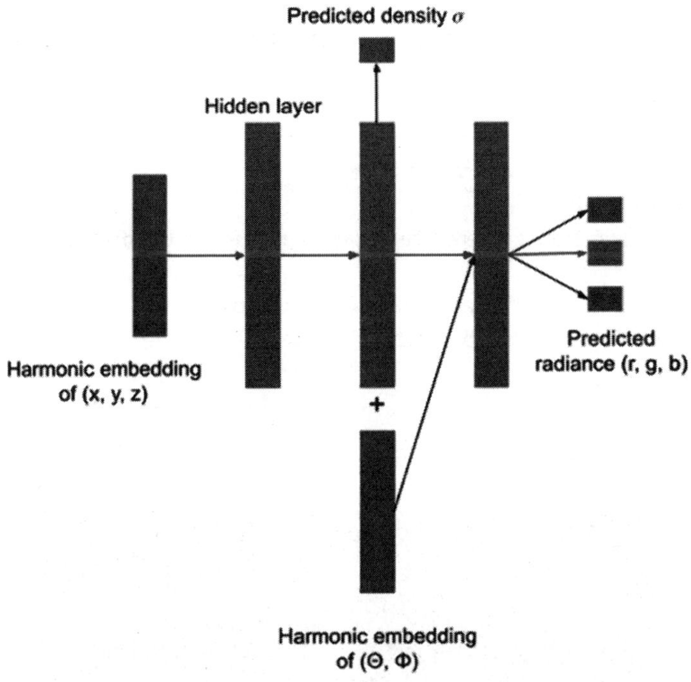

그림 6.4 NeRF 모델의 단순화된 모델 아키텍처

> **참고**
>
> 우리가 구현할 모델 아키텍처는 원래의 NeRF 모델 아키텍처와 다릅니다. 이번 구현에서는 이를 간소화한 버전을 구현합니다. 이 단순화된 아키텍처를 사용하면 더 빠르고 쉽게 학습할 수 있습니다.

NeuralRadianceField 클래스 정의를 시작하겠습니다. 이제 이 클래스 정의의 여러 부분을 살펴보겠습니다. 클래스의 전체 정의는 GitHub 저장소에 있는 코드를 참조하세요:

1. 각 입력 포인트는 5차원 벡터입니다. 이 입력에 대해 모델을 직접 학습하면 색상과 형상의 고주파 변화를 표현할 때 성능이 저하된다는 사실이 밝혀졌습니다. 이는 신경망이 저주파 함수를 학습하는 데 편향된 것으로 알려져 있기 때문입니다. 이 문제에 대한 좋은 해결책은 입력 공간을 더 높은 차원의 공간으로 매핑하고 이를 학습에 사용하는 것입니다. 이 매핑 함수는 주파수가 고정되어 있지만 고유한 정현파 함수의 집합입니다:

$$\gamma(p) = \big(\sin(2^0\pi p), \cos(2^0\pi p), \cdots, \sin(2^{L-1}\pi p), \cos(2^{L-1}\pi p)\big)$$

2. 이 함수는 입력 벡터의 각 성분에 적용됩니다:

```
class NeuralRadianceField(torch.nn.Module):
    def __init__(self, n_harmonic_functions=60, n_hidden_neurons=256):
        super().__init__()
        self.harmonic_embedding = HarmonicEmbedding(n_harmonic_functions)
```

3. 신경망은 MLP 백본으로 구성됩니다. 이 신경망은 위치(x, y, z)의 임베딩을 입력으로 받습니다. 이 네트워크는 완전히 연결된 네트워크이며 활성화 함수는 softplus입니다. softplus 함수는 ReLU 활성화 함수의 더 부드러운 버전입니다. 백본의 출력은 크기가 n_hidden_neurons인 벡터입니다:

```
        embedding_dim = n_harmonic_functions * 2 * 3
        self.mlp = torch.nn.Sequential(
            torch.nn.Linear(embedding_dim, n_hidden_neurons),
            torch.nn.Softplus(beta=10.0),
            torch.nn.Linear(n_hidden_neurons, n_hidden_neurons),
            torch.nn.Softplus(beta=10.0),
        )
```

4. 광선 방향 입력 임베딩과 함께 MLP 백본의 출력 임베딩을 가져와 입력의 RGB 색상을 출력하는 color 레이어를 정의합니다. 이러한 입력을 결합하는 이유는 색상 출력이 점의 위치와 보는 방향에 따라 크게 달라지므로 이 신경망을 활용하기 위해서는 더 짧은 경로를 제공하는 것이 중요하기 때문입니다:

```
        self.color_layer = torch.nn.Sequential(
            torch.nn.Linear(n_hidden_neurons + embedding_dim, n_hidden_neurons),
```

```
        torch.nn.Softplus(beta=10.0),
        torch.nn.Linear(n_hidden_neurons, 3),
        torch.nn.Sigmoid(),
    )
```

5. 다음으로 densiy 레이어를 정의합니다. 점의 밀도는 점의 위치의 함수일 뿐입니다:

```
    self.density_layer = torch.nn.Sequential(
        torch.nn.Linear(n_hidden_neurons, 1),
        torch.nn.Softplus(beta=10.0),
    self.density_layer[0].bias.data[0] = -1.5
```

6. 이제 density_layer의 출력을 받아 원시 밀도를 예측하는 함수가 필요합니다:

```
def _get_densities(self, features):
    raw_densities = self.density_layer(features)
    return 1 - (-raw_densities).exp()
```

7. 광선 방향이 주어진 특정 점에서 색상을 얻기 위해서도 동일한 작업을 수행합니다. 먼저 광선 방향 입력에 위치 인코딩 함수를 적용해야 합니다. 그런 다음 이를 MLP 백본의 출력과 연결해야 합니다:

```
def _get_colors(self, features, rays_directions):
    spatial_size = features.shape[:-1]
    rays_directions_normed = torch.nn.functional.normalize(
        rays_directions, dim=-1
    )
    rays_embedding = self.harmonic_embedding(
        rays_directions_normed
    )
    rays_embedding_expand = rays_embedding[..., None, :].expand(
        *spatial_size, rays_embedding.shape[-1]
    )
    color_layer_input = torch.cat(
        (features, rays_embedding_expand),
        dim=-1
    )
    return self.color_layer(color_layer_input)
```

8. 순방향 전파를 위한 함수를 정의합니다. 먼저 임베딩을 얻습니다. 그런 다음 이를 MLP 백본에 전달하여 특징 집합을 얻습니다. 그런 다음 이를 사용하여 밀도를 얻습니다. 특징과

광선 방향을 사용하여 색상을 얻습니다. 밀도와 색상을 반환합니다:

```
def forward(
    self,
    ray_bundle: RayBundle,
    **kwargs,
):
    rays_points_world = ray_bundle_to_ray_points(ray_bundle)
    embeds = self.harmonic_embedding(
        rays_points_world
    )
    features = self.mlp(embeds)
    rays_densities = self._get_densities(features)
    # rays_densities.shape = [minibatch x ... x 1]

    rays_colors = self._get_colors(features, ray_bundle.directions)
    return rays_densities, rays_colors
```

9. 이 함수는 입력 광선을 메모리 효율적으로 처리하는 데 사용됩니다. 먼저 입력 광선을 n_batches 청크로 분할한 후 for 루프에서 한 번에 하나씩 self.forward 함수를 통과시킵니다. PyTorch 기울기 캐싱(torch.no_grad())을 비활성화하면 GPU 메모리에 모두 들어가지 않는 대량의 광선을 한 번의 순방향 패스로 렌더링할 수 있습니다. 이 예제에서는 시각화 목적으로 전체 크기의 방사 필드 렌더링을 내보내는 데 batched_forward가 사용됩니다:

```
def batched_forward(
    self,
    ray_bundle: RayBundle,
    n_batches: int = 16,
    **kwargs,
):
    n_pts_per_ray = ray_bundle.lengths.shape[-1]
    spatial_size = [*ray_bundle.origins.shape[:-1], n_pts_per_ray]
    # Split the rays to `n_batches` batches.
    tot_samples = ray_bundle.origins.shape[:-1].numel()
    batches = torch.chunk(torch.arange(tot_samples), n_batches)
```

10. 각 배치에 대해 먼저 순방향 패스를 실행한 다음 ray_densities와 ray_colors를 별도로 추출하여 출력으로 반환합니다:

```
    batch_outputs = [
        self.forward(
```

```
            RayBundle(
                origins=ray_bundle.origins.view(-1, 3)[batch_idx],
            directions=ray_bundle.directions.view(-1, 3)[batch_idx],
                lengths=ray_bundle.lengths.view(-1, n_pts_per_ray)[batch_idx],
                xys=None,
            )
        ) for batch_idx in batches
    ]
    rays_densities, rays_colors = [
        torch.cat(
            [batch_output[output_i] for batch_output in batch_outputs], dim=0
        ).view(*spatial_size, -1) for output_i in (0, 1)]
    return rays_densities, rays_colors
```

이 절에서는 NeRF 모델의 구현을 살펴봤습니다. NeRF를 완전히 이해하려면 볼륨 렌더링에 사용되는 이론적 개념도 살펴볼 필요가 있습니다. 다음 절에서는 이에 대해 더 자세히 살펴보겠습니다.

방사 필드를 사용한 볼륨 렌더링 이해

볼륨 렌더링을 사용하면 3D 이미지 또는 장면의 2D 투영을 만들 수 있습니다. 이 절에서는 다양한 관점에서 3D 장면을 렌더링하는 방법에 대해 알아보겠습니다. 이 절의 목적상 NeRF 모델이 완전히 학습되었고 입력 좌표(x, y, z, d_x, d_y, d_z)를 출력(r, g, b, σ)에 정확하게 매핑한다고 가정합니다. 다음은 이러한 입력 및 출력 좌표의 정의입니다:

- **(x, y, z)**: 세계 좌표계의 3D 장면에 있는 점
- **(d_x, d_y, d_z)**: 점 (x, y, z)을 보고 있는 방향을 나타내는 단위 벡터
- **(r, g, b)**: 점 (x, y, z)의 방사광 값(또는 방출 색상)
- σ: 점(x, y, z)의 볼륨 밀도

이전 장에서는 볼류메트릭 렌더링의 기본이 되는 개념을 이해했습니다. 레이 샘플링 기술을 사용하여 볼륨에서 볼륨 밀도와 색상을 얻었습니다. 이를 볼륨 샘플링이라고 했습니다. 이 장에서는 방사 필드에서 레이 샘플링을 사용하여 볼륨 밀도와 색상을 얻겠습니다. 그런 다음 레이 마칭을 수행하여 해당 점의 색상 강도를 얻을 수 있습니다. 이전 장에서 사용한 레이 마칭 기법과 이 장에서 사용하는 기법은 개념적으로 유사합니다. 차이점은 3D 복셀은 3D 공간을 이산적

으로 표현하는 반면, 방사 필드는 연속적으로 표현한다는 점입니다(신경망을 사용하여 이 표현을 인코딩하기 때문입니다). 따라서 광선을 따라 색상 강도를 누적하는 방식이 약간 달라집니다.

장면에 광선 투영

카메라를 한 시점에 놓고 관심 있는 3D 장면을 향해 가리키고 있다고 상상해 보세요. 이것이 바로 NeRF 모델이 학습되는 장면입니다. 장면의 2D 투영을 합성하기 위해 먼저 뷰포인트에서 시작된 3D 장면으로 광선을 보냅니다.

광선은 다음과 같이 파라미터화할 수 있습니다:

$$\boldsymbol{r}(t) = \boldsymbol{o} + t\boldsymbol{d}$$

여기서 r은 원점 o에서 시작하여 d 방향을 따라 이동하는 광선이며, 광선의 다른 점으로 이동하기 위해 변경될 수 있는 t에 의해 파라미터화됩니다. r은 공간의 한 점을 나타내는 3D 벡터입니다.

광선 색상 누적

광선의 색상을 렌더링하기 위해 몇 가지 잘 알려진 고전적인 렌더링 기법을 사용할 수 있습니다. 그 전에 몇 가지 표준 정의에 대해 알아봅시다:

- tn(근거리 경계)과 tf(원거리 경계) 사이의 광선 색상을 누적하고 싶다고 가정해 보겠습니다. 이 범위를 벗어난 광선은 신경 쓰지 않습니다.
- 볼륨 밀도 σ(r(t))는 광선이 r(t) 주변의 무한소 지점에서 끝날 확률로 생각할 수 있습니다.
- c(**r**(t),d)는 방향 d를 따라 보았을 때 광선의 점 r(t)에서의 색상이라고 생각할 수 있습니다.
- $\int_{tn}^{t} \sigma(r(s))ds$는 tn과 어떤 지점 t 사이의 누적 볼륨 밀도를 측정합니다.
- $T(t) = \exp(-\int_{tn}^{t} \sigma(r(s))ds)$는 tn에서 어떤 지점 t까지 광선을 따른 누적 투과율의 개념을 제공합니다. 누적 볼륨 밀도가 높을수록 지점 t까지의 누적 투과율이 낮습니다.
- 이제 광선의 예측 색상을 다음과 같이 정의할 수 있습니다:

$$C(\boldsymbol{r}) = \int_{tn}^{tf} T(t) * \sigma(\mathbf{r}(s)) * c(\boldsymbol{r}(t), d) * dt$$

> **중요 참고 사항**
>
> 볼륨 밀도 $\sigma(r(t))$는 점 r(t)의 함수입니다. 가장 주목할 점은 볼륨 밀도는 점이 위치한 물리적 위치의 함수이기 때문에 방향 벡터 d에 의존하지 않는다는 것입니다. 색상 c(r(t),d)는 공간에서 같은 점을 다른 방향에서 볼 때 다른 색상을 가질 수 있기 때문에 점 r(t)와 광선 방향 d 모두의 함수입니다.

NeRF 모델은 장면의 방사 필드를 나타내는 연속 함수입니다. 이를 사용하여 광선을 따라 다양한 점에서 c(r(t), d) 및 σ(r(t))를 구할 수 있습니다. 적분 C(r)을 수치적으로 추정하는 기법은 여러 가지가 있습니다. NeRF 모델의 출력을 학습하고 시각화하는 동안 표준 EmissionAbsorptionRaymarcher 메서드를 사용하여 광선을 따라 방사광을 누적했습니다.

요약

이 장에서는 신경망을 사용하여 3D 장면을 모델링하고 표현하는 방법을 이해했습니다. 이 신경망을 NeRF 모델이라고 합니다. 그런 다음 합성 3D 장면에서 간단한 NeRF 모델을 학습했습니다. 그런 다음 NeRF 모델 아키텍처와 코드 구현에 대해 자세히 살펴봤습니다. 또한 모델의 주요 구성 요소도 이해했습니다. 그런 다음 NeRF 모델로 볼륨을 렌더링하는 원리를 이해했습니다. NeRF 모델은 단일 장면을 포착하는 데 사용됩니다. 이 모델을 구축한 후에는 이 모델을 사용하여 다양한 각도에서 해당 3D 장면을 렌더링할 수 있습니다. 하나의 모델로 여러 장면을 포착할 수 있는 방법이 있는지, 장면의 특정 객체와 속성을 예측 가능하게 조작할 수 있는지 궁금해하는 것은 당연한 일입니다. 이것이 다음 장에서 GIRAFFE 모델을 살펴볼 주제입니다.

PyTorch3D를 사용한 최첨단 3D 딥러닝

PART 3

이 파트에서는 PyTorch3D를 사용해 최첨단 3D 딥러닝 모델과 알고리즘을 구현하는 방법을 다룹니다. 3D 컴퓨터 비전 기술은 최근 급속도로 발전하고 있으며, 이러한 최첨단 3D 딥러닝 모델을 가능한 한 최선의 방법으로 구현하고 사용하는 방법을 배웁니다.

이 파트에는 다음 장이 포함됩니다:

제7장

제어 가능한 신경 특징 필드 탐색

이전 장에서는 **신경 방사 필드(NeRF)**를 사용하여 3D 장면을 표현하는 방법을 배웠습니다. 3D 장면의 다중 시점 이미지로 단일 신경망을 학습하여 암시적 표현을 학습했습니다. 그런 다음 NeRF 모델을 사용하여 다양한 다른 시점과 시야각에서 3D 장면을 렌더링했습니다. 이 모델에서는 객체와 배경이 변하지 않는다고 가정했습니다.

하지만 3D 장면의 변형을 생성하는 것이 가능한지 궁금할 수 있습니다. 객체의 수, 포즈, 장면 배경을 제어할 수 있을까요? 포즈를 취한 이미지와 카메라 파라미터를 이해하지 않고도 사물의 3D 특성을 파악할 수 있을까요?

이 장이 끝나면 이 모든 것이 실제로 가능하다는 것을 알게 될 것입니다. 구체적으로, 제어 가능한 3D 이미지 합성을 위한 매우 새로운 방법인 GIRAFFE에 대해 더 잘 이해할 수 있을 것입니다. 이는 이미지 합성 분야의 아이디어와 NeRF와 유사한 모델을 사용한 암시적 3D 표현 학습을 결합한 것입니다. 이는 다음 주제를 다루면서 명확해질 것입니다:

- GAN 기반 이미지 합성 이해
- 구성적 3D 인식 이미지 합성 소개
- 특징 필드 생성
- 특징 필드를 이미지에 매핑
- 제어 가능한 장면 생성 탐색
- GIRAFFE 모델 학습

기술 요구 사항

이 책의 예제 코드 스니펫을 실행하려면 약 8GB의 GPU 메모리가 있는 GPU가 있는 컴퓨터가 이상적입니다. CPU만으로 코드 스니펫을 실행하는 것이 불가능하지는 않지만 매우 느릴 것입니다. 권장 컴퓨터 구성은 다음과 같습니다:

- GPU 장치(예: 8GB 이상의 메모리를 갖춘 Nvidia GTX 시리즈 또는 RTX 시리즈)
- Python 3.7+
- Anaconda3

이 챕터의 코드 스니펫은 https://github.com/PacktPublishing/3D-Deep-Learning-with-Python에서 확인할 수 있습니다.

GAN 기반 이미지 합성 이해

심층 생성 모델은 특정 영역의 분포에 대해 학습할 때 사실적인 2D 이미지를 생성하는 것으로 나타났습니다. 생성적 적대 신경망(GAN)은 이러한 목적으로 가장 널리 사용되는 프레임워크 중 하나입니다. 이 프레임워크는 1,024 x 1,024 이상의 해상도에서 고품질의 사실적인 이미지를 합성할 수 있습니다. 예를 들어, 사실적인 얼굴을 생성하는 데 사용되었습니다:

그림 7.1 StyleGAN2를 사용하여 고품질 2D 이미지로 무작위로 생성된 얼굴

GAN은 모든 데이터 분포에서 유사한 이미지를 생성하도록 학습할 수 있습니다. 자동차 데이터셋에 대해 동일한 StyleGAN2 모델을 학습시키면 자동차의 고해상도 이미지를 생성할 수 있습니다:

그림 7.2 StyleGAN2를 사용하여 2D 이미지로 무작위로 생성된 자동차

GAN은 생성기 신경망이 이미지를 생성하는 게임 이론적 시나리오를 기반으로 합니다. 그러나 성공하기 위해서는 판별기를 속여 실제 이미지로 분류해야 합니다. 두 신경망, 즉 생성기와 판별기 사이의 이러한 줄다리기는 사실적인 이미지를 생성하는 생성기로 이어질 수 있습니다. 생성기 네트워크는 다차원 잠재 공간에 확률 분포를 생성하여 해당 분포의 점들이 학습 이미지의 영역에서 실제와 같은 이미지가 되도록 하는 방식으로 이를 수행합니다. 새로운 이미지를 생성하려면 잠재 공간의 한 점을 샘플링하고 생성기가 이 점으로부터 이미지를 생성하도록 하기만 하면 됩니다:

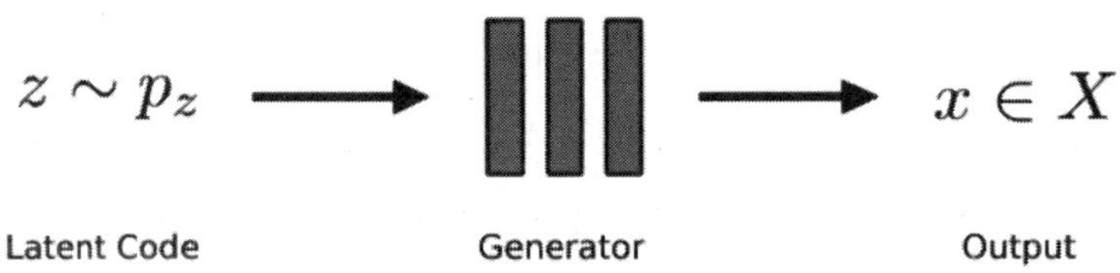

그림 7.3 표준 GAN

고해상도의 사실적인 이미지를 합성하는 것은 훌륭하지만, 이것이 생성 모델의 유일한 바람직한 특성은 아닙니다. 생성 프로세스가 복잡하지 않고 간단하고 예측 가능한 방식으로 제어할 수 있다면 더 많은 실제 애플리케이션에 활용할 수 있습니다. 더 중요한 것은 이미지의 다른 속성을 변경하지 않고도 객체의 모양, 크기, 포즈와 같은 속성을 변경할 수 있도록 이들을 최대한 분리해야 한다는 것입니다.

기존의 GAN 기반 이미지 생성 방식은 이미지의 근본적인 3D 특성을 제대로 이해하지 못한 채 2D 이미지를 생성합니다. 따라서 객체의 위치, 모양, 크기, 포즈와 같은 다양한 속성에 대한 명시적인 제어 기능이 내장되어 있지 않습니다. 그 결과 속성이 얽혀 있는 GAN이 생성됩니다. 간단히 설명하기 위해 머리 포즈를 변경하면 생성된 얼굴의 인식된 성별도 변경되는 사실적인 얼굴을 생성하는 GAN 모델의 예를 생각해 보겠습니다. 성별과 머리 포즈 속성이 서로 얽히면 이런 일이 발생할 수 있습니다. 이는 대부분의 실제 사용 사례에서 바람직하지 않습니다. 다른 속

성에 영향을 주지 않으면서 한 속성을 변경할 수 있어야 합니다.

다음 절에서는 기본 장면의 3D 특성을 암시적으로 이해하면서 2D 이미지를 생성할 수 있는 모델에 대한 개괄적인 개요를 살펴보겠습니다.

구성적 3D 인식 이미지 합성 소개

우리의 목표는 제어 가능한 이미지 합성입니다. 이미지에 포함된 객체의 수, 위치, 모양, 크기, 포즈 등을 제어할 수 있어야 합니다. GIRAFFE 모델은 이러한 모든 바람직한 속성을 달성하는 동시에 고해상도의 사실적인 이미지를 생성하는 최초의 모델 중 하나입니다. 이러한 속성을 제어하려면 모델이 장면의 3D 특성을 어느 정도 인식하고 있어야 합니다.

이제 GIRAFFE 모델이 이를 달성하기 위해 다른 기존 아이디어 위에 어떻게 구축되는지 살펴보겠습니다. 이 모델은 다음과 같은 높은 수준의 개념을 활용합니다:

- **3D 표현 학습**: 암시적 3D 표현 및 특징 필드를 학습하기 위한 NeRF 유사 모델. 표준 NeRF 모델과 달리 이 모델은 색상 강도 대신 특징 필드를 출력합니다. 이 NeRF 유사 모델은 생성된 이미지에 3D 일관성을 적용하는 데 사용됩니다.
- **구성 연산자**: 여러 객체의 특징 필드를 단일 특징 필드로 합성하는 파라미터없는 구성 연산자. 이 연산자는 원하는 수의 객체가 포함된 이미지를 만드는 데 도움이 됩니다.
- **신경 렌더링 모델**: 구성된 특징 필드를 사용하여 이미지를 생성합니다. **2D 컨볼루션 신경망(CNN)**으로 특징 필드를 업샘플링하여 더 높은 차원의 출력 이미지를 생성합니다.
- **GAN**: GIRAFFE 모델은 GAN 모델 아키텍처를 사용하여 새로운 장면을 생성합니다. 앞의 세 가지 구성 요소가 생성기를 구성합니다. 이 모델은 또한 가짜 이미지와 실제 이미지를 구별하는 판별기 신경망으로 구성됩니다. 구성 연산자와 함께 NeRF 모델이 있기 때문에 이 모델은 이미지 생성 프로세스에서 구성과 3D를 모두 인식할 수 있습니다.

이미지 생성은 두 단계로 이루어집니다:

1. 렌더링하려는 객체에 대한 몇 가지 정보와 함께 카메라 시야각이 주어진 특징 필드를 볼륨 렌더링합니다. 이 객체 정보는 추후 절에서 배우게 될 몇 가지 추상적인 벡터입니다.
2. 신경 렌더링 모델을 사용하여 특징 필드를 고해상도 이미지에 매핑합니다.

이 2단계 접근 방식은 NeRF 모델 출력에서 RGB 값을 직접 생성하는 것보다 고해상도 이미지를 생성하는 데 더 효과적이라는 것이 밝혀졌습니다. 이전 장에서 NeRF 모델은 동일한 장면의 이미지로 학습된다는 것을 알았습니다. 학습된 모델은 동일한 장면의 이미지만 생성할 수 있습니다. 이것이 NeRF 모델의 큰 한계 중 하나였습니다.

이와는 대조적으로, GIRAFFE 모델은 다른 장면의 포즈를 취하지 않은 이미지로 학습됩니다. 학습된 모델은 학습된 것과 동일한 분포로부터 이미지를 생성할 수 있습니다. 일반적으로 이 모델은 같은 종류의 데이터로 학습됩니다. 즉, 학습 데이터 분포가 단일 도메인에서 제공됩니다. 예를 들어, *Cars* 데이터셋에 대해 모델을 학습시킨다면 이 모델이 생성하는 이미지는 자동차의 일부 버전일 것으로 예상할 수 있습니다. 얼굴과 같이 완전히 보이지 않는 분포에서 이미지를 생성할 수는 없습니다. 이는 여전히 모델이 수행할 수 있는 작업의 한계이기는 하지만, 표준 NeRF 모델에 비해서는 훨씬 덜 제한적입니다.

지금까지 살펴본 GIRAFFE 모델에서 구현된 기본 개념은 다음 다이어그램에 요약되어 있습니다:

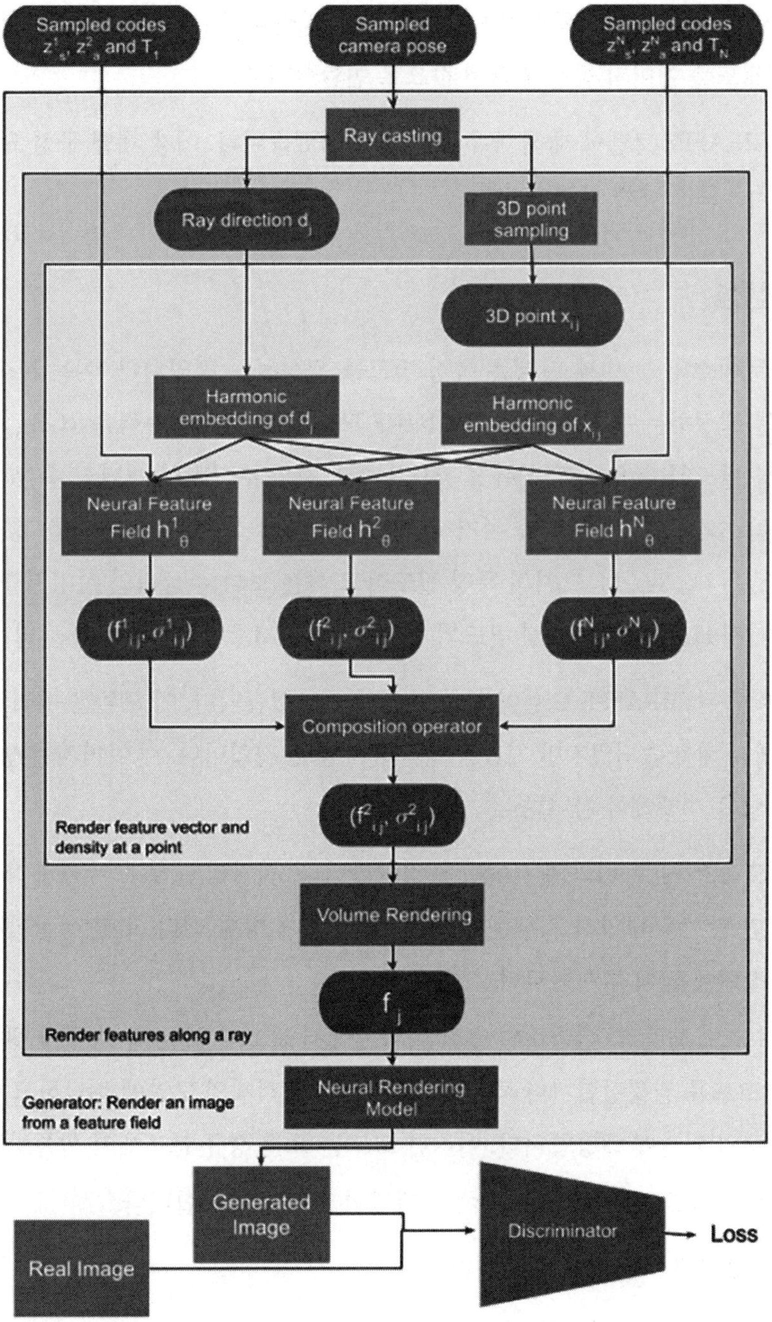

그림 7.4 GIRAFFE 모델

생성기 모델은 선택한 카메라 포즈와 객체 수(배경 포함) N, 그에 해당하는 수의 모양 및 외관 코드와 아핀 변환을 사용하여 먼저 특징 필드를 합성합니다. 그런 다음 개별 객체에 해당하는 개별 특징 필드를 함께 합성하여 집계 특징 필드를 구성합니다. 그런 다음 볼륨 렌더링의 표준 원리를 사용하여 광선을 따라 특징 필드를 볼륨 렌더링합니다. 그런 다음 신경 렌더링 네트워크가 이 특징 필드를 이미지 공간의 픽셀 값으로 변환합니다.

이 절에서는 GIRAFFE 모델에 대해 매우 폭넓게 이해했습니다. 이제 개별 구성 요소를 확대하여 보다 심층적으로 이해해 보겠습니다.

특징 필드 생성

장면 생성 프로세스의 첫 번째 단계는 특징 필드를 생성하는 것입니다. 이는 NeRF 모델에서 RGB 이미지를 생성하는 것과 유사합니다. NeRF 모델에서 모델의 출력은 RGB 값으로 구성된 이미지인 특징 필드입니다. 그러나 특징 필드는 이미지의 추상적인 개념일 수 있습니다. 이는 이미지 매트릭스의 일반화입니다. 여기서 차이점은 3채널 RGB 이미지를 생성하는 대신 GIRAFFE 모델은 H_v, W_v, M_t 크기의 특징 필드라고 하는 보다 추상적인 이미지를 생성한다는 것입니다. 여기서 H_v 와 W_v 는 특징 필드의 높이와 너비, M_t는 특징 필드 내 채널 수입니다.

이 절에서는 학습된 GIRAFFE 모델이 있다고 가정해 보겠습니다. 이 모델은 미리 정의된 몇 가지 데이터셋에 대해 학습되었지만 지금은 생각하지 않을 것입니다. 새 이미지를 생성하려면 다음 세 가지 작업을 수행해야 합니다:

1. 카메라 포즈 지정: 카메라의 시야각을 정의합니다. 전처리 단계로 이 카메라 포즈를 사용하여 장면 광선을 투영하고 샘플링된 점(x_{ij})과 함께 방향 벡터(dj)를 생성합니다. 이러한 광선을 장면에 많이 투사합니다.
2. 2N 잠재 코드 샘플링: 렌더링된 출력 이미지에서 보고자 하는 각 객체에 해당하는 두 개의 잠재 코드를 샘플링합니다. 하나의 잠재 코드는 객체의 모양에 해당하고 다른 잠재 코드는 객체의 외관에 해당합니다. 이러한 코드는 표준 정규 분포에서 샘플링됩니다.
3. N개의 아핀 변환 지정: 이는 장면에서 객체의 포즈에 해당합니다.

모델의 생성기 부분은 다음을 수행합니다:

- 장면에서 예상되는 각 객체에 대해 모양 코드, 외관 코드, 객체의 포즈 정보(즉, 아핀 변환), 보기 방향 벡터 및 장면 내 점(x_{ij})을 사용하여 해당 점에 대한 특징 필드(벡터)와 볼륨 밀도를 생성합니다. 이것이 NeRF 모델이 작동하는 모습입니다.
- 구성 연산자를 사용하여 이러한 특징 필드와 밀도를 해당 점에 대한 단일 특징 필드와 밀도 값으로 구성할 수 있습니다. 여기서 구성 연산자는 다음을 수행합니다:

$$\sigma = \sum_{i=1}^{N} \sigma\_i$$

$$f = \frac{1}{\sigma} \sum_{i=1}^{N} \sigma_i * f\_i$$

한 점의 볼륨 밀도는 간단히 합산할 수 있습니다. 특징 필드는 해당 점에서 객체의 볼륨 밀도에 비례하여 중요도를 할당하여 평균을 구합니다. 이러한 간단한 연산자의 한 가지 중요한 장점은 미분 가능하다는 것입니다. 따라서 모델 학습 단계에서 이 연산자를 통해 기울기가 흐를 수 있으므로 신경망 내부에 도입할 수 있습니다.

- 볼륨 렌더링을 사용하여 입력 카메라 포즈에 대해 생성된 각 광선에 대해 광선을 따라 특징 필드 값을 집계하여 각 광선에 대한 특징 필드를 렌더링합니다. 여러 광선에 대해 이 작업을 수행하여 H_v x W_v 차원의 전체 특징 필드를 생성합니다. 여기서 V는 일반적으로 작은 값입니다. 따라서 저해상도 특징 필드를 생성합니다.

> **특징 필드**
>
> 특징 필드는 이미지의 추상적인 개념입니다. 이는 RGB 값이 아니며 일반적으로 공간적 차원(예: 16 x 16 또는 64 x 64)은 낮지만 채널 차원은 높습니다. 공간적으로 높은 차원(예: 512 x 512)이지만 세 개의 채널(RGB)로 구성된 이미지가 필요합니다. 신경망을 사용하여 이를 수행하는 방법을 살펴보겠습니다.

특징 필드를 이미지에 매핑

차원 H_v x W_v x M_t 특징 필드를 생성한 후에는 이를 차원 H x W x 3의 이미지에 매핑해야 합니다. 일반적으로 $H_v < H$, $W_v < W$, $M_t > 3$입니다. GIRAFFE 모델은 이미지를 직접 생성하는 단일 단계 접근법을 사용하는 것보다 2단계 접근법을 사용하는 것이 더 낫다는 분석 결과가 나왔기 때문에 2단계 접근법을 사용합니다.

매핑 연산은 데이터로 학습할 수 있는 파라메트릭 함수이며, 이미지 영역의 함수이기 때문에 2D CNN을 사용하는 것이 이 작업에 가장 적합합니다. 이 함수는 오토 인코더의 디코더와 같은 업샘플링 신경망으로 생각할 수 있습니다. 이 신경망의 출력은 우리가 보고, 이해하고, 평가할 수 있는 렌더링된 이미지입니다. 수학적으로 다음과 같이 정의할 수 있습니다:

$$\pi_\theta^{neural}: \mathbb{R}^{H_v \times W_v \times M_f} \rightarrow \mathbb{R}^{H \times W \times 3}$$

이 신경망은 *n* 블록의 최인접 이웃 업샘플링을 사용하여 수행한 일련의 업샘플링 레이어와 3 x 3 컨볼루션 및 Leaky ReLU로 구성됩니다. 이렇게 하면 특징 필드에 대해 일련의 서로 다른 공간 해상도가 생성됩니다. 그러나 각 공간 해상도에서 특징 필드는 3 x 3 컨볼루션을 통해 동일한 공간 해상도의 3채널 이미지에 매핑됩니다. 동시에 이전 공간 해상도의 이미지가 비파라메트릭 이중선형 업샘플링 연산자를 사용하여 업샘플링되어 새로운 공간 해상도의 이미지에 추가됩니다. 이 과정은 원하는 공간 해상도인 H x W에 도달할 때까지 반복됩니다.

특징 필드에서 유사한 차원 이미지로의 스킵 연결은 각 공간 해상도에서 특징 필드로의 강력한 기울기 흐름에 도움이 됩니다. 이를 통해 신경 렌더링 모델이 각 공간 해상도의 이미지를 직관적으로 이해할 수 있습니다. 또한 스킵 연결은 생성되는 최종 이미지가 다양한 해상도에서 이해한 이미지의 조합이 되도록 보장합니다.

다음 신경 렌더링 모델 다이어그램을 보면 이 개념이 더욱 명확해집니다:

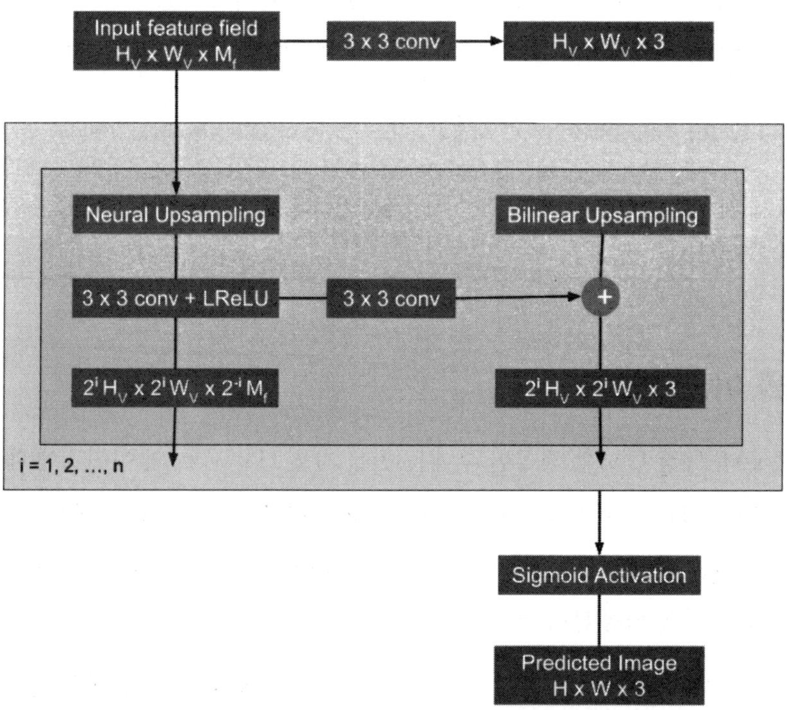

그림 7.5 신경 렌더링 모델; RGB 이미지 도메인에 병렬 매핑된 일련의 최인접 이웃 업샘플링 연산자가 있는 2D CNN입니다.

신경 렌더링 모델은 이전 단계의 특징 필드 출력을 가져와 고해상도 RGB 이미지를 생성합니다. 특징 필드는 NeRF 기반 생성기를 사용하여 생성되므로 장면의 3D 특성, 그 안에 있는 객체,

객체의 위치, 포즈, 모양, 외관을 이해해야 합니다. 또한 구성 연산자를 사용하기 때문에 특징 필드는 장면에 있는 객체의 수 또한 인코딩합니다.

다음 절에서는 장면 생성 프로세스를 제어하는 방법과 이를 달성하기 위해 필요한 제어 메커니즘에 대해 알아보겠습니다.

제어 가능한 장면 생성 탐색

컴퓨터 비전 모델이 생성하는 결과를 제대로 이해하고 학습하려면 학습된 모델의 결과물을 시각화해야 합니다. 우리는 생성적 접근 방식을 다루고 있기 때문에 모델에서 생성된 이미지를 시각화하는 것만으로도 이를 쉽게 수행할 수 있습니다. 이 절에서는 사전 학습된 GIRAFFE 모델을 살펴보고 이 모델이 제어 가능한 장면을 얼마나 잘 생성할 수 있는지 살펴보겠습니다. 여기서는 GIRAFFE 모델 제작자가 제공한 사전 학습된 체크포인트를 사용합니다. 이 절에서 제공하는 지침은 오픈 소스 GitHub 저장소(https://github.com/autonomousvision/giraffe)를 기반으로 합니다.

다음 명령을 사용하여 giraffe라는 Anaconda 환경을 만듭니다:

```
$ cd chap7/giraffe
$ conda env create -f environment.yml
$ conda activate giraffe
```

Conda 환경이 활성화되면 해당 사전 학습된 체크포인트를 사용하여 다양한 데이터셋에 대한 이미지 렌더링을 시작할 수 있습니다. GIRAFFE 모델 제작자는 5개의 서로 다른 데이터셋에서 사전 학습된 모델을 공유했습니다:

- **Cars 데이터셋**: 196개 차종에 대한 136,726개의 이미지로 구성되어 있습니다.
- **CelebA-HQ 데이터셋**: 이 데이터셋은 원본 CelebA 데이터셋에서 선별된 30,000개의 고해상도 얼굴 이미지로 구성되어 있습니다.
- **LSUN Church 데이터셋**: 약 126,227개의 교회 이미지로 구성되어 있습니다.
- **CLEVR 데이터셋**: 시각적 질문-답변 연구에 주로 사용되는 데이터셋 입니다. 다양한 크기, 모양, 위치의 물체 이미지 54,336개로 구성되어 있습니다.
- **Flickr-Faces-HQ 데이터셋**: Flickr에서 얻은 70,000개의 고품질 얼굴 이미지로 구성되어

있습니다.

두 가지 다른 데이터셋에 대한 모델 결과를 살펴보고 이해해 보겠습니다.

제어 가능한 자동차 생성 탐색

이 하위 절에서는 *Cars* 데이터셋에 대해 학습된 모델을 살펴보겠습니다. 모델에 제공된 외관 및 모양 코드는 모델이 학습된 것이므로 자동차를 생성합니다. 다음 명령을 실행하여 이미지 샘플을 생성할 수 있습니다:

```
$ python render.py configs/256res/cars_256_pretrained.yaml
```

여기서 config 파일은 생성된 이미지가 저장되는 출력 폴더의 경로를 지정합니다. render.py 스크립트는 GIRAFFE 모델의 체크포인트를 자동으로 다운로드하고 이를 사용하여 이미지를 렌더링합니다. 출력 이미지는 out/cars256_pretrained/rendering에 저장됩니다. 이 폴더에는 다음과 같은 하위 폴더가 있습니다:

```
- out
    - cars256_pretrained
    - rendering
        - interpolate_app
        - interpolate_shape
        - translation_object_depth
        - interpolate_bg_app
        - rotation_object
        - translation_object_horizontal
```

이러한 각 폴더에는 GIRAFFE 모델의 특정 입력을 변경할 때 얻은 이미지가 포함되어 있습니다. 예를 들어 다음을 살펴보세요:

- interpolate_app: 객체 외관 코드를 서서히 변경할 때 어떤 일이 일어나는지 보여주는 이미지셋입니다.
- interpolate_bg_app: 배경 외관 코드를 변경하면 어떤 일이 발생하는지 보여줍니다.
- interpolate_shape: 객체 모양 코드를 변경하면 어떤 일이 발생하는지 보여줍니다.
- translation_object_depth: 객체 깊이를 변경하면 어떤 일이 발생하는지 보여줍니다. 이것은 입력의 일부인 아핀 변환 행렬 코드의 일부입니다.

- translation_object_horizontal: 이미지에서 객체를 옆으로 이동하는 경우 어떤 일이 발생하는지 보여줍니다. 이것은 입력의 일부인 아핀 변환 행렬 코드의 일부입니다.
- rotation_object: 객체의 포즈를 변경하면 어떤 일이 일어나는지 보여줍니다. 이것은 입력의 일부인 아핀 변환 행렬 코드의 일부입니다.

rotation_object 폴더 안에 있는 이미지를 살펴보고 분석해 보겠습니다:

그림 7.6 회전 객체 모델 이미지

각 행의 이미지는 먼저 외관과 모양 코드를 선택하고 아핀 변환 행렬을 변경하여 객체를 회전하는 방식으로 얻었습니다. 아핀 변환 코드의 수평 및 깊이 변환 부분은 고정된 상태로 유지했습니다. 객체의 배경 객체 코드, 외관 및 모양 코드도 고정된 상태로 유지했습니다. 다른 행들은 다른 외관과 모양 코드를 사용하여 얻었습니다. 다음은 몇 가지 관찰 결과입니다:

- 모든 이미지의 배경이 동일한 객체에 대한 이미지 간에 변경되지 않습니다. 이는 이미지의 나머지 부분에 대한 배경을 성공적으로 분리했음을 의미합니다.
- 색상, 반사 및 그림자: 객체가 회전할 때 이미지 색상과 반사는 실제 객체가 회전할 때 예상되는 것과 상당히 일치합니다. 이는 NeRF와 유사한 모델 아키텍처를 사용하기 때문에 일반적으로 나타나는 현상입니다.
- 좌우 일관성: 자동차의 왼쪽과 오른쪽 모습이 일관되게 유지됩니다.
- 흐릿한 물체 가장자리와 번진 배경과 같은 부자연스러운 아티팩트가 있습니다. 이미지의 고주파 변화는 GIRAFFE 모델에서 잘 포착되지 않습니다.

이제 다른 폴더를 탐색하여 객체를 변환하거나 배경을 변경할 때 생성된 이미지의 모델 일관성과 품질을 파악할 수 있습니다.

제어 가능한 얼굴 생성 탐색

이 하위 절에서는 *CelebA-HQ* 데이터셋으로 학습된 모델을 살펴보겠습니다. 모델에 제공된 외관 및 모양 코드는 모델이 학습된 것이므로 얼굴을 생성합니다. 다음 명령을 실행하여 이미지 샘플을 생성할 수 있습니다:

```
$ python render.py configs/256res/celebahq_256_pretrained.yaml
```

config 파일은 생성된 이미지가 저장되는 출력 폴더의 경로를 지정합니다. 출력 이미지는 out/celebahq_256_pretrained/rendering에 저장됩니다. 이 폴더에는 다음과 같은 하위 폴더가 있습니다:

```
- out
    - celebahq_256_pretrained
        - rendering
            - interpolate_app
            - interpolate_shape
            - rotation_object
```

interpolate_app 폴더에 있는 이미지를 살펴보고 분석해 보겠습니다:

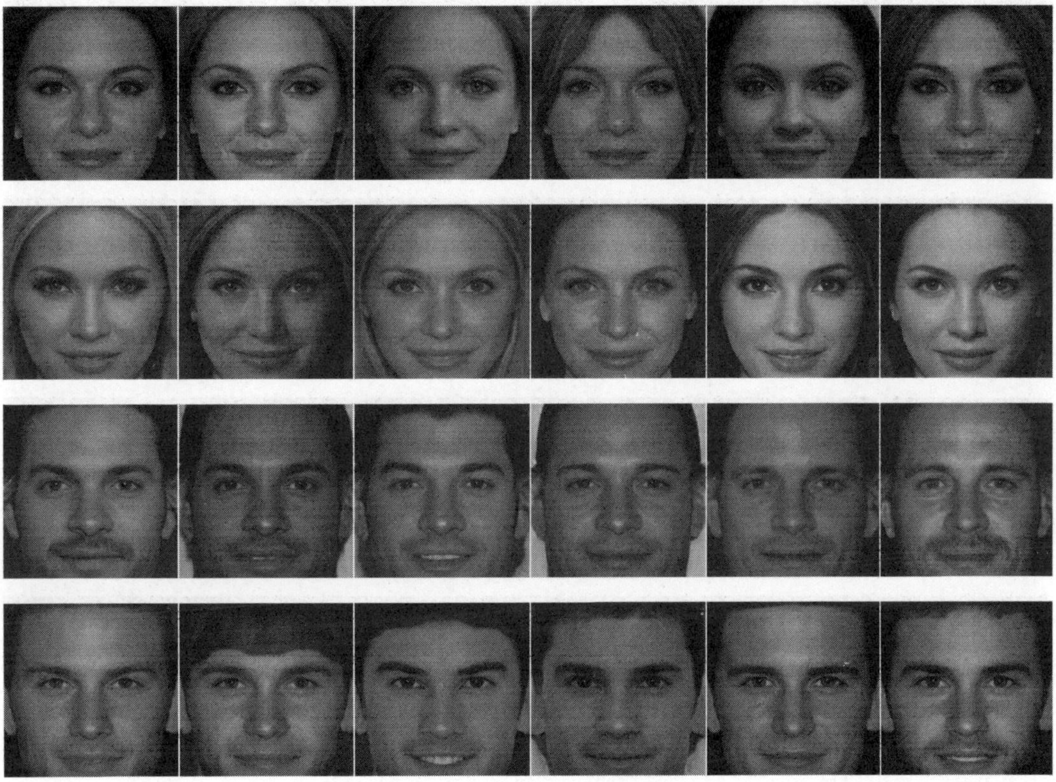

그림 7.7 interpolate app 이미지

각 행의 이미지는 먼저 모양 코드를 선택하고 외관 코드를 변경하여 얼굴의 모양만 변경하여 얻었습니다. 아핀 변환 행렬 코드도 고정된 상태로 유지했습니다. 다른 행들은 다른 모양 코드를 사용하여 얻었습니다. 다음은 몇 가지 관찰 결과입니다:

- 생성된 얼굴의 모양은 동일 행의 얼굴에 대해 대부분 고정되어 있습니다. 이는 모양 코드가 외관 코드의 변경에 강하다는 것을 의미합니다.
- 외관 코드가 변경되면 얼굴의 외관(피부 톤, 피부 광택, 머리 색깔, 눈썹 색깔, 눈 색깔, 입술 표정, 코 모양과 같은 특징)이 변경됩니다. 이는 외관 코드가 얼굴의 외형적 특징을 인코딩한다는 것을 의미합니다.
- 모양 코드는 얼굴의 인식된 성별을 인코딩합니다. 이는 학습 데이터셋에서 남성과 여성 이미지의 얼굴 모양에 큰 차이가 있기 때문에 크게 의미가 있습니다.

interpolate_shape 폴더에 있는 이미지를 살펴보고 분석해 보겠습니다:

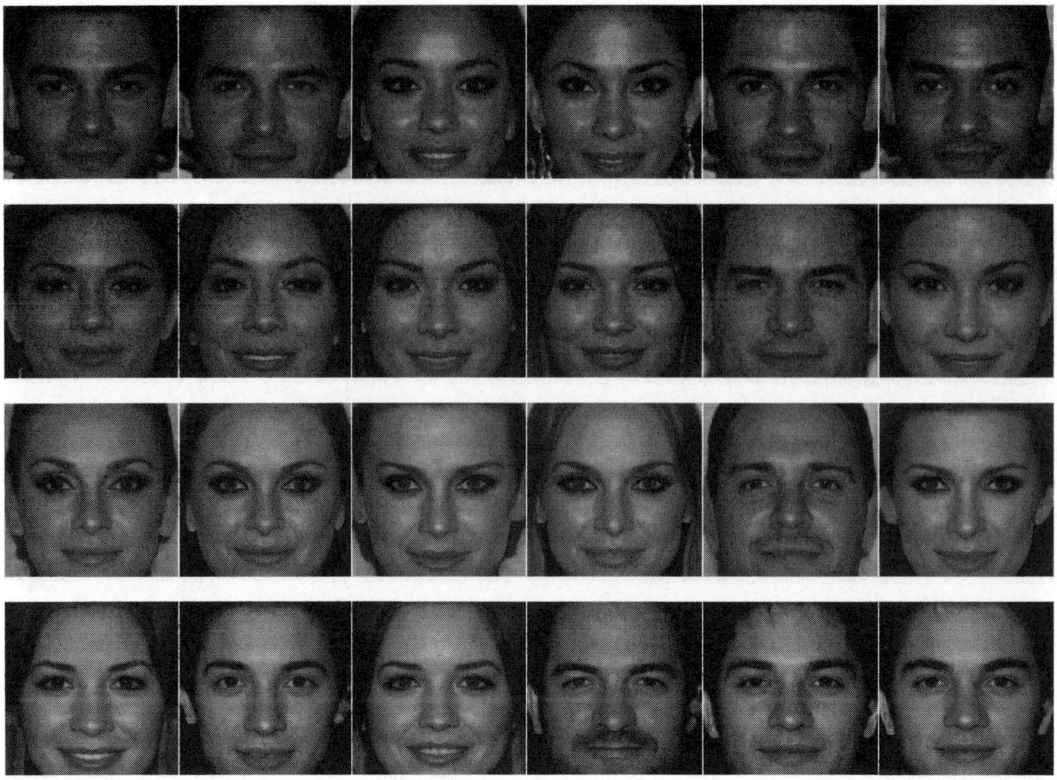

그림 7.8 nterpolate shape 이미지

각 행의 이미지는 먼저 외관 코드를 선택하고 얼굴의 모양만 변경하기 위해 모양 코드를 변경하여 얻었습니다. 아핀 변환 행렬 코드도 고정된 상태로 유지했습니다. 다른 행들은 다른 외관 코드를 사용하여 얻었습니다. 다음은 몇 가지 관찰 결과입니다:

- 모양 코드가 변경되어도 얼굴의 외관(피부 톤, 피부 광택, 머리 색깔, 눈썹 색깔, 눈 색깔, 입술 표정, 코 모양 등의 특징)은 대부분 동일합니다. 이는 외관 코드가 얼굴 모양 특징의 변화에 강하다는 것을 의미합니다.
- 모양 코드가 달라지면 생성된 얼굴의 모양이 달라집니다. 이는 모양 코드가 얼굴의 모양 특징을 올바르게 인코딩하고 있음을 나타냅니다.
- 모양 코드는 얼굴의 인식된 성별을 인코딩합니다. 이는 학습 데이터셋에서 남성과 여성 이미지의 얼굴 모양에 큰 차이가 있기 때문에 크게 의미가 있습니다.

이 절에서는 GIRAFFE 모델을 사용하여 제어 가능한 3D 장면 생성을 살펴봤습니다. *Cars* 데이터셋으로 학습된 모델을 사용하여 자동차를 생성했습니다. 또한 *CelebA-HQ* 데이터셋으로 학

습된 모델을 사용하여 얼굴을 생성했습니다. 각각의 경우에서 모델의 입력 파라미터가 매우 잘 분리되어 있음을 확인했습니다. 여기서는 GIRAFFE 모델 제작자가 제공한 사전 학습된 모델을 사용했습니다. 다음 절에서는 새로운 데이터셋에서 이러한 모델을 학습하는 방법에 대해 자세히 알아보겠습니다.

GIRAFFE 모델 학습

이 장에서는 지금까지 학습된 GIRAFFE 모델이 어떻게 작동하는지 이해했습니다. 모델의 생성기 부분을 구성하는 다양한 구성 요소를 이해했습니다.

하지만 모델을 학습하기 위해 지금까지 살펴보지 않은 또 다른 부분, 즉 판별기가 있습니다. 다른 GAN 모델과 마찬가지로 이 판별기는 이미지 합성 중에는 사용되지 않지만 모델 학습에 필수적인 요소입니다. 이 장에서는 이에 대해 더 자세히 살펴보고 사용된 손실 함수를 이해해 보겠습니다.

GIRAFFE의 저자가 제공하는 학습 모듈을 사용하여 새로운 모델을 처음부터 학습합니다.

생성기는 객체 회전, 배경 회전, 카메라 고도, 수평 및 깊이 변환, 객체 크기에 해당하는 다양한 잠재 코드를 입력으로 받습니다. 이는 먼저 특징 필드를 생성한 다음 신경 렌더링 모듈을 사용하여 RGB 픽셀에 매핑하는 데 사용됩니다. 이것이 생성기입니다. 판별기에는 두 개의 이미지가 공급되는데, 하나는 학습 데이터셋의 실제 이미지이고 다른 하나는 생성기에 의해 생성된 이미지입니다. 판별기의 목표는 실제 이미지를 진짜 이미지로, 생성된 이미지를 가짜 이미지로 분류하는 것입니다. 이것이 GAN의 목표입니다.

> **중요 참고 사항**
>
> 학습 데이터셋에 레이블이 지정되지 않았습니다. 이미지의 객체 포즈 파라미터, 깊이 또는 위치에 대한 주석이 없습니다. 하지만 각 데이터셋에 대해 객체 회전 속도, 배경 회전 범위, 카메라 고도 범위, 수평 이동, 깊이 이동 범위, 객체 축척 범위 등의 파라미터를 대략적으로 알 수 있습니다. 학습 중에 입력은 범위 내에서 균일한 분포를 가정하여 값의 범위에서 무작위로 샘플링됩니다.

판별기는 이미지를 입력으로 받아 실제 이미지와 가짜 이미지에 대한 신뢰도 점수를 출력하는 2D CNN입니다.

프레셰 인셉션 거리

생성된 이미지의 품질을 평가하기 위해 **프레셰 인셉션 거리(FID, Frechet Inception Distance)**를 사용합니다. 이는 실제 이미지와 생성된 이미지에서 추출한 특징 사이의 거리를 측정한 것입니다. 이것은 단일 이미지에 대한 지표가 아닙니다. 오히려 이미지의 전체 모집단에 대한 통계입니다. FID 점수를 계산하는 방법은 다음과 같습니다:

1. 먼저, 이미지에서 특징 벡터를 추출하기 위해 많은 실제 애플리케이션에서 널리 사용되는 딥러닝 백본인 InceptionV3 모델을 사용합니다. 일반적으로 이것은 분류 레이어 이전의 마지막 레이어입니다. 이 특징 벡터는 이미지를 저차원 공간으로 요약합니다.
2. 실제 이미지와 생성된 이미지의 전체 모음에 대한 특징 벡터를 추출합니다.
3. 실제 이미지와 생성된 이미지 모음에 대해 이러한 특징 벡터의 평균과 공분산을 별도로 계산합니다.
4. 평균 및 공분산 통계는 거리 공식에서 거리 메트릭을 도출하는 데 사용됩니다.

모델 학습

Cars 데이터셋에서 모델 학습을 시작하는 방법을 살펴보겠습니다:

```
python train.py .yaml configs/256res/celebahq_256.yaml
```

학습 파라미터는 구성 파일인 configs/256res/celebahq_256.yaml을 보면 알 수 있습니다:

- **데이터**: 구성 파일의 이 절에서는 사용할 학습 데이터셋의 경로를 지정합니다:

```
data:
    path: data/comprehensive_cars/images/*.jpg
    fid_file: data/comprehensive_cars/fid_files/comprehensiveCars_256.npz
    random_crop: True
    img_size: 256
```

- **모델**: 모델링 파라미터를 지정합니다:

```
model:
    background_generator_kwargs:
        rgb_out_dim: 256
    bounding_box_generator_kwargs:
```

```
        scale_range_min: [0.2, 0.16, 0.16]
        scale_range_max: [0.25, 0.2, 0.2]
        translation_range_min: [-0.22, -0.12, 0.]
        translation_range_max: [0.22, 0.12, 0.]
    generator_kwargs:
        range_v: [0.41667, 0.5]
        fov: 10
    neural_renderer_kwargs:
        input_dim: 256
        n_feat: 256
    decoder_kwargs:
    rgb_out_dim: 256
```

- **학습**: 출력 d와 같은 학습 파라미터를 지정합니다.
- 디렉토리 경로와 학습율 등을 확인할 수 있습니다:

```
training:
    out_dir: out/cars256
    learning_rate: 0.00025
```

> **중요 참고 사항**
>
> 모델 학습은 계산 집약적인 작업입니다. 사용하는 GPU 장치에 따라 단일 GPU에서 모델을 완전히 학습하는 데 1일에서 4일 정도 소요될 수 있습니다.

요약

이 장에서는 GIRAFFE 모델을 사용하여 제어 가능한 3D 인식 이미지 합성을 살펴봤습니다. 이 모델은 제어 가능한 3D 장면을 생성하기 위해 NeRF, GAN 및 2D CNN의 개념을 차용합니다. 먼저 GAN에 대해 다시 한 번 살펴보았습니다. 그런 다음 GIRAFFE 모델, 특징 필드가 생성되는 방식, 그리고 이러한 특징 필드가 RGB 이미지로 변환되는 방식에 대해 자세히 살펴봤습니다. 그런 다음 이 모델의 결과물을 살펴보고 그 특성과 한계를 이해했습니다. 마지막으로 이 모델을 학습하는 방법에 대해 간략하게 살펴보았습니다.

다음 장에서는 3차원에서 사실적인 인체를 생성하는 데 사용되는 비교적 새로운 기술인 SMPL 모델에 대해 알아보겠습니다. 특히 SMPL 모델은 심층 신경망을 사용하지 않는 소수의 모델 중 하나입니다. 대신 주성분 분석과 같은 보다 고전적인 통계 기법을 사용하여 목표를 달성합니다. 고전적 기법을 사용하는 모델을 구축할 때 올바른 수학적 문제 공식화의 중요성을 배우게 됩니다.

제8장
3D로 인체 모델링

이전 장에서는 3D 장면과 그 안의 객체를 모델링하는 아이디어를 살펴봤습니다. 모델링한 대부분의 객체는 정적이고 변하지 않는 것이었지만, 실생활에서 컴퓨터 비전의 많은 응용은 자연 환경에 있는 인간을 중심으로 이루어집니다. 우리는 장면에 있는 다른 사람 및 객체와의 상호작용을 모델링하고자 합니다.

이를 위한 몇 가지 애플리케이션이 있습니다. 스냅챗 필터, 페이스리그, 가상 시착, 할리우드의 모션 캡처 기술 모두 정확한 3D 신체 모델링의 이점을 누리고 있습니다. 예를 들어 자동 결제 기술을 생각해 봅시다. 여기 한 소매점에는 여러 대의 깊이 감지 카메라가 설치되어 있습니다. 고객이 물건을 검색해서 결제 바구니를 수정할 때마다 그에 따라 이를 감지하길 원할 수 있습니다. 이러한 애플리케이션을 비롯해 더 많은 애플리케이션을 사용하려면 인체를 정확하게 모델링해야 합니다.

사람의 포즈 추정은 인체 모델링의 기초가 되는 문제입니다. 이러한 모델은 어깨, 엉덩이, 팔꿈치 등의 관절 위치를 예측하여 이미지 속 인물의 골격을 만들 수 있습니다. 그런 다음 동작 인식 및 인간과 객체의 상호작용과 같은 여러 다운스트림 애플리케이션에 사용됩니다. 하지만 인체를 관절 집합으로 모델링하는 데는 한계가 있습니다:

- 사람의 관절은 눈에 보이지 않으며 물리적 세계와 상호작용하지 않습니다. 따라서 인간과 객체의 상호작용을 정확하게 모델링하기 위해 관절에 의존할 수 없습니다.
- 관절은 신체의 토폴로지, 볼륨 및 표면을 모델링하지 않습니다. 옷의 핏을 모델링하는 것과 같은 특정 애플리케이션의 경우 관절만으로는 유용하지 않습니다.

인간 포즈 모델은 일부 애플리케이션에서는 기능적이지만 현실적이지 않다는 데 동의할 수 있습니다. 어떻게 하면 인체를 사실적으로 모델링할 수 있을까요? 이러한 한계를 해결할 수 있을까요? 이를 통해 어떤 다른 애플리케이션을 개발할 수 있을까요? 이 장에서는 이러한 질문에 답합니다. 구체적으로 다음 주제를 다룰 것입니다:

- 3D 모델링 문제 공식화
- 선형 블렌드 스키닝 기법 이해
- SMPL 모델 이해
- SMPL 모델 사용
- SMPLify를 사용하여 3D 인간 포즈 및 모양 추정
- SMPLify 탐색

기술 요구 사항

이 장의 코드에 대한 계산 요구 사항은 매우 낮습니다. 하지만 특정 라이브러리를 더 잘 지원하므로 Linux 환경에서 실행하는 것이 좋습니다. 그러나 다른 환경에서도 실행하는 것이 불가능한 것은 아닙니다. 코딩 절에서는 코드를 성공적으로 실행하기 위해 환경을 설정하는 방법을 자세히 설명합니다. 이 장에서는 다음과 같은 기술 요구 사항이 필요합니다:

- Python 2.7
- opendr, matplotlib, opencv, numpy와 같은 라이브러리.

이 챕터의 코드 스니펫은 https://github.com/PacktPublishing/3D-Deep-Learning-with-Python에서 확인할 수 있습니다.

3D 모델링 문제 공식화

*"모든 모델이 틀리지만, 일부 모델은 유용하다"*는 통계학계의 유명한 격언이 있습니다. 이 격언은 문제의 모든 세부 사항을 수학적으로 모델링하는 것이 종종 어렵다는 것을 시사합니다. 모델은 항상 현실의 근사치이지만, 어떤 모델은 다른 모델보다 더 정확하고 따라서 더 유용합니다.

머신 러닝 분야에서 문제를 모델링하는 데는 일반적으로 다음 두 가지 요소가 포함됩니다:

- 수학적으로 문제를 공식화
- 해당 공식의 제약 조건과 경계에서 문제를 해결하기 위한 알고리즘 구축

잘못 공식화된 문제에 좋은 알고리즘을 사용하면 종종 최적이 아닌 모델을 만들게 됩니다. 하지만 잘 만들어진 모델에 덜 강력한 알고리즘을 적용하면 훌륭한 솔루션을 얻을 수 있습니다. 이러한 통찰력은 3D 인체 모델을 구축할 때 특히 중요합니다.

이 모델링 문제의 목표는 사실적인 애니메이션 인체를 만드는 것입니다. 더 중요한 것은 사실적인 신체 모양을 표현해야 하며, 신체 포즈의 변화에 따라 자연스럽게 변형되고 연조직의 움직임을 포착해야 한다는 점입니다. 인체를 3D로 모델링하는 것은 어려운 과제입니다. 인체는 뼈, 장기, 피부, 근육, 수분으로 구성되어 있으며 복잡한 방식으로 서로 상호작용합니다. 인체를 정확하게 모델링하려면 이러한 모든 개별 구성 요소의 동작과 서로 간의 상호 작용을 모델링해야 합니다. 이는 어려운 과제이며, 일부 실제 애플리케이션의 경우 이 정도의 정확도는 필요하지 않습니다. 이 장에서는 인체 전체를 모델링하기 위한 프록시로 인체의 표면과 모양을 3D로 모델링합니다. 모델이 정확할 필요는 없으며 사실적인 외관만 있으면 됩니다. 이렇게 하면 문제에 더 쉽게 접근할 수 있습니다.

좋은 표현 정의

저차원 표현으로 인체를 정확하게 표현하는 것이 목표입니다. 관절 모델은 저차원 표현(일반적으로 3D 공간에서 17~25개의 점)이지만 인물의 모양과 텍스처에 대한 많은 정보를 전달하지 못합니다. 반면에 복셀 그리드 표현을 고려할 수 있습니다. 이는 3D 신체 모양과 텍스처를 모델링할 수 있지만, 차원이 매우 높고 포즈 변화로 인한 신체 동역학을 모델링하는 데는 적합하지 않습니다.

따라서 신체 볼륨에 대한 정보를 포함하는 신체 관절과 표면을 함께 나타낼 수 있는 표현이 필요합니다. 표면에 대한 몇 가지 후보 표현이 있는데, 그 중 하나가 정점 메시입니다. **인체 선형(SMPL, Skinned Multi-Person Linear)** 모델은 이 표현을 사용합니다. 이 정점 메시를 지정하면 인체의 3D 모양을 설명할 수 있습니다.

이 문제에는 많은 역사가 있기 때문에 캐릭터 애니메이션 업계의 많은 아티스트들이 좋은 인체 메시를 만들기 위해 노력해 왔습니다. SMPL 모델은 이러한 전문가의 통찰력을 활용하여 인체 메시의 좋은 초기 템플릿을 구축합니다. 이는 신체의 특정 부분(예: 얼굴과 손)에 고주파 변화가 있기 때문에 중요한 첫 단계입니다. 이러한 고주파 변화는 더 조밀하게 포인트를 배치하여 묘사해야 하지만, 허벅지와 같이 고주파 변화가 적은 신체 부위는 포인트의 밀도가 낮아야 정확하게 묘사할 수 있습니다. 이렇게 수작업으로 만든 초기 메시는 문제를 정확하게 모델링하는 데 필요한 정보를 유지하면서 문제의 차원을 낮추는 데 도움이 됩니다. SMPL 모델의 이 메시는 성 중립적이지만 남성과 여성을 위한 변형을 별도로 만들 수 있습니다.

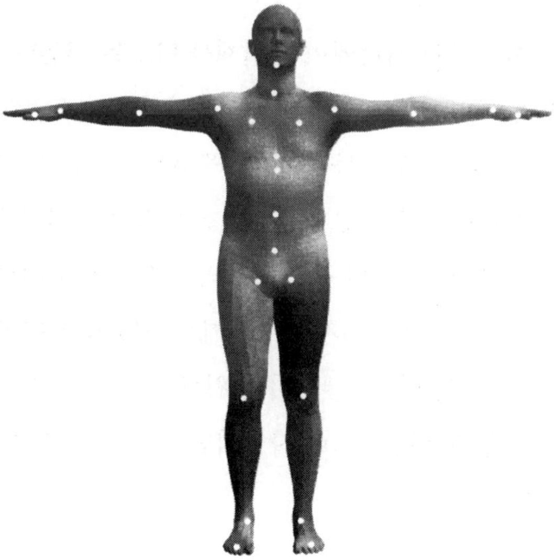

그림 8.1 휴식 포즈의 SMPL 모델 템플릿 메시

보다 구체적으로, 초기 템플릿 메시는 3D 공간에서 6,890개의 점으로 구성되어 인체 표면을 나타냅니다. 이를 벡터화하면 이 템플릿 메시의 벡터 길이는 6,890 x 3 = 20,670이 됩니다. 이 템플릿 메시 벡터를 인체 표면에 맞게 왜곡하면 모든 인체를 얻을 수 있습니다.

이론상으로는 매우 단순한 개념처럼 보이지만, 20,670차원 벡터의 구성 수는 매우 많습니다. 실제 인체를 나타내는 구성 집합은 모든 가능성의 극히 작은 부분 집합에 불과합니다. 그렇다면 문제는 실제 인체를 나타내는 그럴듯한 구성을 얻기 위한 방법을 정의하는 것입니다.

SMPL 모델이 어떻게 설계되는지 이해하기 전에 스키닝 모델에 대해 알아볼 필요가 있습니다. 다음 절에서는 가장 간단한 스키닝 기법 중 하나인 선형 블렌드 스키닝 기법에 대해 살펴보겠습니다. 이 기법이 중요한 이유는 SMPL 모델이 이 기법을 기반으로 구축되었기 때문입니다.

선형 블렌드 스킨 기법 이해

3D 인체를 잘 표현한 다음에는 다양한 포즈에서 인체가 어떻게 보이는지 모델링하고 싶습니다. 이는 캐릭터 애니메이션에서 특히 중요합니다. **스키닝**은 기본 골격을 애니메이션 대상의 외형을 전달하는 스킨(표면)으로 감싸는 작업입니다. 이는 애니메이션 업계에서 사용되는 용어

입니다. 일반적으로 이 표현은 정점 형태를 취하며, 이 정점은 연결된 다각형을 정의하여 표면을 형성하는 데 사용됩니다.

선형 블렌드 스키닝 모델은 쉬고 있는 포즈의 스킨을 간단한 선형 모델을 사용하여 임의의 포즈의 스킨으로 변환하는 데 사용됩니다. 렌더링 효율이 매우 높아 많은 게임 엔진에서 이 기법을 지원하며, 게임 캐릭터를 실시간으로 렌더링할 때도 사용됩니다.

그림 8.2 초기 블렌드 모양(왼쪽)과 블렌드 스키닝으로 생성된 변형된 메시(오른쪽)

이제 이 기법이 무엇을 포함하는지 이해해 보겠습니다. 이 기법은 다음 파라미터를 사용하는 모델입니다:

- 정점이 *N*개인 템플릿 메시 *T*. 이 경우 N = 6,890입니다.
- 벡터 *J*로 표시되는 *K*관절 위치. 이는 어깨, 손목, 발목 등 인체의 관절에 해당합니다. 이러한 관절은 23개가 있습니다(K = 23).
- 블렌드 가중치, *W*. 일반적으로 *N*개의 표면 정점과 인체의 *K*개의 관절 사이의 관계를 포착하는 *N* x *K* 크기의 행렬입니다.
- 포즈 파라미터, θ. 각 *K*관절에 대한 회전 파라미터입니다. 이 파라미터는 3K 개가 있습니다. 이 경우 72개가 있습니다. 이 파라미터 중 69개는 23개의 관절에 해당하고 3개는 전체 신체 회전에 해당합니다.

스키닝 함수는 휴식 포즈 메시, 관절 위치, 블렌드 가중치, 포즈 파라미터를 입력으로 받아 출력 정점을 생성합니다:

$$W(T, J, W, \vec{\theta}) \rightarrow vertices$$

선형 블렌드 스키닝에서 이 함수는 다음 식에 설명된 대로 변환된 템플릿 정점의 간단한 선형 함수 형태를 취합니다:

$$\bar{t}_i^{'} = \sum_{k=1}^{K} w_{k,i}\, G_k^{'}(\vec{\theta}, J)$$

이 용어의 의미는 다음과 같습니다:

- *t_i*는 휴식 포즈에서 원본 메시의 정점을 나타냅니다.
- G(θ, J)는 관절 k를 휴식 포즈에서 목표 포즈로 변환하는 행렬입니다.
- *w_k, i*는 블렌드 가중치 W의 요소로, 관절 k가 정점 i에 미치는 영향의 양을 나타냅니다.

이 모델은 사용하기 쉬운 선형 모델이며 애니메이션 업계에서 매우 잘 사용되지만, 볼륨을 명시적으로 보존하지 않습니다. 따라서 변형이 부자연스러워 보일 수 있습니다.

이 문제를 해결하기 위해 아티스트는 템플릿 메시를 조정하여 스키닝 모델을 적용했을 때 결과물이 자연스럽고 사실적으로 보이도록 합니다. 사실적으로 보이는 변형된 메시를 얻기 위해 템플릿 메시에 적용되는 이러한 선형 변형을 블렌드 모양이라고 합니다. 이러한 블렌드 모양은 애니메이션 캐릭터가 취할 수 있는 모든 다양한 포즈를 위해 아티스트가 직접 디자인합니다. 이 과정은 시간이 많이 걸리는 작업입니다.

나중에 살펴보겠지만 SMPL 모델은 스킨 모델을 적용하기 전에 블렌드 모양을 자동으로 계산합니다. 다음 절에서는 SMPL 모델이 이러한 포즈 종속 블렌드 모양을 생성하는 방법과 이를 안내하기 위해 데이터를 사용하는 방법에 대해 알아보겠습니다.

SMPL 모델 이해

SMPL의 약자에서 알 수 있듯이 이 모델은 수천 명의 데이터로 학습된 선형 모델입니다. 이 모델은 선형 블렌드 스키닝 모델의 개념을 기반으로 구축되었습니다. 이 모델은 제어 가능한 입력 파라미터를 사용하여 20,670차원 벡터를 생성하는 비지도 및 생성 모델입니다. 이 모델은 다양한 입력 파라미터에 대해 올바른 변형을 생성하는 데 필요한 블렌드 모양을 계산합니다. 이러한 입력 파라미터는 다음과 같은 중요한 속성을 가져야 합니다:

- 인체의 실제 유형 속성과 일치해야 합니다.

- 특징은 본질적으로 저차원적이어야 합니다. 그래야 생성 프로세스를 쉽게 제어 가능합니다.
- 특징은 예측 가능한 방식으로 얽히지 않고 제어 가능해야 합니다. 즉, 하나의 파라미터를 변경해도 다른 파라미터에 기인하는 출력 특성이 변경되지 않아야 합니다.

이러한 요구 사항을 염두에 두고 SMPL 모델 개발자는 가장 중요한 두 가지 입력 속성, 즉 신체 정체성과 신체 포즈에 대한 개념을 생각해 냈습니다. SMPL 모델은 최종 3D 신체 메시를 신원 기반 모양과 포즈 기반 모양으로 분해합니다(신원 기반 모양은 신체 모양이 사람의 신원과 연관되어 있기 때문에 모양 기반 모양이라고도 합니다). 이렇게 하면 모델에 원하는 특징 분리 속성을 부여할 수 있습니다. 이 장에서는 설명하지 않지만 SMPL 모델의 일부인 호흡 및 연조직 역학(신체가 움직일 때)과 같은 몇 가지 다른 중요한 요소가 있습니다.

가장 중요한 점은 SMPL 모델이 변형의 덧셈 모델이라는 점입니다. 즉, 원본 템플릿 신체 벡터에 변형을 추가하여 원하는 출력 신체 모양 벡터를 얻습니다. 이 덧셈 속성은 이 모델을 매우 직관적으로 이해하고 최적화할 수 있게 해줍니다.

SMPL 모델 정의

SMPL 모델은 표준 스키닝 모델을 기반으로 구축되며, 다음과 같이 변경됩니다:

- 표준 휴식 포즈 템플릿을 사용하는 대신 신체 모양과 포즈의 함수인 템플릿 메시를 사용합니다.
- 관절 위치는 신체 모양에 따라 달라집니다.

SMPL 모델에서 지정하는 함수는 다음과 같은 형식을 취합니다:

$$M(\vec{\beta},\vec{\theta}) = W(T_p(\vec{\beta},\vec{\theta})J(\vec{\beta}),\vec{\theta},W)$$

앞의 정의에서 용어의 의미는 다음과 같습니다:

- β는 신체의 정체성(모양이라고도 함)을 나타내는 벡터입니다. 이것이 무엇을 나타내는지 나중에 자세히 알아보겠습니다.
- θ는 목표 포즈에 해당하는 포즈 파라미터입니다.
- W는 선형 블렌드 스키닝 모델의 블렌드 가중치입니다.

이 함수는 선형 블렌드 스키닝 모델과 매우 유사합니다. 이 함수에서 템플릿 메시는 모양 및 포즈 파라미터의 함수이며, 관절의 위치는 모양 파라미터의 함수입니다. 선형 블렌드 스키닝 모델에서는 그렇지 않습니다.

모양과 포즈에 따라 달라지는 템플릿 메시

재정의된 템플릿 메시는 표준 템플릿 메시의 부가적인 선형 변형입니다:

$$\mathrm{T_p}(\vec{\beta},\vec{\theta}) = \overline{\mathrm{T}} + \mathrm{B_S}(\vec{\beta}) + \mathrm{B_P}(\vec{\theta})$$

여기에는 다음과 같은 내용이 표시됩니다:

- $B_s(\vec{\beta})$는 신체 모양 파라미터 β의 추가 변형으로, 모양 변위의 처음 몇 가지 주성분으로 모델링된 학습된 변형입니다. 이러한 주성분은 동일한 휴식 포즈를 취하고 있는 여러 사람의 학습 데이터에서 얻습니다.
- $B_P(\vec{\theta})$는 덧셈 포즈 변형 항입니다. 이것은 θ로 매개변수화됩니다. 이 또한 다양한 포즈를 취한 사람들의 다중 포즈 데이터셋에서 학습한 선형 함수입니다.

모양에 따라 달라지는 관절

관절 위치는 신체 모양에 따라 달라지므로 신체의 함수로 재정의됩니다. SMPL 모델은 이를 다음과 같은 방식으로 정의합니다:

$$\mathrm{j}(\vec{\beta};\mathrm{J},\overline{\mathrm{T}},\mathrm{S}) = \mathrm{J}(\overline{\mathrm{T}} + \mathrm{B_S}(\vec{\beta};\mathrm{S}))$$

여기서 $B_s(\vec{\beta})$는 신체 모양 파라미터 β의 덧셈 변형이고, J는 나머지 템플릿 정점을 나머지 템플릿 포즈로 변환하는 행렬입니다. J의 파라미터도 데이터에서 학습됩니다.

SMPL 모델 사용

이제 SMPL 모델에 대해 개략적으로 이해했으니, 이를 사용하여 사람의 3D 모델을 만드는 방법을 살펴보겠습니다. 이 절에서는 몇 가지 기본 기능부터 시작하여 SMPL 모델을 탐색하는 데 도움이 될 것입니다. SMPL 모델을 적재하고 모양과 포즈 파라미터를 편집하여 새로운 3D 신체를 만들겠습니다. 그런 다음 이를 객체 파일로 저장하고 시각화합니다.

이 코드는 원래 python2용 SMPL 작성자가 만든 것입니다. 따라서 별도의 python2 환경을 만들어야 합니다. 다음은 이를 위한 지침입니다:

```
cd chap8
conda create -n python2 python=2.7 anaconda
source activate python2
pip install -r requirements.txt
```

이렇게 하면 Python 2.7 conda 환경이 생성 및 활성화되고 필요한 모듈이 설치됩니다. Python 2.7은 더 이상 사용되지 않으므로 사용하려고 할 때 경고 메시지가 표시될 수 있습니다. 임의의 모양과 포즈 파라미터를 사용하여 3D 인체를 만들려면 다음 명령을 실행하세요.

```
$ python render_smpl.py
```

그러면 인체를 3D로 렌더링하는 창이 나타납니다. render_smpl.py는 임의의 포즈와 모양 파라미터를 사용하여 인체를 생성하므로 출력 결과가 다를 수 있습니다.

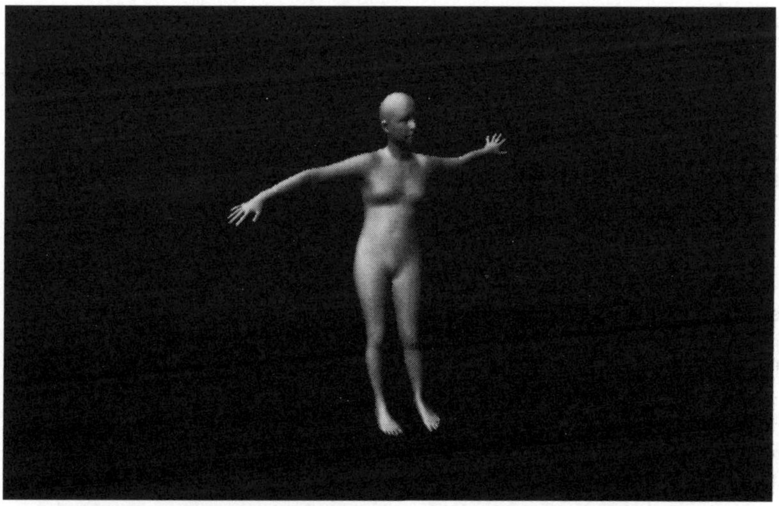

그림 8.3 explore_smpl.py에 의해 생성된 hello_smpl.obj의 렌더링 예시

이제 코드를 실행하고 시각적 출력을 얻었으므로 이제 render_smpl.py 파일을 만듭니다:

1. 필요한 모든 모듈을 임포트합니다:

```
import cv2
import numpy as np
from opendr.renderer import ColoredRenderer
from opendr.lighting import LambertianPointLight
```

```
from opendr.camera import ProjectPoints
from smpl.serialization import load_model
```

2. 기본 SMPL 모델의 모델 가중치를 적재합니다. 여기서는 신경 신체 모델을 적재합니다:

```
m = load_model('../smplify/code/models/basicModel_neutral_lbs_10_207_0_v1.0.0.pkl')
```

3. 다음으로 임의의 포즈와 모양 파라미터를 할당합니다. 다음 포즈 및 모양 파라미터는 최종적으로 3D 인체 메시의 모양을 결정합니다:

```
m.pose[:] = np.random.rand(m.pose.size) * .2
m.betas[:] = np.random.rand(m.betas.size) * .03
m.pose[0] = np.pi
```

4. 이제 렌더러를 생성하고 속성을 할당한 후 광원을 구성합니다. 기본적으로 OpenDR 렌더러를 사용하지만 PyTorch3D 렌더러와 광원을 사용하도록 전환할 수 있습니다. 이 작업을 수행하기 전에 Python 비호환성 문제를 해결해야 합니다.

```
rn = ColoredRenderer()
w, h = (640, 480)
rn.camera = ProjectPoints(v=m, rt=np.zeros(3), t=np. array([0, 0, 2.]),
                          f=np.array([w,w])/2., c=np.array([w,h])/2.,
                          k=np.zeros(5))
rn.frustum = {'near': 1., 'far': 10., 'width': w, 'height': h}
rn.set(v=m, f=m.f, bgcolor=np.zeros(3))
rn.vc = LambertianPointLight(f=m.f, v=rn.v, num_verts=len(m),
                             light_pos=np.array([-1000,-1000,-2000]),
                             vc=np.ones_like(m)*.9,
                             light_color=np.array([1., 1., 1.]))
```

5. 이제 메시를 렌더링하여 OpenCV 창에 표시할 수 있습니다:

```
cv2.imshow('render_SMPL', rn.r)
cv2.waitKey(0)
cv2.destroyAllWindows()
```

이제 SMPL 모델을 사용하여 임의의 3D 인체를 생성했습니다. 실제로는 좀 더 제어 가능한 3D 모양을 생성하는 데 관심이 있을 수 있습니다. 다음 절에서 이를 수행하는 방법을 살펴보겠습니다.

SMPLify를 사용하여 3D 인간 포즈 및 모양 추정

이전 절에서는 SMPL 모델을 살펴보고 이를 사용하여 임의의 모양과 포즈를 가진 3D 인체를 생성하는 방법을 살펴봤습니다. SMPL 모델을 사용하여 2D 이미지의 인물에 3D 인체를 피팅할 수 있는지 궁금해 하는 것은 당연합니다. 이는 사람의 행동을 이해하거나 2D 동영상에서 애니메이션을 만드는 등 여러 가지 실용적인 용도로 활용될 수 있습니다. 이것은 실제로 가능하며, 이 장에서는 이 아이디어를 더 자세히 살펴보겠습니다.

신체 포즈, 카메라 파라미터, 모양 파라미터에 대한 정보가 전혀 없는 사람의 RGB 이미지 한 장이 주어졌다고 상상해 보세요. 우리의 목표는 이 단일 이미지에서 3D 모양과 포즈를 추론하는 것입니다. 2D 이미지에서 3D 모양을 추정하는 것이 항상 오류가 없는 것은 아닙니다. 인체의 복잡성, 관절, 오클루전, 의상, 조명, 2D에서 3D를 추론하는 데 내재된 모호성(여러 개의 3D 포즈가 투영될 때 동일한 2D 포즈를 가질 수 있기 때문) 때문에 어려운 문제입니다. 또한 많은 수동 개입 없이 이를 자동으로 추정할 수 있는 방법이 필요합니다. 또한 다양한 배경, 조명 조건, 카메라 파라미터가 있는 자연 이미지의 복잡한 포즈에 대해서도 작동해야 합니다.

이를 위한 가장 좋은 방법 중 하나는 막스 플랑크 지능형 시스템 연구소(SMPL 모델을 개발한 곳), 마이크로소프트, 메릴랜드 대학교, 튀빙겐 대학교의 연구원들이 개발한 것입니다. 이 접근 방식을 SMPLify라고 합니다. 이 접근 방식에 대해 좀 더 자세히 살펴보겠습니다.

SMPLify 접근 방식은 다음 두 단계로 구성됩니다:

1. OpenPose 또는 DeepCut과 같은 기존 포즈 감지 모델을 사용하여 2D 관절을 자동으로 감지합니다. 동일한 관절을 예측하는 한 어떤 2D 관절 감지기도 사용할 수 있습니다.
2. SMPL 모델을 사용하여 3D 모양을 생성합니다. SMPL 모델의 모델 관절이 이전 단계에서 예측한 2D 관절에 투영되도록 SMPL 모델의 파라미터를 직접 최적화합니다.

우리는 SMPL이 관절에서만 모양을 포착한다는 것을 알고 있습니다. 따라서 SMPL 모델을 사용하면 관절에서만 신체 모양에 대한 정보를 포착할 수 있습니다. SMPL 모델에서 신체 모양 파라미터는 β로 특징지어지며, 이는 PCA 모양 모델의 주성분 계수입니다. 포즈는 키네마틱 트리에서 23개 관절의 상대 회전과 θ에 의해 파라미터화됩니다. 이 매개변수인 β와 θ를 잘 맞춰서 목적 함수를 최소화해야 합니다.

최적화 목적 함수 정의

모든 목적 함수는 오차 개념을 최소화하려는 의도를 포착해야 합니다. 이 오차 계산이 정확할수록 최적화 단계의 결과도 더 정확해집니다. 먼저 전체 목적 함수를 살펴본 다음, 해당 함수의 각 개별 구성 요소를 살펴보고 각 구성 요소가 필요한 이유를 설명하겠습니다:

$$\mathrm{E_J}(\beta,\theta;\mathrm{K},\mathrm{J_{est}}) + \lambda_\theta \mathrm{E}_\theta(\theta) + \lambda_\mathrm{a}\mathrm{E_a}(\theta) + \lambda_\mathrm{sp}\mathrm{E_{sp}}(\theta;\beta) + \lambda_\beta \mathrm{E}_\beta(\beta)$$

- 매개변수 β와 θ를 최적화하여 이 목적 함수를 최소화하고자 합니다. 이 함수는 최적화 프로세스의 하이퍼파라미터인 λ_θ, λ_a, λ_{sp}, λ_β 네 개의 항과 해당 계수로 구성됩니다. 각 용어의 의미는 다음과 같습니다:
  - ▶ $E_j(\beta,\theta;K,J_{est}) = \sum_{joint\,i} w_i\rho(\pi_K(R_\theta(J((\beta)_i)) - J_{est,i})$는 SMPL 모델의 2D 투영 관절과 2D 관절 검출기(예: DeepCut 또는 OpenPose)에서 예측한 관절 위치 사이의 거리에 페널티를 주는 관절 기반 용어입니다. *w_i*는 2D 관절 검출 모델에서 제공하는 각 관절의 신뢰도 점수입니다. 관절이 가려지면 해당 관절의 신뢰 점수가 낮아집니다. 당연히 이렇게 가려진 관절을 크게 중요시해서는 안 됩니다.
  - ▶ $E_a\theta = \sum_i \exp(\theta_i)$는 관절 사이의 큰 각도에 페널티를 주는 포즈입니다. 예를 들어 팔꿈치와 무릎이 부자연스럽게 구부러지지 않도록 합니다.
  - ▶ $E_a a$는 매우 큰 데이터셋에서 얻은 자연스러운 포즈에 맞춘 가우시안 혼합 모델입니다. 이 데이터셋은 거의 백만 개의 데이터 포인트로 구성된 CMU 그래픽스 랩 모션 캡처 데이터베이스라고 합니다. 최적화 함수의 이 데이터 기반 용어는 포즈 파라미터가 실제로 관찰되는 것과 가깝도록 보장합니다.

1. $E_{sp}(\theta;\beta)$는 자가 침투 오차입니다. 저자들이 이 오차 항을 제외하고 목적 함수를 최적화했을 때, 팔꿈치와 손이 비틀어져 배를 관통하는 등 부자연스러운 자가 침투가 나타났습니다. 이는 물리적으로 불가능합니다. 그러나 이 오차 항을 추가한 후에는 자연스러운 모습의 결과를 얻을 수 있었습니다. 이 오차 항은 구의 집합으로 근사화된 신체 부위로 구성됩니다. 이 오차 항은 호환되지 않는 구를 정의하고 이러한 호환되지 않는 구의 교차점에 페널티를 줍니다.
2. $E_\beta(\beta) = \beta^T \sum_\beta^{-1} \beta$는 SMPL 모델에서 얻은 모양입니다. 여기서 주성분 행렬은 SMPL 학습 데이터셋에서 학습하여 얻은 SMPL 모델의 일부라는 점에 유의하세요.

요약하면, 목적 함수는 다섯 가지 구성 요소로 이루어져 있으며, 이 목적 함수의 솔루션은 2D 관절 투영 거리를 최소화하는 동시에 큰 관절 각도, 부자연스러운 자가 침투가 없고, 포즈와 모양 파라미터가 자연스러운 신체 포즈와 모양으로 구성된 대규모 데이터셋에서 볼 수 있는 사전 분포를 준수하도록 보장하는 포즈 및 모양 파라미터(θ 및 β) 집합입니다.

SMPLify 탐색

2D RGB 이미지에서 사람의 3D 신체 모양을 추정하는 방법에 대해 대략적으로 알아봤으니, 이제 코드를 통해 직접 실습해 보겠습니다. 구체적으로, Leeds Sports Pose(LSP) 데이터셋의 2D 이미지 두 개에 3D 신체 모양을 피팅해보겠습니다. 이 데이터셋에는 Flickr에서 수집한 대부분 스포츠 선수들의 포즈에 주석이 달린 2,000개의 이미지가 포함되어 있습니다. 코드를 더 자세히 탐색 전에 먼저 코드를 실행하여 이러한 피팅된 신체 모양을 생성하겠습니다. 이 절에서 사용된 모든 코드는 *Keep it SMPL: Automatic Estimation of 3D Human Pose and Shape from a Single Image*라는 제목의 논문에서 구현한 것을 채택했습니다.

여기서는 학습자가 코드를 빠르게 실행하고 결과물을 직접 시각화할 수 있는 방식으로만 조정했습니다.

이 코드는 원래 python2용 SMPLify 작성자가 만든 것입니다. 따라서 SMPL 모델을 살펴볼 때 사용한 것과 동일한 python2 환경을 사용해야 합니다. 코드를 실행하기 전에 코드가 어떻게 구성되어 있는지 간략히 살펴보겠습니다:

```
chap8
    -- smplify
        -- code
            -- fit3d_utils.py
            -- run_fit3d.py
            -- render_model.py
            -- lib
            -- models
        -- images
        -- results
```

코드 실행

직접 상호작용하게 될 메인 파일은 run_fir3d.py입니다. 이미지라는 이름의 폴더에는 LSP 데이터셋의 몇 가지 예제 이미지가 있습니다. 하지만 코드를 실행하기 전에 PYTHONPATH가 올바르게 설정되어 있는지 확인해야 합니다. 이는 chap8 폴더의 위치를 가리켜야 합니다. 다음 코드를 실행하면 됩니다:

```
export PYTHONPATH=$PYTHONPATH:<user-specific-path>/3D-Deep-Learning-with-Python/chap8/
```

이제 맞는 폴더로 이동합니다:

```
CD SMPLIFY/CODE
```

이제 다음 명령을 실행하여 이미지 폴더의 이미지에 3D 신체를 맞출 수 있습니다:

```
python run_fit3d.py --base_dir ../ --out_dir .
```

이 실행에서는 최적화 반복을 거치는 것이 더 빠르기 때문에 상호 침투 오차를 사용하지 않습니다. 결국 신체 중립적인 모양을 피팅하게 됩니다. 3D 신체의 투영된 포즈가 사진 속 인물에 맞는지 시각화할 수 있습니다. 최적화가 완료되면 다음 두 개의 이미지가 표시됩니다:

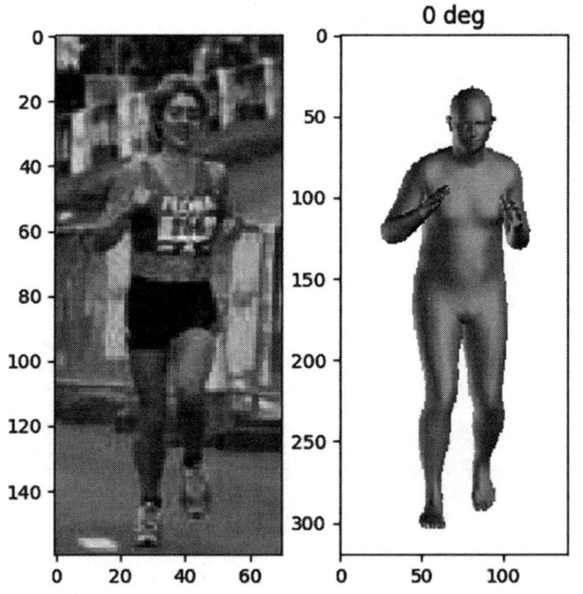

그림 8.4 LSP 데이터셋에 있는 달리는 사람의 이미지(왼쪽)와 이 이미지에 맞는 3D 신체 모양(오른쪽)

또 다른 출력은 다음과 같습니다:

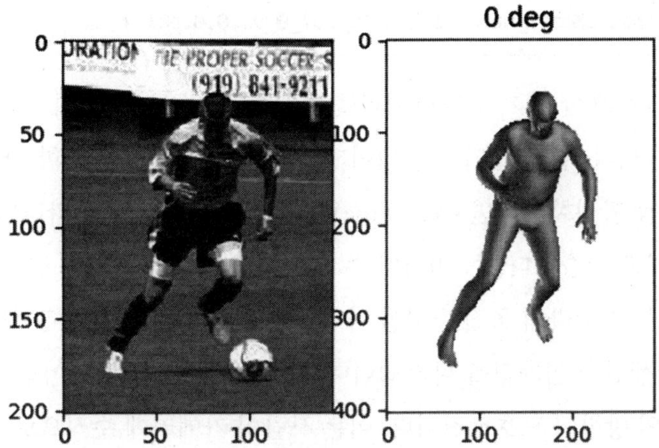

그림 8.5 LSP 데이터셋에 있는 축구 선수의 경기 중 이미지(왼쪽)와 이 이미지에 맞는 3D 신체 모양(오른쪽)

코드 탐색

이제 2D 이미지에 사람을 피팅하는 코드를 실행해 보았으니, 이를 달성하는 데 필요한 몇 가지 주요 구성 요소를 이해하기 위해 코드를 좀 더 자세히 살펴봅시다. 모든 구성 요소는 run_fit3d.py에서 찾을 수 있습니다. 다음 단계를 수행해야 합니다:

1. 먼저 필요한 모든 모듈을 임포트합니다:

```
from os.path import join, exists, abspath, dirname
from os import makedirs
import cPickle as pickle
from glob import glob

import cv2
import numpy as np
import matplotlib.pyplot as plt
import argparse

from smpl.serialization import load_model
from smplify.code.fit3d_utils import run_single_fit
```

2. 이제 SMPL 모델이 어디에 위치하는지 정의해 보겠습니다. 이 작업은 다음을 통해 수행됩니다:

```
MODEL_DIR = join(abspath(dirname(__file__)), 'models')
MODEL_NEUTRAL_PATH = join(
MODEL_DIR, 'basicModel_neutral_lbs_10_207_0_v1.0.0.pkl')
```

3. 최적화 방법에 필요한 몇 가지 파라미터를 설정하고 이미지와 결과가 위치할 디렉터리를 정의해 보겠습니다. 결과 폴더에는 데이터셋의 모든 이미지에 대한 관절 추정치가 있습니다. 시각화를 활성화하려면 viz를 True로 설정합니다. 10개의 파라미터가 있는 SMPL 모델을 사용하고 있습니다(즉, 10개의 주요 구성 요소를 사용하여 신체 모양을 모델링합니다). flength는 카메라의 초점 거리를 나타내며, 최적화 중에 고정된 상태로 유지됩니다. pix_thsh는 픽셀단위 임계값을 나타냅니다. 2D에서 어깨 관절 사이의 거리가 pix_thsh보다 작으면 몸의 방향이 모호해집니다. 이는 사람이 카메라에 수직으로 서 있을 때 발생할 수 있습니다. 결과적으로 왼쪽을 향하고 있는지 오른쪽을 향하고 있는지 말하기 어렵습니다. 따라서 예상되는 것과 뒤집힌 것 모두에 대해 피팅을 실행합니다:

```
viz = True
n_betas = 10
flength = 5000.0
pix_thsh = 25.0
img_dir = join(abspath(base_dir), 'images/lsp')
data_dir = join(abspath(base_dir), 'results/lsp')
if not exists(out_dir):
    makedirs(out_dir)
```

4. 그런 다음 이 성 중립적인 SMPL 모델을 메모리에 적재해야 합니다:

```
model = load_model(MODEL_NEUTRAL_PATH)
```

5. 그런 다음 LSP 데이터셋의 이미지에 대한 관절 추정치를 적재해야 합니다. LSP 데이터셋 자체에는 데이터셋의 모든 이미지에 대한 관절 추정치와 해당 관절 신뢰도 점수가 포함되어 있습니다. 이를 직접 사용하겠습니다. 직접 관절 추정치를 제공하거나 OpenPose 또는 DeepCut과 같은 좋은 관절 추정기를 사용하여 관절 추정치를 얻을 수도 있습니다:

```
est = np.load(join(data_dir, 'est_joints.npz'))['est_joints']
```

6. 다음으로, 데이터셋의 이미지를 적재하고 해당 관절 추정치와 신뢰도 점수를 구해야 합니다:

```
img_paths = sorted(glob(join(img_dir, '*[0-9].jpg')))
for ind, img_path in enumerate(img_paths):
    img = cv2.imread(img_path)
    joints = est[:2, :, ind].T
    conf = est[2, :, ind]
```

7. 데이터셋의 각 이미지에 대해 run_single_fit 함수를 사용하여 파라미터 베타 및 세타를 피팅합니다. 다음 함수는 이전 절에서 설명한 SMPLify 목적 함수와 유사한 목적 함수에서 최적화를 실행한 후 이러한 파라미터를 반환합니다:

```
params, vis = run_single_fit(img, joints, conf, model,
    regs=sph_regs, n_betas=n_betas, flength=flength,
    pix_thsh=pix_thsh, scale_factor=2, viz=viz, do_degrees=do_degrees)
```

목적 함수가 최적화되는 동안 이 함수는 녹색 원이 2D 관절 감지 모델(사용자에게 제공됨)의 2D 관절 추정치인 matplotlib 창을 생성합니다. 빨간색 원은 2D 이미지에 맞춰지는 SMPL 3D 모델의 투영된 관절입니다:

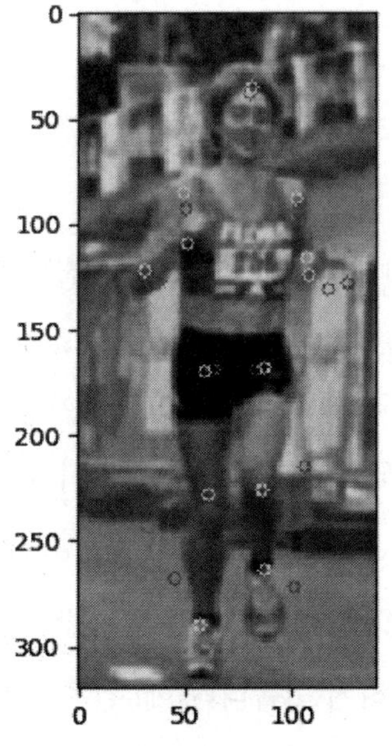

그림 8.6 제공된 2D 관절(녹색)과 투영된 관절(빨간색)이 2D 이미지에 피팅된 SMPL 모델 시각화

8. 다음으로, 피팅된 3D 인체를 2D RGB 이미지와 함께 시각화하고자 합니다. 이를 위해 matplotlib를 사용합니다. 그러면 이미지를 디스크에 저장할 수 있는 대화형 창이 열립니다:

```
if viz:
    import matplotlib.pyplot as plt
    plt.ion()
    plt.show()
    plt.subplot(121)
    plt.imshow(img[:, :, ::-1])
    for di, deg in enumerate(do_degrees):
        plt.subplot(122)
        plt.cla()
        plt.imshow(vis[di])
        plt.draw()
        plt.title('%d deg' % deg)
        plt.pause(1)
        raw_input('Press any key to continue...')
```

9. 그 후 다음 코드를 사용하여 이러한 파라미티와 시각화를 디스크에 저장합니다:

```
    with open(out_path, 'w') as outf:
        pickle.dump(params, outf)
    if do_degrees is not None:
        cv2.imwrite(out_path.replace('.pkl', '.png'), vis[0])
```

앞의 코드에서 가장 중요한 함수는 run_single_fit입니다. 이 함수에 대한 자세한 내용은 smplify.code.fit3d_utils.py에서 확인할 수 있습니다.

여기서 중요한 점은 피팅된 3D 신체의 정확도는 2D 관절의 정확도에 따라 달라진다는 점입니다. 2D 관절은 관절 감지 모델(예: OpenPose 또는 DeepCut)을 사용하여 예측되므로 이러한 관절 예측 모델의 정확도는 이 문제와 매우 중요하고 관련이 있습니다. 2D 관절을 예측하는 것은 특히 다음과 같은 시나리오에서 오류가 발생하기 쉽습니다:

- 완전히 보이지 않는 관절은 예측하기 어렵습니다. 이는 자가 폐쇄, 다른 물체에 의한 가려짐, 특이한 옷차림 등 다양한 원인으로 인해 발생할 수 있습니다.
- 왼쪽과 오른쪽 관절을 혼동하기 쉽습니다(예: 왼쪽 손목과 오른쪽 손목). 특히 인물이 카메라를 옆으로 향하고 있을 때 더욱 그렇습니다.
- 모델이 이러한 포즈로 학습되지 않은 경우 비정상적인 포즈의 관절을 감지하는 것은 어렵습니다. 이는 관절 감지기를 학습하는 데 사용되는 데이터셋의 다양성에 따라 달라집니다.

더 넓게 보면, 여러 머신러닝 모델이 순차적으로 상호 작용하는 시스템(즉, 한 모델의 출력이 다른 모델의 입력이 되는 경우)은 계단식 오차로 인해 어려움을 겪을 수 있습니다. 한 구성 요소의 작은 오차는 다운스트림 구성 요소의 출력에 큰 오차를 초래합니다. 이러한 문제는 일반적으로 시스템을 엔드 투 엔드로 학습하여 해결합니다. 그러나 연구 커뮤니티에는 2D 입력 이미지를 3D 모델에 직접 매핑하는 실측 데이터가 없기 때문에 현재로서는 이 전략을 사용할 수 없습니다.

요약

이 장에서는 3D로 인체를 모델링하는 수학적 공식에 대해 간략하게 살펴봤습니다. 좋은 표현의 힘을 이해하고 사실적인 결과물을 얻기 위해 강력한 표현에 대해 선형 블렌드 스키닝과 같은 간단한 방법을 사용했습니다. 그런 다음 SMPL 모델에 대한 개괄적인 개요를 파악하고 이를 사용하여 임의의 3D 인체를 만들었습니다. 그 후, 이를 생성하는 데 사용된 코드를 살펴봤습니다. 다음으로, 2D RGB 이미지의 인물에 3D 인체 모양을 피팅하기 위해 SMPLify를 사용하는 방법을 살펴봤습니다. 이를 위해 백그라운드에서 SMPL 모델을 사용하는 방법에 대해 배웠습니다. 또한 LSP 데이터셋의 두 이미지에 인체 모양을 피팅하고 이를 위해 사용한 코드를 이해했습니다. 이를 통해 3D로 인체를 모델링하는 데 대한 개략적인 개요를 파악할 수 있었습니다.

다음 장에서는 일반적으로 3D 재구성에 사용되는 SynSin 모델을 살펴보겠습니다. 다음 장의 목표는 하나의 이미지가 주어졌을 때 다른 뷰에서 이미지를 재구성하는 방법을 이해하는 것입니다.

제9장 SynSin으로 엔드 투 엔드 뷰 합성 수행

이 장에서는 SynSin이라는 최신 최첨단 뷰 합성 모델에 대해 설명합니다. 뷰 합성은 3D 딥러닝의 주요 방향 중 하나로 AR, VR, 게임 등 다양한 영역에서 사용할 수 있습니다. 목표는 주어진 이미지를 입력으로 하여 다른 뷰에서 새로운 이미지를 재구성하기 위한 모델을 만드는 것입니다.

이 장에서는 먼저 뷰 합성과 이 문제를 해결하기 위한 기존의 접근 방식을 살펴봅니다. 그리고 이러한 기술의 모든 장단점에 대해 논의할 것입니다.

두번째로 SynSin 모델의 아키텍처에 대해 자세히 알아보겠습니다. 이 모델은 세 가지 주요 모듈로 구성된 엔드 투 엔드 모델입니다. 각 모듈에 대해 설명하고 이러한 모듈이 3D 데이터 없이 뷰 합성을 해결하는 데 어떻게 도움이 되는지 알아보겠습니다.

모델의 전체 구조를 이해한 후에는 전체적인 뷰 합성 프로세스를 더 잘 이해하기 위해 모델을 설정하고 작업하는 실습으로 넘어갑니다. 모델을 학습하고 테스트하며, 추론을 위해 미리 학습된 모델을 사용하기도 합니다.

이 장에서는 다음과 같은 주요 주제를 다룹니다:

- 뷰 합성 개요
- SynSin 네트워크 아키텍처
- 실습 모델 학습 및 테스트

기술 요구 사항

이 책의 예제 코드 스니펫을 실행하려면 GPU가 탑재된 컴퓨터가 있어야 합니다. 하지만 CPU만으로 코드 스니펫을 실행하는 것도 불가능하지는 않습니다.

권장되는 컴퓨터 구성에는 다음이 포함됩니다:

- 최소 8GB의 메모리를 갖춘 Nvidia GTX 시리즈 또는 RTX 시리즈와 같은 GPU
- Python 3
- PyTorch 및 PyTorch3D 라이브러리

이 챕터의 코드 스니펫은 https://github.com/PacktPublishing/3D-Deep-Learning-with-Python에서 확인할 수 있습니다.

뷰 합성 개요

3D 컴퓨터 비전에서 가장 인기 있는 연구 방향 중 하나는 뷰 합성입니다. 데이터와 시점이 주어지면 다른 시점에서 객체를 렌더링하는 새로운 이미지를 생성하는 것이 이 연구 방향의 아이디어입니다.

뷰 합성에는 두 가지 과제가 있습니다. 모델은 이미지의 3D 구조와 시맨틱 정보를 이해해야 합니다. 3D 구조란 시점을 변경할 때 어떤 객체는 더 가까워지고 어떤 객체는 멀어진다는 것을 의미합니다. 좋은 모델은 어떤 객체는 더 크게, 어떤 객체는 더 작게 보이는 이미지를 렌더링하여 이러한 변화를 처리해야 합니다. 시맨틱 정보란 모델이 객체를 구분하고 이미지에 어떤 객체가 존재하는지 이해해야 한다는 의미입니다. 이는 일부 객체가 이미지에 부분적으로 포함될 수 있으므로 재구성하는 동안 모델이 객체의 의미를 이해하여 해당 객체의 연속을 재구성하는 방법을 알아야 하기 때문에 중요합니다. 예를 들어, 한쪽에 바퀴가 두 개만 있는 자동차 이미지가 있다고 가정하면 자동차의 다른 쪽에도 바퀴가 두 개 더 있다는 것을 알 수 있습니다. 재구성하는 동안 모델에는 이러한 시맨틱이 포함되어야 합니다:

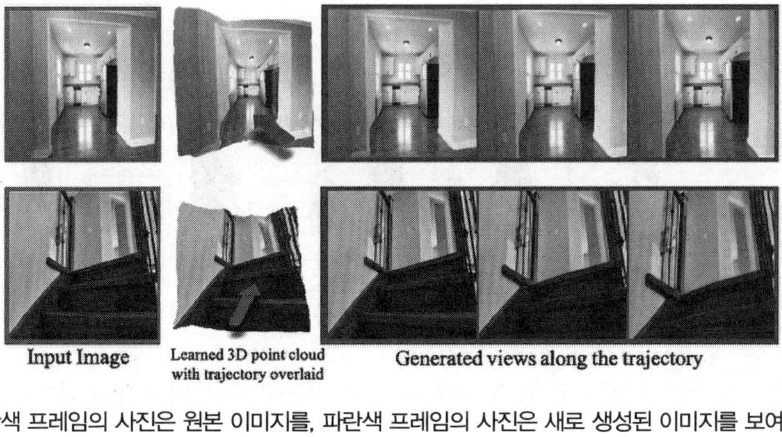

그림 9.1 빨간색 프레임의 사진은 원본 이미지를, 파란색 프레임의 사진은 새로 생성된 이미지를 보여줍니다. 이것은 SynSin 방법론을 사용한 뷰 합성의 예입니다.

해결해야 할 과제가 많습니다. 모델의 경우 이미지에서 3D 장면을 이해하기가 어렵습니다. 뷰 합성을 위한 몇 가지 방법이 있습니다:

- **여러 이미지에서 뷰 합성**: 심층 신경망을 사용하여 여러 이미지의 깊이를 학습한 다음 다른 뷰에서 새로운 이미지를 재구성할 수 있습니다. 하지만 앞서 언급했듯이 이는 약간 다른 뷰의 이미지가 여러 개 있다는 것을 의미하며, 때로는 이러한 데이터를 확보하기 어려운 경우도 있습니다.
- **실측 깊이를 사용한 뷰 합성**: 여기에는 이미지 외에 이미지의 깊이와 시맨틱을 나타내는 실측 마스크를 사용하는 일련의 기법이 포함됩니다. 이러한 유형의 모델은 경우에 따라 좋은 결과를 얻을 수 있지만, 특히 야외 장면의 경우 대규모로 데이터를 수집하는 것이 어렵고 비용이 많이 듭니다. 또한 이러한 데이터에 대규모로 주석을 다는 데에도 많은 비용과 시간이 소요됩니다.
- **단일 이미지에서 뷰 합성**: 이는 이미지가 하나뿐이고 새로운 뷰에서 이미지를 재구성하려는 경우 보다 현실적인 설정입니다. 하나의 이미지만 사용해서는 더 정확한 결과를 얻기가 어렵습니다. SynSin은 최첨단 뷰 합성을 달성할 수 있는 일련의 방법에 속합니다.

지금까지 뷰 합성에 대한 간략한 개요를 살펴보았습니다. 이제 SynSin을 탐색하고, 네트워크 아키텍처를 자세히 살펴보며, 모델 학습 및 테스트 프로세스를 살펴보겠습니다.

SynSin 네트워크 아키텍처

SynSin의 아이디어는 테스트 시 단 하나의 이미지만 사용하여 엔드 투 엔드 모델로 뷰 합성 문제를 해결하는 것입니다. 이 모델은 3D 데이터 주석이 필요하지 않으며 기준선에 비해 매우 우수한 정확도를 달성합니다:

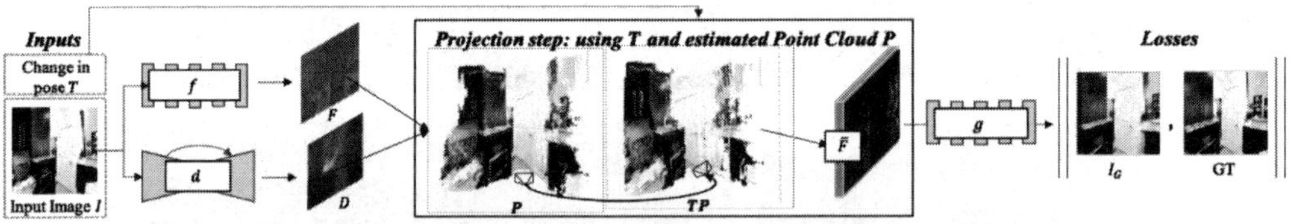

그림 9.2 엔드투엔드 SynSin 방법의 구조

이 모델은 엔드 투 엔드 방식으로 학습되며, 세 가지 모듈로 구성되어 있습니다:

- 공간 특징 및 깊이 네트워크
- 신경망 포인트 클라우드 렌더러
- 정제 모듈 및 판별기

아키텍처를 더 잘 이해하기 위해 각각에 대해 자세히 살펴보겠습니다.

공간 특징 및 깊이 네트워크

그림 9.2의 첫 번째 부분을 확대하면 동일한 이미지에 의해 공급되는 두 개의 서로 다른 네트워크를 볼 수 있습니다. 이것이 공간 특징 네트워크(f)와 깊이 네트워크(d)입니다(그림 9.3):

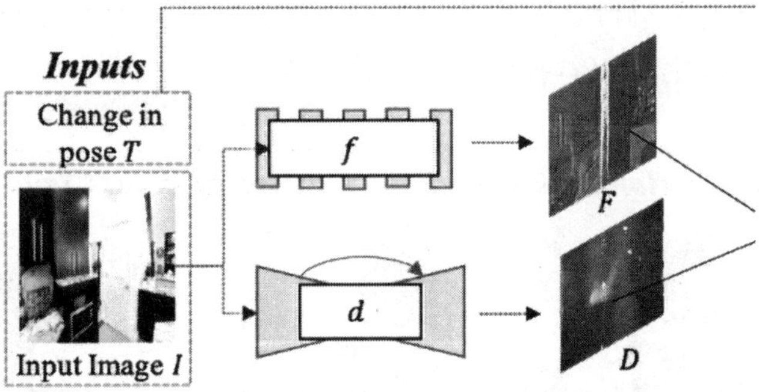

그림 9.3 공간 특징 및 깊이 네트워크의 입력 및 출력

참조 이미지와 원하는 포즈 변화(T)가 주어졌을 때, 그 포즈 변화가 참조 이미지에 적용된 것처럼 이미지를 생성하고자 합니다. 첫 번째 부분에서는 참조 이미지 하나만 사용하여 두 개의 네트워크에 공급합니다. 공간 특징 네트워크는 이미지의 고해상도 표현인 특징 맵을 학습하는 것을 목표로 합니다. 모델의 이 부분은 이미지에 대한 시맨틱 정보를 학습하는 역할을 담당합니다. 이 모델은 8개의 ResNet 블록으로 구성되며 이미지의 각 픽셀에 대해 64차원 특징 맵을 출력합니다. 출력은 원본 이미지와 동일한 해상도를 갖습니다.

다음으로, 깊이 네트워크는 이미지의 3D 구조를 학습하는 것을 목표로 합니다. 정확한 3D 주석을 사용하지 않기 때문에 정확한 3D 구조는 아닙니다. 하지만 이 모델은 이를 더욱 개선할 것입니다. 이 네트워크에는 8개의 다운샘플링 및 업샘플링 레이어와 시그모이드 레이어가 있는 UNet이 사용됩니다. 다시 말하지만, 출력물의 해상도는 원본 이미지와 동일합니다.

이미 눈치챘겠지만, 두 모델 모두 출력 채널의 해상도를 높게 유지합니다. 이렇게 하면 더 정확하고 고품질의 이미지를 재구성하는 데 도움이 됩니다.

신경 포인트 클라우드 렌더러

다음 단계는 3D 포인트 클라우드를 생성한 다음 뷰 변환 포인트와 함께 사용하여 새 시점의 새 이미지를 렌더링하는 것입니다. 이를 위해 공간 특징과 깊이 네트워크의 결합된 출력을 사용합니다.

다음 단계는 다른 점에서 이미지를 렌더링하는 것입니다. 대부분의 시나리오에서는 나이브 렌더러가 사용됩니다. 이는 새 뷰의 한 픽셀 또는 작은 영역에 3D 포인트를 투영합니다. 나이브 렌더러는 z-버퍼를 사용하여 점에서 카메라까지의 모든 거리를 유지합니다. 나이브 렌더러의 문제점은 미분 가능하지 않기 때문에 기울기를 사용하여 깊이 및 공간 특징 네트워크를 업데이트할 수 없다는 것입니다. 게다가 RGB 이미지 대신 특징을 렌더링하고 싶습니다. 이는 나이브 렌더러가 이 기술에 적합하지 않다는 것을 의미합니다:

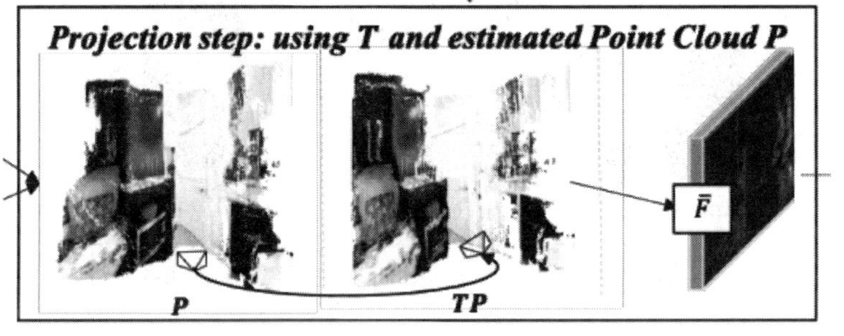

그림 9.4 신경 포인트 클라우드 렌더러의 포즈 변환

나이브 렌더러를 단지 미분하면 어떨까요? 여기서 우리는 두 가지 문제에 직면합니다:

- **작은 이웃**: 앞서 언급했듯이 각 점은 렌더링된 이미지의 하나 또는 몇 픽셀에만 나타납니다. 따라서 각 점에는 몇 개의 기울기만 존재합니다. 이는 로컬 기울기의 단점으로, 기울기 업데이트에 의존하는 네트워크의 성능을 저하시킵니다.
- **하드 z-버퍼**: z-버퍼는 이미지를 렌더링할 때 가장 가까운 점만 유지합니다. 새로운 점이 더 가까이 나타나면 갑자기 출력이 급격하게 변경됩니다.

여기에 제시된 문제를 극복하기 위해 모델은 어려운 결정을 완화하려고 시도합니다. 이 기술을 **신경 포인트 클라우드 렌더러**라고 합니다. 이를 위해 렌더러는 포인트에 픽셀을 할당하는 대신 다양한 영향력을 가진 스플랫을 생성합니다. 이렇게 하면 작은 이웃 문제를 해결할 수 있습니다. 하드 z-버퍼 문제의 경우 가장 가까운 점뿐만 아니라 가장 가까운 점의 효과를 누적합니다:

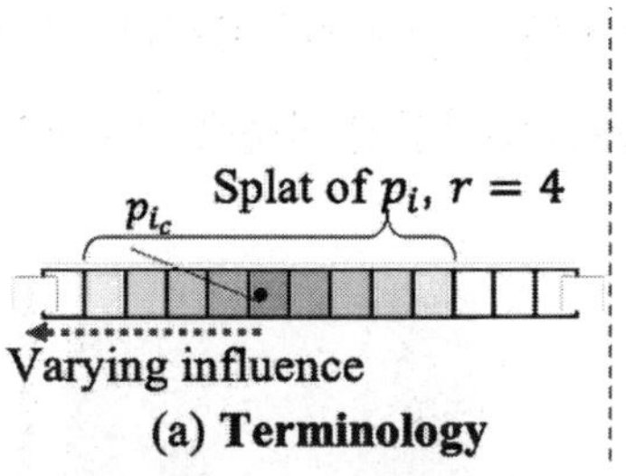

그림 9.5 스플래팅 기법으로 점 투영하기

3D 점이 투영되고 반경 r로 스플래팅됩니다(그림 9.5). 그런 다음 해당 픽셀에 대한 3D 점의 영향은 스플래팅된 점의 중심과 해당 점 사이의 유클리드 거리로 측정됩니다:

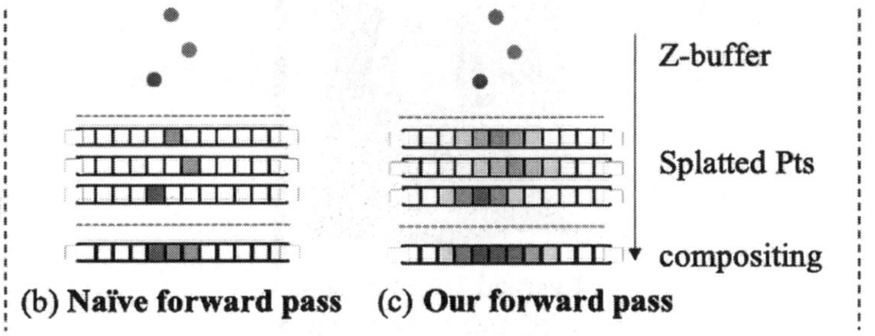

그림 9.6 신경 포인트 클라우드 렌더러를 사용한 순방향 및 역방향 전파의 효과는 나이브(b) 및 SynSin(c) 렌더링의 예에서 확인할 수 있습니다.

앞의 그림에서 볼 수 있듯이 각 점이 스플래팅되어 있어 너무 많은 정보를 잃지 않고 까다로운 문제를 해결하는 데 도움이 됩니다.

이 접근 방식의 장점은 하나의 3D 점에 대해 더 많은 기울기를 수집할 수 있어 공간 특징과 깊이 네트워크 모두에 대한 네트워크 학습 프로세스가 개선된다는 점입니다:

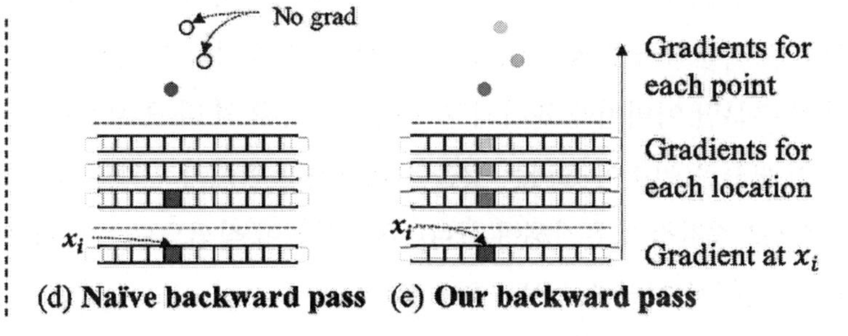

그림 9.7 나이브 렌더러와 신경 포인트 클라우드 렌더러의 역전파

마지막으로, z-버퍼에 점을 수집하고 누적해야 합니다. 먼저 새 카메라와의 거리에 따라 점을 정렬한 다음, 알파 합성이 적용된 K-최인접 이웃을 사용하여 점을 누적합니다:

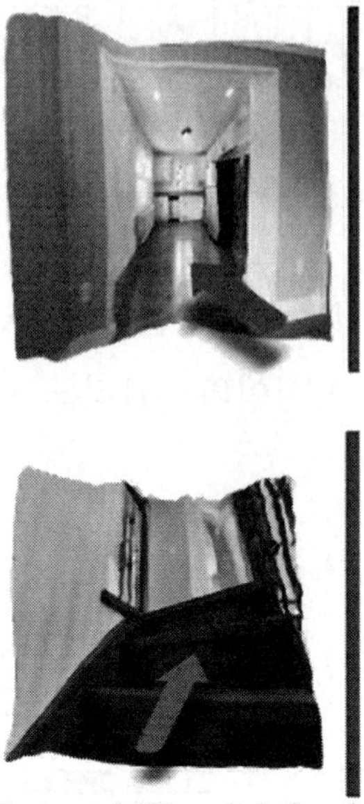

그림 9.8 3D 포인트 클라우드 출력

그림 9.8에서 볼 수 있듯이 3D 포인트 클라우드는 정제되지 않은 새 뷰를 출력합니다. 이 출력은 정제 모듈의 입력이 됩니다.

정제 모듈 및 판별기

마지막으로 모델은 정제 모듈로 구성됩니다. 이 모듈에는 두 가지 임무가 있는데, 첫째는 투영된 특징의 정확도를 개선하는 것이고, 둘째는 새 뷰에서 이미지의 보이지 않는 부분을 채우는 것입니다. 이 모듈은 시맨틱하게 의미 있고 기하학적으로 정확한 이미지를 출력해야 합니다. 예를 들어, 표의 한 부분만 이미지에 표시되고 새 뷰에서는 표의 더 큰 부분이 이미지에 포함되어야 하는 경우, 이 모듈은 이것이 표라는 것을 시맨틱하게 이해하고 재구성하는 동안 새 부분의 줄을 기하학적으로 정확하게 유지해야 합니다(예: 직선이 직선으로 유지되어야 함). 모델은 실제 이미지 데이터셋에서 이러한 속성을 학습합니다:

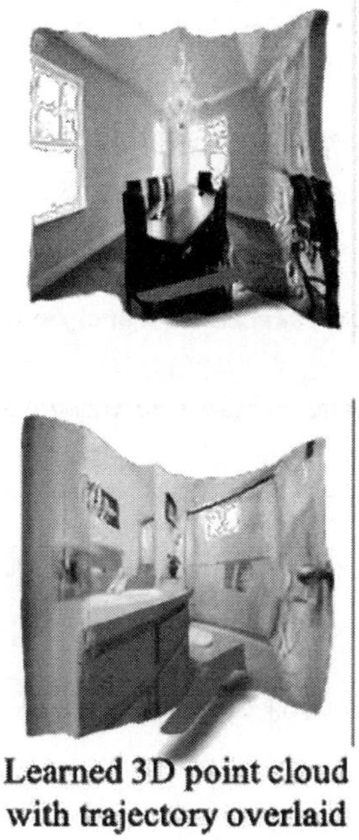

그림 9.9 정제 모듈

정제 모듈(g)은 신경 포인트 클라우드 렌더러에서 입력을 받은 다음 최종 재구성된 이미지를 출력합니다. 그런 다음 학습 과정을 개선하기 위해 손실 목표에 사용됩니다.

이 작업은 생성 모델로 해결됩니다. 8개의 블록으로 구성된 ResNet이 사용되며, 이미지의 해상도를 양호하게 유지하기 위해 다운샘플링과 업샘플링 블록도 사용되었습니다. 두 개의 다층 판별기와 함께 GAN을 사용하고 판별기의 매칭 손실을 특징으로 합니다.

모델의 최종 손실은 생성된 이미지와 목표 이미지 간 L1 손실, 콘텐츠 손실, 판별기 손실로 구성됩니다:

$$\mathcal{L} = \lambda_{GAN}\mathcal{L}_{GAN} + \lambda_{l1}\mathcal{L}_{l1} + \lambda_c\mathcal{L}_c$$

그런 다음 손실 함수는 평소와 같이 모델 최적화에 사용됩니다.

이것이 바로 SynSin이 다양한 모듈을 결합하여 단 하나의 이미지에서 뷰를 합성하는 엔드 투 엔드 프로세스를 만드는 방법입니다. 다음으로 모델의 실제 구현에 대해 살펴보겠습니다.

실습 모델 학습 및 테스트

Facebook Research는 모델을 학습시키고 이미 학습된 모델을 추론에 사용할 수 있는 SynSin 모델의 GitHub 저장소를 공개했습니다. 이 절에서는 학습 과정과 사전 학습된 모델을 사용한 추론에 대해 설명합니다:

1. 하지만 먼저 모델을 설정해야 합니다. GitHub 저장소를 복제하고, 환경을 만들고, 모든 요구 사항을 설치해야 합니다:

```
git clone https://github.com/facebookresearch/synsin.git
cd synsin/
conda create --name synsin_env --file requirements.txt
conda activate synsin_env
```

   앞의 명령으로 요구 사항을 설치할 수 없는 경우 언제든지 수동으로 설치할 수 있습니다. 수동으로 설치하려면 synsin/INSTALL.md 파일 지침을 따르세요.

2. 이 모델은 세 가지 데이터셋에 대해 학습되었습니다:

   I. RealEstate10K

   II. MP3D

   III. KITTI

   학습에 필요한 데이터는 데이터셋 웹사이트에서 다운로드할 수 있습니다. 이 책에서는 KITTI 데이터셋을 사용하지만, 다른 데이터셋도 자유롭게 사용해 보시기 바랍니다.

   KITTI 데이터셋를 다운로드하는 방법에 대한 지침은 다음 SynSin 저장소에서 확인할 수 있습니다. https://github.com/facebookresearch/synsin/blob/main/KITTI.md.

   먼저 웹사이트에서 데이터셋을 다운로드하고 ${KITTI_HOME}/dataset_kitti에 파일을 저장해야 합니다. 여기서 KITTI_HOME은 데이터셋이 위치할 경로입니다.

3. 다음으로, 로컬 컴퓨터에서 KITTI 데이터셋의 경로를 추가해야 하는 ./options/option.py 파일을 업데이트해야 합니다:

```
elif opt.dataset == 'kitti':
    opt.min_z = 1.0
    opt.max_z = 50.0
    opt.train_data_path = (
        './DATA/dataset_kitti/'
    )
    from data.kitti import KITTIDataLoader
    return KITTIDataLoader
```

다른 데이터셋을 사용하려는 경우 다른 데이터셋에 대한 DataLoader를 찾아 해당 데이터셋의 경로를 추가해야 합니다.

4. 학습하기 전에 다음 명령을 실행하여 사전 학습된 모델을 다운로드해야 합니다:

```
bash ./download_models.sh
```

파일을 열고 내부를 살펴보면 세 데이터셋 모두에 대해 사전 학습된 모델이 모두 포함되어 있음을 알 수 있습니다. 따라서 명령을 실행하면 데이터셋당 3개의 다른 폴더가 생성되고 해당 데이터셋에 대한 모든 사전 학습된 모델이 다운로드됩니다. 학습과 추론에 모두 사용할 수 있습니다. 모든 모델을 다운로드하지 않으려면 다음을 실행하여 언제든지 수동으로 다운로드할 수 있습니다:

```
wget https://dl.fbaipublicfiles.com/synsin/checkpoints/realestate/synsin.pth
```

이 명령은 부동산 데이터셋에 대해 SynSin 사전 학습된 모델을 실행합니다. 사전 학습된 모델에 대한 자세한 내용은 다음과 같이 readme.txt 파일을 다운로드할 수 있습니다:

```
wget https://dl.fbaipublicfiles.com/synsin/checkpoints/readme.txt
```

5. 학습을 위해서는 train.py 파일을 실행해야 합니다. 쉘에서 ./train.sh를 사용하여 실행할 수 있습니다. train.sh 파일을 열면 세 가지 데이터셋에 대한 명령을 찾을 수 있습니다. KITTI의 기본 예는 다음과 같습니다:

```
python train.py --batch-size 32 \
        --folder 'temp' --num_workers 4 \
        --resume --dataset 'kitti' --use_inv_z \
        --use_inverse_depth \
        --accumulation 'alphacomposite' \
        --model_type 'zbuffer_pts' \
        --refine_model_type 'resnet_256W8UpDown64' \
        --norm_G 'sync:spectral_batch' \
        --gpu_ids 0,1 --render_ids 1 \
        --suffix '' --normalize_image --lr 0.0001
```

파라미터와 데이터셋을 가지고 놀면서 원래 모델의 결과를 시뮬레이션해 볼 수 있습니다. 학습 프로세스가 완료되면 새 모델을 평가에 사용할 수 있습니다.

6. 평가를 위해서는 먼저 실측 이미지를 생성해야 합니다. 이를 얻으려면 다음 코드를 실행해야 합니다:

```
export KITTI=${KITTI_HOME}/dataset_kitti/images
python evaluation/eval_kitti.py --old_model ${OLD_MODEL}
--result_folder ${TEST_FOLDER}
```

첫 번째 줄은 데이터셋에 대한 이미지의 경로와 함께 KITTI라는 새 변수를 내보냅니다. 다음 스크립트는 각 이미지에 대해 생성된 이미지와 실측값 쌍을 생성합니다:

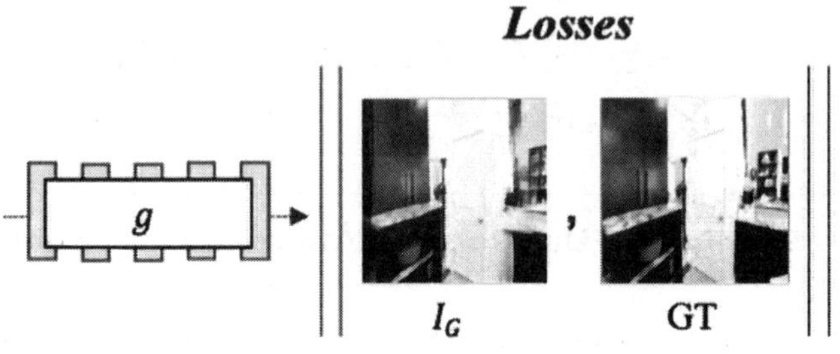

그림 9.10 eval_kitti.py의 출력 예시

첫 번째 이미지는 입력 이미지이고, 두 번째 이미지는 실측 자료입니다. 세 번째 이미지는 네트워크 출력입니다. 보시다시피 카메라가 약간 앞으로 이동했는데, 이 특정 사례의 경우 모델 출력이 매우 잘 생성된 것으로 보입니다.

7. 하지만 네트워크가 얼마나 잘 작동하는지 이해하려면 수치로 표현할 수 있어야 합니다. 그렇기 때문에 정확도를 계산하는 evaluation/evaluation_perceptualsim.py 파일을 실행해야 합니다:

```
python evaluation/evaluate_perceptualsim.py \
    --folder ${TEST_FOLDER} \
    --pred_image im_B.png \
    --target_image im_res.png \
    --output_file kitti_results
```

앞의 명령은 테스트 이미지의 경로가 주어지면 모델을 평가하는 데 도움이 되며, 이 중 하나는 예측 이미지이고 다른 하나는 대상 이미지입니다.

테스트 결과는 다음과 같습니다:

```
Perceptual similarity for ./DATA/dataset_kitti/test_
folder/:  2.0548
PSNR for /DATA/dataset_kitti/test_folder/:  16.7344
SSIM for /DATA/dataset_kitti/test_folder/:  0.5232
```

평가에 사용되는 메트릭 중 하나는 인지적 유사도이며, 이는 VGG 특징 공간에서 거리를 측정합니다. 0에 가까울수록 이미지 간의 유사성이 높습니다. PSNR은 이미지 재구성을 측정하는 다음 지표입니다. 이는 최대 신호 전력과 왜곡 노이즈 전력(이 경우 재구성된 이미지) 사이의 비율을 계산합니다. 마지막으로 구조적 **유사도 지수(SSIM, Structural Simularity Index)**는 이미지 품질 저하를 정량화하는 지표입니다.

8. 다음으로, 추론을 위해 사전 학습된 모델을 사용할 수 있습니다. 추론에 사용할 입력 이미지가 필요합니다:

그림 9.11 추론을 위한 입력 이미지

9. 다음으로 부동산 모델을 사용하여 새 이미지를 생성하겠습니다. 먼저 모델을 설정해야 합니다.

   모델 설정 코드는 GitHub 저장소에 있는 set_up_model_for_inference.py 파일에서 찾을 수 있습니다.

   모델을 설정하려면 먼저 필요한 모든 패키지를 임포트해야 합니다:

```
import torch
import torch.nn as nn
import sys
sys.path.insert(0, './synsin')

import os
os.environ['DEBUG'] = '0'

from synsin.models.networks.sync_batchnorm import convert_model
from synsin.models.base_model import BaseModel
from synsin.options.options import get_model
```

10. 다음으로, 모델 경로를 입력으로 받아 추론할 준비가 된 모델을 출력하는 함수를 만들어 보겠습니다. 코드를 더 잘 이해하기 위해 전체 함수를 더 작은 덩어리로 나누겠습니다. 하지만 전체 함수는 GitHub에서 찾을 수 있습니다:

```
        torch.backends.cudnn.enabled = True
        opts = torch.load(model_path)['opts']
        opts.render_ids = [1]
        torch_devices = [int(gpu_id.strip()) for gpu_id in
opts.gpu_ids.split(",")]
        device = 'cuda:' + str(torch_devices[0])
```

여기서는 cudnn 패키지를 활성화하고 모델이 작동할 장치를 정의합니다. 또한 두 번째 줄은 모델을 임포트하여 학습을 위해 설정된 모든 옵션에 액세스할 수 있도록 하며, 필요한 경우 수정할 수 있습니다. render_ids는 GPU ID를 의미하며, 하드웨어 설정이 다른 사용자에 따라 다를 수 있다는 점에 유의하세요.

11. 다음으로 모델을 정의합니다:

```
model = get_model(opts)
if 'sync' in opts.norm_G:
    model = convert_model(model)
    model = nn.DataParallel(model, torch_devices[0:1]).cuda()
else:
    model = nn.DataParallel(model, torch_devices[0:1]).cuda()
```

get_model 함수는 가중치를 적재하고 최종 모델을 반환하는 options.py 파일에서 가져옵니다. 그런 다음 옵션에서 동기화된 모델이 있는지, 즉 다른 컴퓨터에서 모델을 실행하고 있는지 확인합니다. 동기화된 모델이 있으면 convert_model 함수를 실행하여 모델을 가져와서 모든 BatchNorm 모듈을 SunchronizedBatchNorm 모듈로 바꿉니다.

12. 마지막으로 모델을 적재합니다:

```
# Load the original model to be tested
model_to_test = BaseModel(model, opts)
model_to_test.load_state_dict(torch.load(MODEL_PATH)['state_dict'])
model_to_test.eval()
print("Loaded model")
```

BaseModel 함수는 최종 모드를 설정합니다. 학습 또는 테스트 모드에 따라 옵티마이저를 설정하고 가중치를 초기화할 수 있습니다. 여기서는 테스트 모드용 모델을 설정합니다.

이 모든 코드는 synsin_model이라는 하나의 함수에 요약되어 있으며, 추론을 위해 이 함수를 가져올 것입니다.

다음 코드는 inference_unseen_image.py 파일에서 가져온 것입니다. 모델 경로, 테스트 이미지, 새 뷰 변환 파라미터를 받아 새 뷰에서 새 이미지를 출력하는 함수를 작성합니다. save_path 파라미터를 지정하면 출력 이미지가 자동으로 저장됩니다.

13. 다시 말하지만, 먼저 추론에 필요한 모든 모듈을 임포트합니다:

```
import matplotlib.pyplot as plt
import quaternion
import torch
import torch.nn as nn
import torchvision.transforms as transforms

from PIL import Image
from set_up_model_for_inference import synsin_model
```

14. 다음으로 모델을 설정하고 전처리를 위한 데이터 변환을 생성합니다:

```
model_to_test = synsin_model(path_to_model)
    # Load the image
    transform = transforms.Compose([
        transforms.Resize((256,256)),
        transforms.ToTensor(),
        transforms.Normalize((0.5, 0.5, 0.5), (0.5, 0.5, 0.5))])
    if isinstance(test_image, str):
        im = Image.open(test_image)
    else:
        im = test_image
```

```
    im = transform(im)
```

15. 이제 뷰 변환 파라미터를 지정해야 합니다:

```
    # Parameters for the transformation
    theta = -0.15
    phi = -0.1
    tx = 0
    ty = 0
    tz = 0.1

RT = torch.eye(4).unsqueeze(0)
# Set up rotation
RT[0,0:3,0:3] = torch.Tensor(quaternion.as_rotation_
matrix(quaternion.from_rotation_vector([phi, theta, 0])))
# Set up translation
RT[0,0:3,3] = torch.Tensor([tx, ty, tz])
```

여기서는 회전 및 이동에 대한 파라미터를 지정해야 합니다. theta와 phi는 회전을 담당하고 tx, ty, tz는 이동에 사용됩니다.

16. 다음으로 업로드한 이미지와 새로운 변환을 사용하여 네트워크에서 출력을 가져옵니다:

```
batch = {
    'images' : [im.unsqueeze(0)],
    'cameras' : [{
        'K' : torch.eye(4).unsqueeze(0),
        'Kinv' : torch.eye(4).unsqueeze(0)
    }]
}

# Generate a new view of the new transformation
with torch.no_grad():
    pred_imgs = model_to_test.model.module.forward_angle(batch, [RT])
    depth = nn.Sigmoid()
    (model_to_test.model.module.pts_regressor(batch['images'][0].cuda()))
```

여기서 pred_imgs는 새 이미지인 모델 출력이고, depth는 모델에서 예측한 3D 깊이입니다.

17. 마지막으로 네트워크의 출력을 사용하여 원본 이미지, 새로운 예측 이미지, 출력 이미지를 시각화합니다:

```
fig, axis = plt.subplots(1,3, figsize=(10,20))
axis[0].axis('off')
axis[1].axis('off')
axis[2].axis('off')
axis[0].imshow(im.permute(1,2,0) * 0.5 + 0.5)
axis[0].set_title('Input Image')
axis[1].imshow(pred_imgs[0].squeeze().cpu().permute(1,2,0).numpy() * 0.5 + 0.5)
axis[1].set_title('Generated Image')
axis[2].imshow(depth.squeeze().cpu().clamp(max=0.04))
axis[2].set_title('Predicted Depth')
```

matplotlib를 사용하여 출력을 시각화합니다. 다음은 다음 코드의 결과입니다:

그림 9.12 추론 결과

보시다시피 새로운 뷰가 생겼고 모델은 새로운 각도를 매우 잘 재구성합니다. 이제 변환 파라미터를 사용하여 다른 뷰에서 이미지를 생성할 수 있습니다.

18. theta와 phi를 약간 변경하면 또 다른 뷰 변환을 얻을 수 있습니다. 이제 이미지의 오른쪽 부분을 재구성해 보겠습니다:

```
# Parameters for the transformation
    theta = 0.15
    phi = 0.1
    tx = 0
```

```
        ty = 0
        tz = 0.1
```

출력은 다음과 같습니다:

그림 9.13 추론 결과

변환 파라미터를 한꺼번에 변경하거나 더 큰 단계로 변경하면 정확도가 떨어질 수 있습니다.

19. 이제 새 뷰에서 이미지를 만드는 방법을 알았습니다. 다음으로 이미지를 순차적으로 생성하고 작은 동영상을 만드는 간단한 코드를 작성해 보겠습니다:

```
from inference_unseen_image import inference
from PIL import Image
import numpy as np
import imageio

def create_gif(model_path, image_path, save_path,
               theta = -0.15, phi = -0.1, tx = 0,
               ty = 0, tz = 0.1, num_of_frames = 5):
    im = inference(model_path, test_image=image_path, theta=theta,
                   phi=phi, tx=tx, ty=ty, tz=tz)
    frames = []
    for i in range(num_of_frames):
```

```
        im = Image.fromarray((im * 255).astype(np.uint8))
        frames.append(im)
        im = inference(model_path, im, theta=theta,
                  phi=phi, tx=tx, ty=ty, tz=tz)
    imageio.mimsave(save_path, frames, duration=1)
```

코드는 이미지를 입력으로 받아 주어진 프레임 수에 대해 순차적으로 이미지를 생성합니다. 여기서 순차적이란 모델의 각 출력이 다음 이미지 생성을 위한 입력이 된다는 의미입니다:

그림 9.14 순차적 뷰 합성

앞의 그림에는 네 개의 프레임이 연속되어 있습니다. 보시다시피 더 큰 단계를 시도할수록 모델이 좋은 이미지를 생성하기가 점점 더 어려워집니다. 이때는 모델의 하이퍼파라미터, 다양한 카메라 설정, 스텝 크기를 가지고 놀면서 모델 출력의 정확도를 높이거나 낮출 수 있는 방법을 알아볼 수 있는 좋은 시기입니다.

요약

이 장의 시작 부분에서 SynSin 모델 구조를 살펴보고 모델의 엔드 투 엔드 프로세스에 대해 깊이 있게 이해했습니다. 앞서 언급했듯이 모델 생성 과정에서 흥미로운 접근 방식 중 하나는 학습의 일부로 미분 가능한 렌더러를 사용하는 것이었습니다. 또한 이 모델이 주석이 달린 방대한 데이터셋이 없거나 테스트용 이미지가 여러 개 없는 경우 문제를 해결하는 데 도움이 된다는 것을 알았습니다. 그렇기 때문에 이 모델은 실제 시나리오에서 더 쉽게 사용할 수 있는 최첨단 모델입니다. 이 모델의 장단점을 살펴봤습니다. 또한 모델을 초기화하고, 학습하고, 테스트하고, 새로운 이미지를 추론에 사용하는 방법도 살펴봤습니다.

다음 장에서는 서로 다른 두 가지 작업(물체 감지 및 3D 모델 구축)을 하나의 모델로 결합하는 메시 R-CNN 모델을 살펴보겠습니다. 모델의 아키텍처를 살펴보고 무작위 이미지에서 모델 성능을 테스트해 보겠습니다.

제10장
메시 R-CNN

이 장에서는 서로 다르지만 중요한 두 가지 작업을 하나의 엔드 투 엔드 모델로 결합하는 것을 목표로 하는 메시 R-CNN이라는 최신 모델에 대해 설명합니다. 이 모델은 잘 알려진 이미지 분할 모델인 마스크 R-CNN과 새로운 3D 구조 예측 모델을 결합한 것입니다. 이 두 가지 작업은 개별적으로 많은 연구가 진행되었습니다.

마스크 R-CNN은 벤치마크 데이터셋에서 가장 높은 정밀도 점수를 받은 객체 감지 및 인스턴스 분할 알고리즘입니다. R-CNN 제품군에 속하며 2단계 엔드 투 엔드 객체 감지 모델입니다.

메시 R-CNN은 2D 객체 감지 문제를 넘어 감지된 물체의 3D 메시도 출력합니다. 사람들은 세상을 3D로 보기 때문에 물체도 3D로 볼 수 있습니다. 그렇다면 객체도 3D로 출력하는 감지 모델을 만들면 어떨까요?

이 장에서는 메시 R-CNN의 작동 원리를 이해해 보겠습니다. 또한 복셀, 메시, 그래프 컨볼루션 네트워크, Cubify 연산자 등 모델에 사용되는 다양한 요소와 기법에 대해 더 자세히 알아볼 것입니다.

다음으로 메시 R-CNN 논문의 저자가 제공한 GitHub 저장소를 살펴보겠습니다. 이미지에 데모를 적용하고 예측 결과를 시각화해 보겠습니다.

마지막으로 메시 R-CNN의 학습과 테스트를 재현하고 모델 정확도의 벤치마크를 이해하는 방법에 대해 설명합니다.

이 장에서는 다음과 같은 주요 주제를 다룹니다:

- 메시 및 복셀 구조 이해
- 모델 구조 이해

- 그래프 컨볼루션의 개념 이해
- 메시 R-CNN 데모 체험
- 모델의 학습 및 테스트 프로세스 이해

기술 요구 사항

이 책의 예제 코드 스니펫을 실행하려면 GPU가 있는 컴퓨터가 가장 이상적입니다. 하지만 CPU만으로 코드 스니펫을 실행하는 것도 불가능하지는 않습니다.

권장되는 컴퓨터 구성은 다음과 같습니다:

- 예를 들어, 메모리가 8GB 이상인 NVIDIA GTX 시리즈 또는 RTX 시리즈의 GPU가 필요합니다.
- Python 3
- PyTorch 라이브러리 및 PyTorch3D 라이브러리
- Detectron2
- 메시 R-CNN 저장소, https://github.com/ facebookresearch/meshrcnn에서 확인할 수 있습니다.

이 챕터의 코드 스니펫은 https://github.com/PacktPublishing/3D-Deep-Learning-with-Python에서 확인할 수 있습니다.

메시 및 복셀 개요

이 책의 앞부분에서 언급했듯이 메시와 복셀은 서로 다른 두 가지 3D 데이터 표현 방식입니다. 메시 R-CNN은 이 두 가지 표현을 모두 사용하여 더 나은 품질의 3D 구조 예측을 얻습니다.

메시는 다각형으로 표현되는 3D 모델의 표면으로, 각 다각형은 삼각형으로 표현할 수 있습니다. 메시는 가장자리로 연결된 정점으로 구성됩니다. 가장자리와 정점을 연결하면 일반적으로 삼각형 모양의 면이 만들어집니다. 이 표현은 빠른 변환과 렌더링에 적합합니다:

그림 10.1 다각형 메시의 예

복셀은 3D 공간에서 2D 픽셀에 해당되는 개념입니다. 각 이미지가 2D 픽셀로 구성되어 있으므로 3D 데이터를 표현할 때도 동일한 개념을 사용하는 것이 논리적입니다. 각 복셀은 큐브이며, 각 객체는 큐브의 그룹으로 일부는 외부에 보이는 부분이고 일부는 객체 내부에 있는 큐브입니다. 복셀을 사용하면 3D 객체를 시각화하는 것이 더 쉽지만, 복셀이 유일한 사용 사례는 아닙니다. 딥러닝 문제에서 복셀은 3D 컨볼루션 신경망의 입력으로 사용될 수 있습니다:

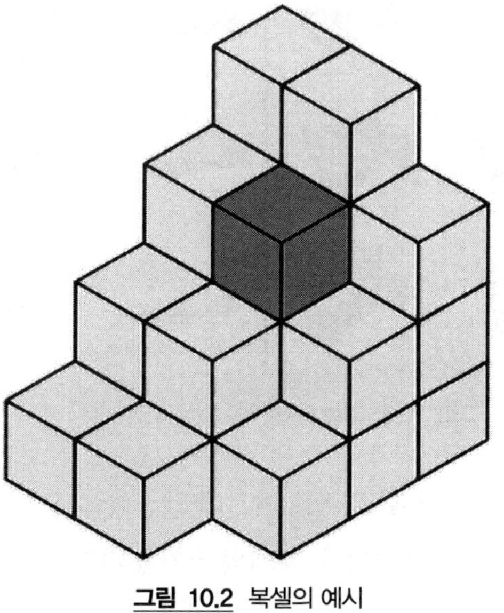

그림 10.2 복셀의 예시

메시 R-CNN은 두 가지 유형의 3D 데이터 표현을 모두 사용합니다. 실험 결과 복셀을 예측한 다음 메시로 변환한 후 메시를 정제하는 것이 네트워크의 학습을 개선하는 데 도움이 되는 것으로 나타났습니다.

다음으로, 앞서 언급한 데이터의 3D 표현이 이미지 입력으로부터 어떻게 생성되는지 살펴보기 위해 메시 R-CNN 아키텍처를 살펴보겠습니다.

메시 R-CNN 아키텍처

3D 모양 감지는 많은 연구자들의 관심을 끌었습니다. 정확도가 높은 많은 모델이 개발되었지만 대부분 합성 벤치마크와 고립된 객체에 초점을 맞췄습니다:

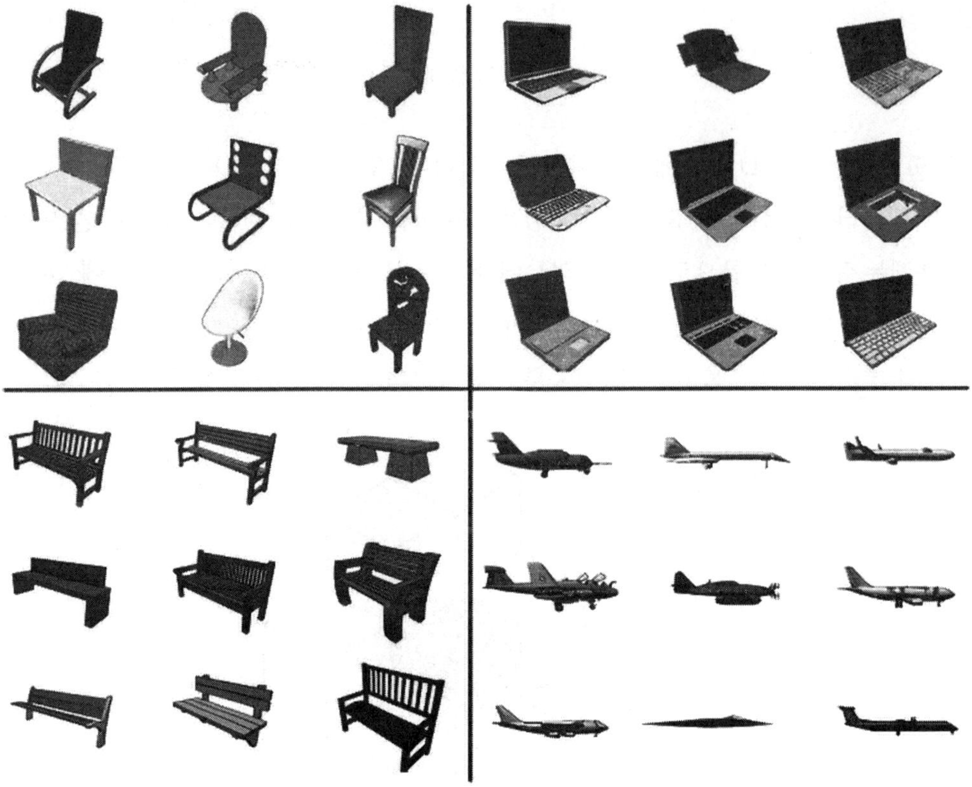

그림 10.3 ShapeNet 데이터셋의 3D 객체 예시

동시에 2D 객체 감지 및 이미지 분할 문제도 빠르게 발전했습니다. 많은 모델과 아키텍처가 이 문제를 높은 정확도와 속도로 해결합니다. 객체의 위치를 파악하고 바운딩 박스와 마스크를 감지하는 솔루션이 있습니다. 그 중 하나는 객체 감지 및 인스턴스 분할을 위한 모델인 마스크 R-CNN입니다. 이 모델은 최첨단 모델이며 실제 응용 분야가 많습니다.

하지만 우리는 세상을 3D로 봅니다. 메시 R-CNN 논문의 저자들은 이 두 가지 접근 방식을 하나의 솔루션, 즉 실제 이미지에서 물체를 감지하고 마스크 대신 3D 메시를 출력하는 모델로 결합하기로 결정했습니다. 새로운 모델은 RGB 이미지를 입력으로 받아 객체의 클래스 레이블, 분할 마스크, 3D 메시를 출력하는 최첨단 객체 감지 모델을 사용합니다. 저자들은 고해상도 삼각형 메시 예측을 담당하는 새로운 분기를 마스크 R-CNN에 추가했습니다:

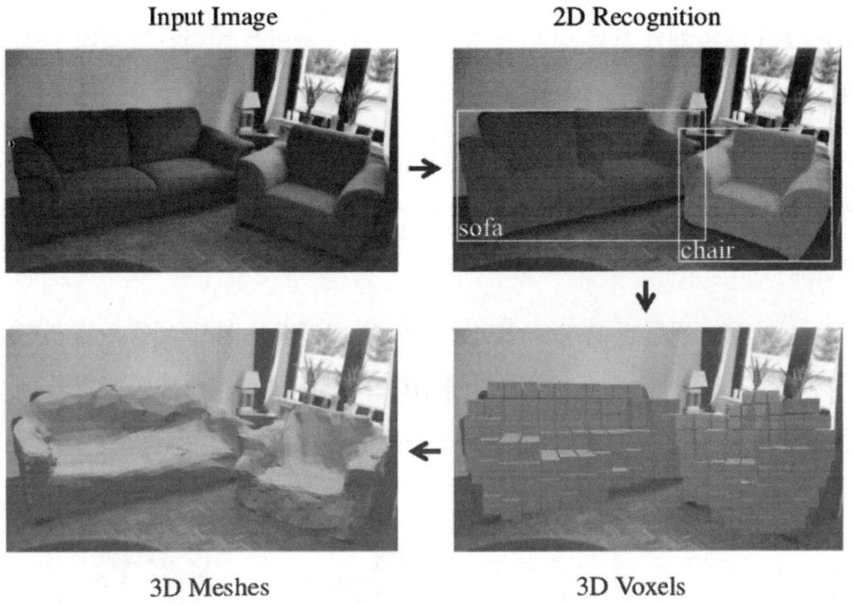

그림 10.4 메시 R-CNN 일반 구조

저자들은 엔드 투 엔드 학습이 가능한 하나의 모델을 만드는 것을 목표로 했습니다. 그래서 최첨단 마스크 R-CNN 모델에 메시 예측을 위한 새로운 분기를 추가했습니다. 메시 예측 부분에 대해 더 자세히 알아보기 전에 마스크 R-CNN에 대해 간략히 살펴보겠습니다:

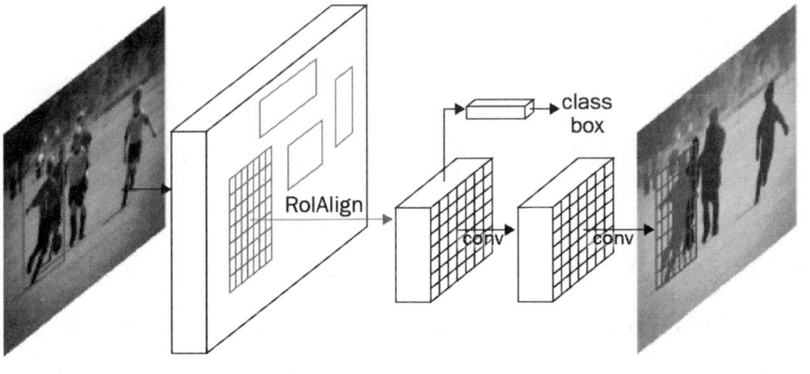

그림 10.5 마스크 R-CNN 구조(참조: https://arxiv.org/abs/1703.06870)

마스크 R-CNN은 RGB 이미지를 입력으로 받아 바운딩 박스, 카테고리 레이블, 인스턴스 분할 마스크를 출력합니다. 먼저 이미지가 백본 네트워크를 통과하는데, 이 네트워크는 일반적으로 ResNet을 기반으로 합니다(예: ResNet-50-FPN). 백본 네트워크는 다음 네트워크인 **영역 제안 네트워크(RPN, Region Proposal Network)**의 입력인 특징 맵을 출력합니다. 이 네트워크는 제안을 출력합니다. 그런 다음 객체 분류 및 마스크 예측 분기가 제안을 처리하고 각각 클래스 및 마스크를 출력합니다.

이러한 마스크 R-CNN의 구조는 메시 R-CNN에서도 동일합니다. 하지만 최종적으로 메시 예측기가 추가되었습니다. 메시 예측기는 복셀 분기와 메시 정제 분기의 두 가지 분기로 구성된 새로운 모듈입니다.

복셀 분기는 제안되고 정렬된 특징을 입력으로 받아 대략적인 복셀 예측을 출력합니다. 그런 다음 최종 메시를 출력하는 메시 정제 분기에 입력으로 제공합니다. 복셀 분기와 메시 정제 분기의 손실이 박스 및 마스크 손실에 더해져 모델이 엔드 투 엔드로 학습됩니다:

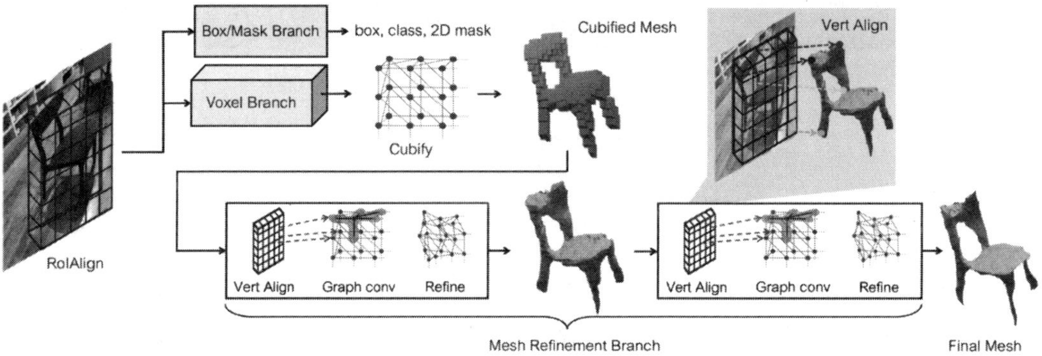

그림 10.6 메시 R-CNN 아키텍처

그래프 컨볼루션

메시 예측기의 구조를 탐색 전에 그래프 컨볼루션이 무엇이며 어떻게 작동하는지 이해해 보겠습니다.

신경망의 초기 변형은 구조화된 유클리드 데이터에 채택되었습니다. 그러나 현실 세계에서는 대부분의 데이터가 비유클리드 데이터이며 그래프 구조를 가지고 있습니다. 최근에는 신경망의 많은 변형이 그래프 데이터에도 적용되기 시작했으며, 그 중 하나가 **그래프 컨볼루션 네트워크(GCN, Graph Convolutional Network)**라고 하는 컨볼루션 네트워크입니다.

메시는 이러한 그래프 구조를 가지고 있기 때문에 3D 구조 예측 문제에 GCN을 적용할 수 있습니다. CNN의 기본 연산은 필터를 사용하여 수행되는 컨볼루션입니다. 컨볼루션에는 슬라이딩 윈도우 기법이 사용되며, 필터에는 모델이 학습해야 하는 가중치가 포함됩니다. GCN도 컨볼루션에 유사한 기술을 사용하지만, 가장 큰 차이점은 노드 수가 다양할 수 있고 노드가 정렬되지 않는다는 것입니다:

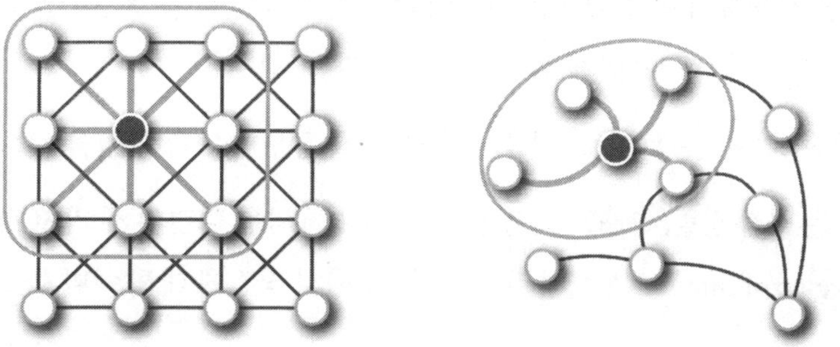

그림 10.7 유클리드 및 그래프 데이터의 컨볼루션 연산 예제(출처: https://arxiv.org/pdf/1901.00596.pdf)

그림 10.8은 컨볼루션 레이어의 예를 보여줍니다. 네트워크의 입력은 순방향 전파에서 노드 간의 에지를 나타내는 그래프와 인접 행렬입니다. 컨볼루션 레이어는 이웃 노드의 정보를 집계하여 각 노드에 대한 정보를 캡슐화합니다. 그 후 비선형 변환이 적용됩니다. 나중에 이 네트워크의 출력은 분류와 같은 다양한 작업에 사용될 수 있습니다:

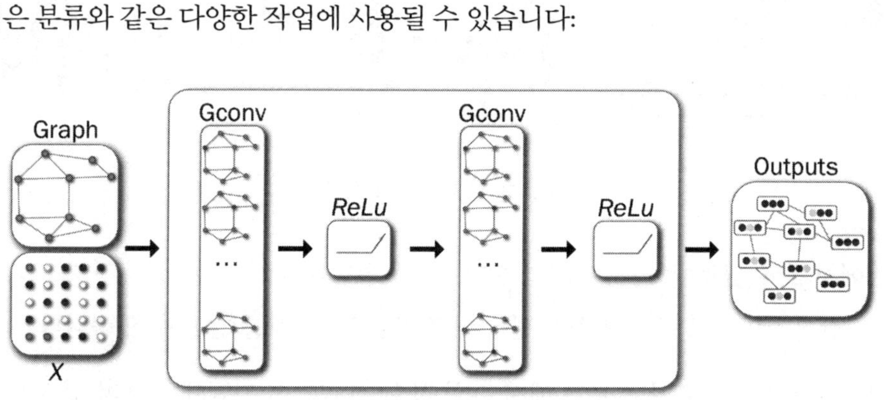

그림 10.8 컨볼루션 신경망의 예(출처: https://arxiv.org/pdf/1901.00596.pdf)

메시 예측기

메시 예측기 모듈은 물체의 3D 구조를 감지하는 것을 목표로 합니다. 이 모듈은 RoIAlign 모듈의 논리적 연속선상에 있으며, 최종 메시를 예측하고 출력하는 역할을 담당합니다.

실제 이미지에서 3D 메시를 가져오기 때문에 메시 토폴로지가 고정된 고정 메시 템플릿을 사용할 수 없습니다. 그렇기 때문에 메시 예측기는 두 가지 분기로 구성됩니다. 복셀 분기와 메시 정제 분기의 조합은 고정 토폴로지의 문제를 줄이는 데 도움이 됩니다.

복셀 분기는 마스크 R-CNN의 마스크 분기와 유사합니다. ROIAlign에서 정렬된 특징을 가져와 복셀 점유 확률의 G x G x G 그리드를 출력합니다. 다음으로 Cubify 연산이 사용됩니다. 이 작업은 임계값을 사용하여 복셀 점유를 이진화합니다. 점유된 각 복셀은 8개의 정점, 18개의 가장자리, 12개의 면을 가진 직육면체 삼각형 메시로 대체됩니다.

복셀 손실은 이진 교차 엔트로피로, 실측 점유와 복셀 점유의 예측 확률을 최소화합니다.

메시 정제 분기는 정점 정렬, 그래프 컨볼루션, 정점 정제라는 일련의 세 가지 작업입니다. 정점 정렬은 ROI(Region of Interest) 정렬과 유사하며, 각 메시 정점에 대해 이미지 정렬된 특징을 생성합니다.

그래프 컨볼루션은 이미지 정렬된 특징을 가져와 메시 가장자리를 따라 정보를 전파합니다. 정점 정제는 정점 위치를 업데이트합니다. 이 기능은 토폴로지를 고정하여 정점 지오메트리를 업데이트하는 것을 목표로 합니다:

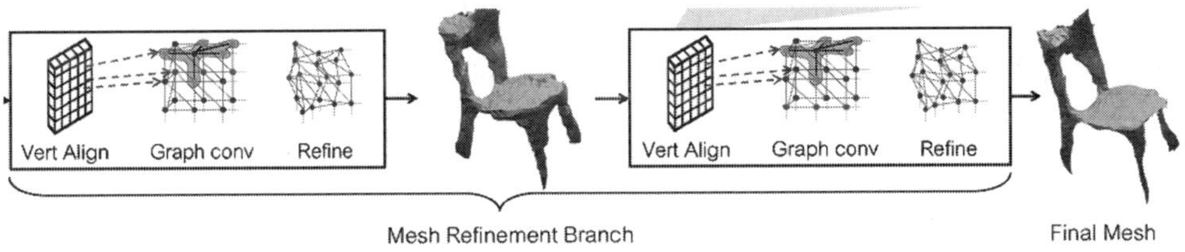

그림 10.9 메시 정제 분기

그림 10.9에서 볼 수 있듯이, 여러 단계의 정제가 가능합니다. 각 단계는 정점 정렬, 그래프 컨볼루션, 정점 정제 작업으로 구성됩니다. 결국 더 정확한 3D 메시를 얻을 수 있습니다.

모델에서 마지막으로 중요한 부분은 메시 손실 함수입니다. 이 지점에는 챔퍼 및 노멀 손실이 사용됩니다. 하지만 이러한 기법에는 예측 메시와 실측 메시에서 샘플링된 점이 필요합니다.

다음과 같은 메시 샘플링 방법이 사용됩니다. 정점과 면이 주어지면 메시 표면의 확률 분포에서 점을 균일하게 샘플링합니다. 각 면의 확률은 그 면적에 비례합니다.

이러한 샘플링 기법을 사용하여 기준 실측 데이터인 Q의 포인트 클라우드와 예측 데이터인 P의 포인트 클라우드가 샘플링됩니다. 다음으로, Q에서 q가 p의 최인접 이웃인 쌍(p, q)의 집합인 Λ_{PQ}를 계산합니다.

챔퍼거리는 P와 Q 사이에서 계산됩니다:

$$L_{cham}(P,Q) = |P|^{-1} \sum_{(p,q)\in\Delta_{P,Q}} \|p\text{-}q\|^2 + |Q|^{-1} \sum_{(q,p)\in\Delta_{Q,P}} \|q\text{-}p\|^2$$

다음으로 절대 법선(노멀) 거리가 계산됩니다:

$$L_{norm}(P,Q) = \text{-}|P|^{-1} \sum_{(p,q)\in\Delta_{P,Q}} |u_p.\,u_q| \text{-}|Q|^{-1} \sum_{(q,p)\in\Delta_{Q,P}} |u_q.\,u_p|$$

여기서 u_p 및 u_q 는 각각 점 p와 q에 대한 단위 법선입니다.

그러나 이 두 가지 손실만으로는 메시의 품질이 저하되었습니다. 그래서 고품질 메시 제작을 위해 에지 손실이라고 하는 모양 정규화기가 추가되었습니다:

$$L_{edge}(V,E) = \frac{1}{|E|}\sum_{(v,v')\epsilon E}\|v\text{-}v'\|^2 \text{ where } E \subseteq V \times V$$

최종 메시 손실은 챔퍼 손실, 노멀 손실, 에지 손실 등 세 가지 제시된 손실의 가중치 평균입니다.

학습 측면에서는 두 가지 유형의 실험을 수행했습니다. 첫 번째는 메시 예측기 분기를 확인하는 것이었습니다. 여기에는 55개의 일반적인 클래스 카테고리가 포함된 ShapeNet 데이터셋이 사용되었습니다. 이는 3D 모양 예측을 위한 벤치마킹에 널리 사용되지만, 별도의 배경을 가진 CAD 모델이 포함되어 있습니다. 덕분에 메시 예측 모델은 최첨단 수준에 도달했습니다. 또한 이전 모델이 잘 감지하지 못했던 구멍이 있는 물체와 관련된 문제도 해결합니다:

그림 10.10 ShapeNet 데이터셋의 메시 예측기

세 번째 행은 메시 예측기의 출력을 나타냅니다. 3D 모양을 예측하고 객체의 토폴로지와 지오메트리를 매우 잘 처리하는 것을 볼 수 있습니다:

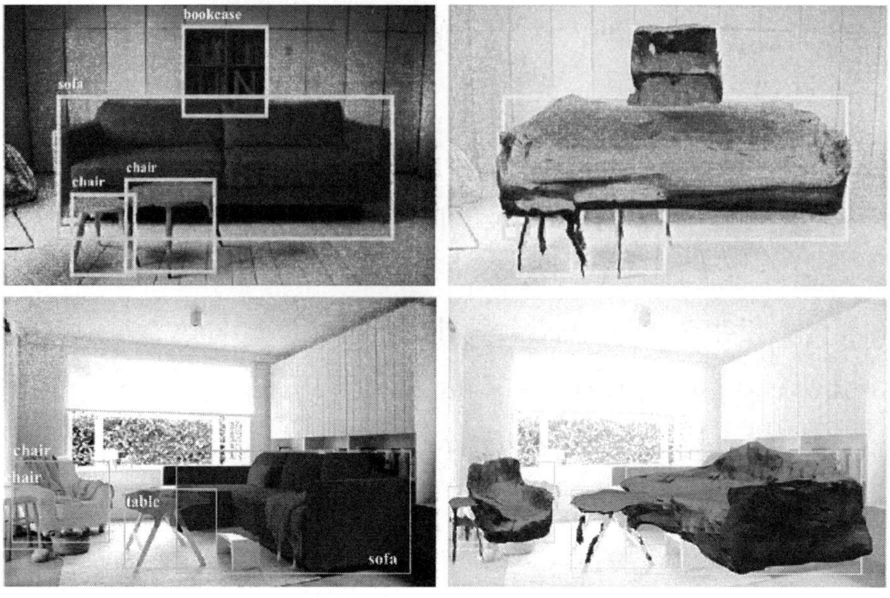

그림 10.11 엔드 투 엔드 메시 R-CNN 모델의 출력

다음 단계는 실제 이미지에 대한 실험을 수행하는 것입니다. 이를 위해 10,069개의 실제 이미지에 395개의 고유 3D 모델이 배치된 Pix3D 데이터셋이 사용되었습니다. 이 경우 저자가 이 기법을 처음 시도했기 때문에 벤치마크 결과를 사용할 수 없습니다. 하지만 그림 10.10에서 학습의 출력 결과를 확인할 수 있습니다.

지금까지 메시 R-CNN 아키텍처에 대해 알아보았습니다. 이제 직접 메시 R-CNN을 사용하여 테스트 이미지에서 객체를 찾아보겠습니다.

PyTorch를 사용한 메시 R-CNN 데모

이 절에서는 메시 R-CNN 저장소를 사용하여 데모를 실행하겠습니다. 이미지에 모델을 적용하고 출력 .obj 파일을 렌더링하여 모델이 3D 모양을 어떻게 예측하는지 살펴보겠습니다. 또한 모델의 학습 과정에 대해서도 설명합니다.

메시 R-CNN 설치는 매우 간단합니다. 먼저 Detectron2와 PyTorch3D를 설치한 다음, 메시 R-CNN을 빌드하면 됩니다. Detectron2는 최신 감지 및 분할 모델을 제공하는 Facebook

Research의 라이브러리입니다. 여기에는 메시 R-CNN의 기반이 되는 모델인 마스크 R-CNN도 포함되어 있습니다. 다음 명령을 실행하여 detectron2를 설치할 수 있습니다:

```
python -m pip install 'git+https://github.com/facebookresearch/detectron2.git'
```

이 방법으로도 문제가 해결되지 않는다면 웹사이트에서 다른 설치 방법을 확인하세요. 다음으로, 이 책의 앞부분에서 설명한 대로 PyTorch3D를 설치해야 합니다. 두 가지 요구 사항이 모두 준비되면 Mesh R-CNN을 빌드하기만 하면 됩니다:

```
git clone https://github.com/facebookresearch/meshrcnn.git
cd meshrcnn && pip install -e .
```

데모

저장소에는 메시 R-CNN의 엔드 투 엔드 프로세스가 어떻게 작동하는지 보여주는 데 사용되는 demo.py 파일이 포함되어 있습니다. 이 파일은 meshrcnn/demo/demo.py에 있습니다. 데모가 어떻게 수행되는지 코드를 살펴보겠습니다. 이 파일에는 두 가지 주요 메서드인 run_on_image와 visualize_prediction으로 구성된 VisualizationDemo 클래스가 포함되어 있습니다. 첫 번째 메서드는 이미지를 입력으로 받아 모델의 예측을 출력하고, 다른 메서드는 마스크 감지를 시각화한 다음 예측과 신뢰도가 포함된 최종 메시와 이미지를 저장합니다:

```
python demo/demo.py \
--config-file configs/pix3d/meshrcnn_R50_FPN.yaml \
--input /path/to/image \
--output output_demo \
--onlyhighest MODEL.WEIGHTS meshrcnn://meshrcnn_R50.pth
```

데모의 경우 터미널에서 앞의 명령을 실행하기만 하면 됩니다. 이 명령에는 다음과 같은 파라미터가 있습니다:

- --config-file은 config 디렉터리에서 찾을 수 있는 구성 파일의 경로를 사용합니다.
- --input은 입력 이미지의 경로를 사용합니다.
- --output은 예측을 저장할 디렉터리의 경로를 사용합니다.

- --onlyhighest, True인 경우 신뢰도가 가장 높은 메시와 마스크 하나만 출력합니다. 이제 실행하여 출력을 확인해 보겠습니다.

데모에서는 이전 장에서 사용한 아파트 이미지를 사용하겠습니다:

그림 10.12 네트워크의 입력 이미지

이 이미지의 경로를 demo.py에 제공합니다. 예측이 끝나면 이미지의 마스크 시각화와 메시를 얻습니다. --onlyhighest 인수를 사용했기 때문에 소파 객체를 예측한 하나의 마스크만 얻었습니다. 이 마스크의 신뢰도는 88.7%입니다. 마스크 예측은 정확합니다. 거의 전체 소파를 덮고 있습니다:

그림 10.13 demo.py 파일의 출력

마스크 외에도 .obj 파일인 메시도 같은 디렉토리에 있습니다. 이제 3D 객체에서 이미지를 렌더링해야 합니다.

다음 코드는 chapt10/viz_demo_results.py 파일에서 가져온 것입니다:

1. 먼저 코드에 사용된 모든 라이브러리를 임포트합니다:

```
import torch
import numpy as np
import matplotlib.pyplot as plt
from pytorch3d.io import load_obj
from pytorch3d.structures import Meshes
from pytorch3d.renderer import (
    FoVPerspectiveCameras, look_at_view_transform, look_at_rotation,
    RasterizationSettings, MeshRenderer, MeshRasterizer, BlendParams,
    SoftSilhouetteShader, HardPhongShader, PointLights, TexturesVertex,
)
import argparse
```

2. 다음으로 코드를 실행하기 위한 인수를 정의하겠습니다:

```
parser = argparse.ArgumentParser()
parser.add_argument('--path_to_mesh', default="./demo_
results/0_mesh_sofa_0.887.obj")
parser.add_argument('--save_path', default='./demo_
results/sofa_render.png')
parser.add_argument('--distance', default=1, help =
'distance from camera to the object')
parser.add_argument('--elevation', default=150.0, help =
'angle of elevation in degrees')
parser.add_argument('--azimuth', default=-10.0, help =
'rotation of the camera')
args = parser.parse_args()
```

path_to_mesh에 대한 입력, 즉 demo.py의 출력 .obj 파일이 필요합니다. 또한 렌더링된 출력을 저장할 경로를 지정한 다음 카메라로부터의 거리, 고도각 및 회전을 지정해야 합니다.

3. 다음으로 메시 객체를 적재하고 초기화해야 합니다. 먼저 pytorch3d에서 load_obj 함수를 사용하여 .obj 파일을 적재해야 합니다. 그런 다음 정점을 흰색으로 만들어야 합니다. pytorch3d의 Meshes 구조를 사용하여 메시 객체를 생성합니다:

```
# Load the obj and ignore the textures and materials.
verts, faces_idx, _ = load_obj(args.path_to_mesh)
faces = faces_idx.verts_idx

# Initialize each vertex to be white in color.
verts_rgb = torch.ones_like(verts)[None] # (1, V, 3)
textures = TexturesVertex(verts_features=verts_rgb.to(device))

# Create a Meshes object for the sofa. Here we have only
one mesh in the batch.
sofa_mesh = Meshes(
    verts=[verts.to(device)],
    faces=[faces.to(device)],
    textures=textures
)
```

4. 다음 단계는 원근 카메라를 초기화하는 것입니다. 그런 다음 얼굴을 블렌딩하는 데 사용할 블렌드 파라미터를 설정해야 합니다. sigma는 불투명도를 제어하는 반면 gamma는 가장자리의 선명도를 제어합니다:

```
cameras = FoVPerspectiveCameras(device=device)
blend_params = BlendParams(sigma=1e-4, gamma=1e-4)
```

5. 다음으로 래스터화 및 셰이딩 설정을 정의해야 합니다. 출력 이미지 크기를 256*256으로 설정하고 faces_per_pixel을 100으로 설정하여 한 픽셀에 100개의 얼굴을 블렌딩합니다. 그런 다음 래스터화 설정을 사용하여 래스터라이저와 셰이더를 구성하여 실루엣 메시 렌더러를 만들겠습니다:

```
raster_settings = RasterizationSettings(
    image_size=256,
    blur_radius=np.log(1. / 1e-4 - 1.) * blend_params.sigma,
    faces_per_pixel=100,
)
silhouette_renderer = MeshRenderer(
    rasterizer=MeshRasterizer(
        cameras=cameras,
        raster_settings=raster_settings
    ),
    shader=SoftSilhouetteShader(blend_params=blend_params)
)
```

6. 퐁 렌더러도 사용할 것이므로 RasterizationSettings 객체를 하나 더 만들어야 합니다. 픽셀당 하나의 얼굴만 블렌딩하면 됩니다. 다시 말하지만, 이미지 출력은 256입니다. 그런 다음 객체 앞에 PointLights를 추가해야 합니다. 마지막으로 퐁 렌더러를 초기화해야 합니다:

```
raster_settings = RasterizationSettings(
    image_size=256,
    blur_radius=0.0,
    faces_per_pixel=1,
)

lights = PointLights(device=device, location=((2.0, 2.0, -2.0),))
phong_renderer = MeshRenderer(
    rasterizer=MeshRasterizer(
        cameras=cameras,
        raster_settings=raster_settings
    ),
    shader=HardPhongShader(device=device, cameras=cameras, lights=lights)
)
```

7. 이제 구면 각도를 기준으로 카메라의 위치를 만들어야 합니다. look_at_view_transform 함수를 사용하고 앞서 언급한 거리, 고도, 방위각 파라미터를 추가하겠습니다. 마지막으로 실루엣과 퐁 렌더러에 메시와 카메라 위치를 입력으로 제공하여 렌더링된 출력을 가져와야 합니다:

```
R, T = look_at_view_transform(distance, elevation, azimuth, device=device)
# Render the sofa providing the values of R and T.
silhouette = silhouette_renderer(meshes_world=sofa_mesh, R=R, T=T)
image_ref = phong_renderer(meshes_world=sofa_mesh, R=R, T=T)
```

8. 마지막 단계는 결과를 시각화하는 것입니다. matplotlib를 사용하여 렌더링된 두 이미지를 모두 플롯합니다:

```
plt.figure(figsize=(10, 10))
plt.subplot(1, 2, 1)
plt.imshow(silhouette.squeeze()[..., 3])
plt.grid(False)
plt.subplot(1, 2, 2)
plt.imshow(image_ref.squeeze())
plt.grid(False)
plt.savefig(args.save_path)
```

앞선 코드의 출력은 .png 이미지가 되며, 이 이미지는 인수에 지정된 save_path 폴더에 저장됩니다. 이 파라미터와 여기에 제시된 이미지의 경우 렌더링된 메시는 다음과 같이 표시됩니다:

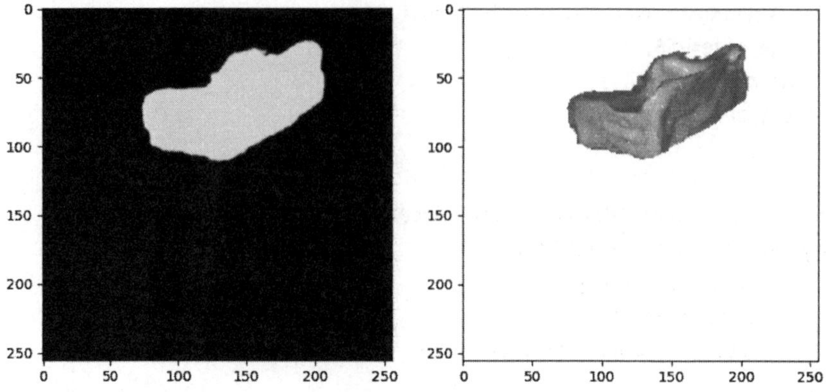

그림 10.14 모델의 렌더링된 3D 출력

이 각도에서 볼 수 있듯이 메시는 소파와 매우 유사하게 보이며, 보이지 않는 부분의 결함을 제외하고는 매우 유사하게 보입니다. 카메라 위치와 조명으로 다른 시점에서 물체의 이미지를 렌더링할 수 있습니다.

또한 이 저장소는 메시 R-CNN 백서에 설명된 실험을 실행하고 재현할 수 있는 기회를 제공합니다. 이를 통해 Pix3D 실험과 ShapeNet 실험을 모두 실행할 수 있습니다.

앞서 언급했듯이 Pix3D 데이터에는 다양한 IKEA 가구의 실제 이미지가 포함되어 있습니다. 이 데이터는 전체 메시 R-NN을 엔드 투 엔드 평가하는 데 사용되었습니다.

이 데이터를 다운로드하려면 다음 명령을 실행해야 합니다:

```
datasets/pix3d/download_pix3d.sh
```

데이터에는 S1과 S2라는 두 개의 분할이 포함되어 있으며 저장소는 두 분할에 대한 가중치를 제공합니다. 데이터를 다운로드한 후 다음 명령을 실행하여 학습을 재현할 수 있습니다:

```
python tools/train_net.py \
--config-file configs/pix3d/meshrcnn_R50_FPN.yaml \
--eval-only MODEL.WEIGHTS /path/to/checkpoint_file
```

구성에 주의하기만 하면 됩니다. 원래 모델은 8GB의 GPU로 배포되고 학습되었습니다. 용량이 충분하지 않으면 동일한 정확도에 도달하지 못할 수 있으므로 정확도를 높이기 위해 하이퍼파라미터를 조정해야 합니다.

학습된 가중치를 사용하거나 작성자가 제공한 사전 학습된 모델에 대한 평가를 실행할 수 있습니다:

```
python tools/train_net.py \
--config-file configs/pix3d/meshrcnn_R50_FPN.yaml \
--eval-only MODEL.WEIGHTS /path/to/checkpoint_file
```

앞의 명령은 지정된 체크포인트 파일에 대한 모델을 평가합니다. 체크포인트는 모델의 GitHub 저장소로 이동하여 찾을 수 있습니다.

다음으로 ShapeNet에서 실험을 실행하려면 다음 명령을 실행하여 데이터를 다운로드해야 합니다:

```
datasets/shapenet/download_shapenet.sh
```

학습, 검증 및 테스트 세트를 다운로드할 수 있습니다. 저자들은 ShapeNet 데이터셋에 대한 전처리 코드도 제공했습니다. 전처리를 하면 적재 시간이 단축됩니다. 다음 명령은 클러스터에서 학습할 때 편리한 압축된 데이터를 출력합니다:

```
python tools/preprocess_shapenet.py \
--shapenet_dir /path/to/ShapeNetCore.v1 \
--shapenet_binvox_dir /path/to/ShapeNetCore.v1.binvox \
--output_dir ./datasets/shapenet/ShapeNetV1processed \
--zip_output
```

다음으로 실험을 재현하려면 해당 설정이 포함된 train_net_shapenet.py 파일을 실행하기만 하면 됩니다. 다시 한 번 강조하지만, 하드웨어 용량에 맞게 학습 프로세스를 조정할 때 주의하세요:

```
python tools/train_net_shapenet.py --num-gpus 8 \
--config-file configs/shapenet/voxmesh_R50.yaml
```

마지막으로, 다음 명령을 실행하여 언제든지 모델 또는 작성자가 제공한 체크포인트를 평가할 수 있습니다:

```
python tools/train_net_shapenet.py --num-gpus 8 \
--config-file configs/shapenet/voxmesh_R50.yaml
```

자신의 결과를 논문에서 제공된 결과와 비교할 수 있습니다. 다음 차트는 저자들이 얻은 규모 정규화 프로토콜 훈련 결과를 보여줍니다:

category	#instances	chamfer	normal	F1(0.1)	F1(0.3)	F1(0.5)
bench	8712	0.120899	0.657536	42.4005	86.0036	95.128
chair	32520	0.183693	0.712362	31.6906	79.8275	92.0139
lamp	11122	0.413965	0.672992	30.5048	70.3449	84.5068
speaker	7752	0.253796	0.730829	24.8335	74.6606	88.237
firearm	11386	0.168323	0.621439	47.2251	85.271	93.8171
table	40796	0.148357	0.75642	42.249	86.2039	94.1623
watercraft	9298	0.224168	0.642812	30.0589	75.5332	89.9764
plane	19416	0.187465	0.684285	39.009	80.998	92.1069
cabinet	7541	0.111294	0.75122	34.8227	86.9346	95.371
car	35981	0.107605	0.647857	29.6397	85.7925	96.2938
monitor	5256	0.218032	0.779365	27.2531	77.2979	90.904
couch	15226	0.144279	0.72302	27.5734	81.684	94.3294
cellphone	5045	0.121504	0.850437	42.9168	88.9888	96.1367
total	210051	0.184875	0.710044	34.629	81.5031	92.5372
per-instance	210051	0.171189	0.70275	34.9372	82.4107	93.1323

그림 10.15 ShapeNet 데이터셋에 대한 평가 결과

차트에는 카테고리 이름, 카테고리별 인스턴스 수, 챔퍼, 노멀 손실 및 F1 점수가 포함됩니다.

요약

이 장에서는 객체 감지 작업을 바라보는 새로운 시각을 제시했습니다. 3D 세계에서는 그에 맞게 작동하는 솔루션이 필요하며, 이는 그 목표를 향한 첫 번째 접근 방식 중 하나입니다. 아키텍처와 모델의 구조를 이해함으로써 메시 R-CNN의 작동 방식을 배웠습니다. 또한 그래프 컨볼루션 네트워크, Cubify 연산, 메시 예측기 구조 등 모델에 사용되는 몇 가지 흥미로운 연산과 기

법을 자세히 살펴봤습니다. 마지막으로, 이 모델을 실제로 사용하여 네트워크가 이전에 본 적이 없는 이미지의 물체를 감지하는 방법을 배웠습니다. 3D 물체를 렌더링하여 결과를 평가했습니다.

이 책에서는 기초부터 고급 솔루션까지 3D 딥러닝의 개념을 다뤘습니다. 먼저 다양한 3D 데이터 유형과 구조에 대해 알아보았습니다. 그런 다음 메시 감지, 뷰 합성 등과 같은 다양한 유형의 문제를 해결하는 여러 유형의 모델을 살펴봤습니다. 또한 컴퓨터 비전 툴박스에 PyTorch 3D를 추가했습니다. 이 책을 다 읽고 나면 3D 컴퓨터 비전과 관련된 실제 문제를 해결할 준비가 된 것입니다.

찾아보기